高等学校高速铁路系列教材

高速铁路客站工程

主　编 ◎ 蔺鹏臻
副主编 ◎ 马殷军　马新仓

西南交通大学出版社
·成　都·

图书在版编目（CIP）数据

高速铁路客站工程 / 蔺鹏臻主编. —成都：西南交通大学出版社，2021.1
ISBN 978-7-5643-7723-6

Ⅰ. ①高… Ⅱ. ①蔺… Ⅲ. ①高速铁路 – 铁路车站 – 客运站 – 建筑施工 – 高等学校 – 教材 Ⅳ. ①U238

中国版本图书馆 CIP 数据核字（2020）第 195216 号

Gaosu Tielu Kezhan Gongcheng
高速铁路客站工程

主　编 / 蔺鹏臻

责任编辑 / 邱一平
封面设计 / 何东琳设计工作室

西南交通大学出版社出版发行
（四川省成都市金牛区二环路北一段 111 号西南交通大学创新大厦 21 楼　610031）
发行部电话：028-87600564　028-87600533
网址：http://www.xnjdcbs.com
印刷：成都中永印务有限责任公司

成品尺寸　185 mm × 260 mm
印张　16.25　　字数　403 千
版次　2021 年 1 月第 1 版　　印次　2021 年 1 月第 1 次

书号　ISBN 978-7-5643-7723-6
定价　59.00 元

课件咨询电话：028-81435775
图书如有印装质量问题　本社负责退换
版权所有　盗版必究　举报电话：028-87600562

高等学校高速铁路系列教材
【编审委员会】 >>>>

主　　任	杨子江　李引珍
副 主 任	刘振奎
委　　员	张友鹏　钱勇生　丁旺才　牛惠民
	石广田　陈小强　闫光辉　虞庐松
	李海军　王海涌　马元琳

【兰州交通大学高等学校高速铁路系列教材目录及主编人】

序号	教材名称	主编人
1	高速铁路客站工程	蔺鹏臻
2	高速铁路线路工程	李斌
3	高速铁路桥梁工程	丁南宏
4	高速铁路隧道工程	梁庆国
5	高速铁路施工组织与计价	顾伟红
6	动车组运用与管理	朱喜锋
7	动车组牵引传动与控制	车军
8	动车组车辆设计技术	商跃进
9	动车组制造与修理工艺	冉虎珍
10	机车车辆概论	金花
11	动车组工程	石广田
12	高速铁路车站计算机联锁系统	谭丽
13	高速铁路分散自律调度集中（FZ-CTC）	张雁鹏
14	铁路专用通信	樊子锐
15	高速铁路无线通信系统与应用	谢健骊
16	LTE-R 铁路移动通信技术	周冬梅
17	高速铁路信息安全技术	李强
18	高速铁路调度指挥	刘斌
19	高速铁路列车运行图	田志强
20	高速铁路站场设计	张春民
21	高速铁路车站工作组织	杨信丰
22	高速铁路客运管理	张玉召

【序　言】>>>>

高速铁路是中国名片和国之重器。中国国家铁路集团有限公司 2020 年 8 月出台《新时代交通强国铁路先行规划纲要》，明确提出要加快构建现代高效的高速铁路网，深化高铁关键核心技术自主创新，造就高水平科研人才和建设高技能产业大军，至 2035 年率先建成现代化铁路强国。把握高速铁路技术发展新特征，面向高校专业人才培养和铁路企业职工培训新需求，编写一套先进适用的高速铁路特色教材，显得重要而迫切。

兰州交通大学为中国国家铁路集团有限公司与甘肃省人民政府共建高校，素有"铁路工程师摇篮"之称。新时期学校致力于培养铁路高素质工程技术人才，高度重视教材编写工作，专门设立"兰州交通大学高速铁路特色系列教材"项目，成立编审委员会，组织协调学校轨道交通相关专业骨干教师和中国铁路兰州局集团有限公司工程技术人员，广泛收集技术资料，深入铁路设计、施工、制造、运输企业调研，依照高速铁路技术标准，历时 4 年，反复讨论与修改，终在高速铁路建设新征程开启之际，完成 22 部高等学校高速铁路系列教材的编写任务并出版。

本套教材具有系列化和专适性特点，涵盖高速铁路线桥隧工程、动车组、通信信号、站场设计、运输组织等专业领域，注重介绍高速铁路新理论、新技术、新装备、新材料和新工艺，理论联系实际，资料翔实，图表丰富，可作为高校轨道交通专业的教学教材，亦可作为轨道交通行业企业技术管理人员的培训教材。

本套教材是校企深度合作的成果，谨向大力支持教材编写工作的中国铁路兰州局集团有限公司致谢！

兰州交通大学高等学校高速铁路系列教材编审委员会
2020 年 9 月

【前 言】 >>>>

铁路客站是为旅客办理客运业务的场所,一般包括站前广场、站房和站场三大功能区域。1830年,世界上最早的铁路客运站建于英国利物浦市克朗街,当时的站房十分简陋,是一栋办公楼外接木构架的敞棚。后来,一些大城市的铁路客运站发展成为包括售票房、行李包裹房、候车室、餐厅等用房以及站前广场等的大型公共建筑,有能通过火车、马车的站台大雨棚以及立体交叉的天桥、地道等设施。近年来,随着高速铁路的发展,其带来时空压缩效应促进了区域一体化发展的格局,高速铁路客站已成为城市公共汽车、电车、地下铁道等多种交通工具的综合枢纽站,铁路旅客可以方便地通过自动扶梯到达位于不同标高的换乘点,换乘所需要的交通工具。有些城市依托高铁站打造以商务办公为主的城市功能区,完善城市配套功能,使高铁站成为跨区域的高端要素集聚平台与繁荣城市发展的重要动力源泉。

高速铁路客站具有与区域经济关联度强、建设规模大、技术难度高、专业接口多、协调难度大、施工组织难、运营管理细等突出特点,其规划、设计、施工、管理和运营维护等均涉及多专业的协调。本书立足高速铁路客站的发展历程,系统梳理高速铁路客站建设和管理的相关技术,以期提供给相关技术人员参考。

全书共分7章，第1章概述高铁客站的发展历史、组成以及发展趋势，第2章论述高铁客站的规划、建筑设计理论与方法，第3章论述高铁客站的结构设计，第4章论述高铁客站的消防设计，第5章论述高铁客站的设备设计，第6章论述高铁客站的建设管理与施工，第7章论述高铁客站的运维管理技术。

全书在编写过程中参考和借鉴了国内外铁路客站及相关领域的技术文献和建设资料。本书由兰州交通大学蔺鹏臻担任主编，负责第1章内容编写和全书统稿工作；中国铁路兰州局集团有限公司马殷军、马新仓担任副主编，马殷军负责第2至4章内容的编写，马新仓负责第5至7章的编写。参与兰州西客站建设的兰州铁路局（现中国铁路兰州局集团有限公司）、同济大学建筑设计研究院、中国中铁建工集团、中国中铁航空港建设集团有限公司、中铁一局集团有限公司、中铁二十一局集团有限公司、北大青鸟集团、兰州交通大学等单位提供了该站房建设的相关资料，在此深表感谢！由于全书涉及内容较广，编者水平有限，不妥之处在所难免，欢迎广大读者批评指正。

编　者

2020年6月

【目 录】 >>>>

1 绪 论 ·· 001
　1.1 铁路客站发展历史 ··· 001
　1.2 高铁客站的特点与空间组成 ···································· 011
　1.3 铁路客站发展的新趋势 ··· 016

2 高铁客站的规划与建筑设计 ····································· 024
　2.1 客站的规划 ··· 024
　2.2 客站的总平面设计 ··· 039
　2.3 客站的建筑设计 ·· 043
　2.4 兰州西站枢纽规划与建筑示例 ································· 057

3 高铁客站的结构设计 ·· 088
　3.1 高铁客站的结构设计要求 ·· 088
　3.2 高铁客站的大跨度空间结构体系 ······························ 092
　3.3 高架车站设计 ··· 106

4 高铁客站的消防设计 ·· 116
　4.1 建筑防火设计 ··· 116
　4.2 消防设施设计 ··· 121
　4.3 客站消防设计实例 ··· 122

5 高铁客站的设备设计 ·· 136
　5.1 给水和排水设计 ·· 136
　5.2 采暖、通风和空调设计 ··· 143
　5.3 电气和照明设计 ·· 148
　5.4 旅客信息系统设计 ··· 155

6 高铁客站的建设管理与施工 ····································· 160
　6.1 客站建设管理的模式 ·· 160

6.2　客站的施工组织 …………………………………… 171
　　6.3　站房结构施工技术案例 …………………………… 183
　　6.4　客站建设中的管理方法 …………………………… 211

7　高铁客站的运维管理 ………………………………… 226
　　7.1　客站的运维管理模式 ……………………………… 226
　　7.2　客站运维管理的主要内容 ………………………… 229
　　7.3　客站典型设备的维护要点 ………………………… 239

参考文献 ………………………………………………… 243

Part 1 绪 论

1.1 铁路客站发展历史

1.1.1 国外铁路客站的发展历程

1825 年，英国成功修建了世界上第一条铁路，铁路的优越性和巨大的发展潜力迅速被人们所认识，很快便在英国和世界各地风行起来。伴随着铁路的诞生，一种重要的公共建筑形式——火车站建筑也开始走进了城市。时至今日，世界铁路客站走过了一条漫长的风雨历程，它有过唯我独尊、极尽奢华的辉煌，也有过在新型交通方式冲击下渐遇冷落的衰微和沉沦，并在今天演进为多元化、人性化的回归和复兴。

自第一条铁路建成并投入使用以来，铁路为人类社会的文明进步与经济发展做出了巨大贡献。伴随着世界铁路发展的历程，铁路客站的发展经历了四个阶段。

1. 初期阶段（19 世纪 30 年代至 40 年代）

该时期铁路客站非常简单且功能单一，多只是在铁路的路轨之上覆盖一个站棚为乘客遮风挡雨，基本上没有特定的空间形式和艺术特征可言。1830 年建成的世界上最早的客站——英国利物浦的格劳恩车站就是该阶段客站的代表。随后，为了满足不同层次旅客的各种需要，伦敦站、波士顿站（1837 年）、帕丁顿站（1838 年）、滑铁卢站（1848 年）（图 1-1）及王十字站（图 1-2）等一些重要铁路客站增设了提供餐饮和储藏货物的设施。

图 1-1 滑铁卢站

图 1-2 王十字站

铁路客站的选址也因城市发展背景和规模不同而有所不同，欧洲城市如伦敦、巴黎，均把车站建在城市的周边，而美国则是在铁路客站周围发展城市。总之，以站台为主体是 19 世纪 30—40 年代铁路客站的最大特征。

2. 快速发展阶段（19世纪50年代至20世纪初）

这一时期，铁路客站逐渐发展成为旅客心目中具有"城市门户"作用的标志性建筑，一些先进的建筑思潮和方法，以及代表当时先进技术的钢铁和玻璃等新兴材料被广泛应用于铁路客站的建设中，客站也随之蓬勃发展成为体态宏伟、功能复杂的建筑类型。这种客站的主体是巨大的钢铁桁架，带有透光的玻璃屋顶，它体现了工业革命带来的钢铁业的巨大发展，也反映出"新艺术"运动的影响。

这个时期的铁路客站建设讲究豪华气派，带有浓重的古典主义风格。其拥有宏伟华丽的主站房、豪华的候车厅以及跨度极大的月台大厅，室内功能划分详细而又等级有序，体现了工业革命时期欧美资本主义国家极度膨胀的表现欲。我们称这一阶段的铁路客站为"维多利亚式"（图1-3）。19世纪后期建成的伦敦圣·潘考站、巴黎总站、法兰克福总站，以及建于20世纪初的华盛顿总站（图1-4）和意大利米兰中央火车站，都是这一时期的代表作。

图1-3 "维多利亚式"铁路客站

图1-4 华盛顿总站

3. 平稳阶段（20世纪20年代至60年代）

20世纪20年代以来，汽车、飞机等其他交通工具的快速发展和日渐普及，加之铁路自身存在的速度慢、效率低等问题，致使铁路发展变得迟缓，铁路客站的建设也陷入低潮。与此同时，现代主义建筑运动对铁路客站设计产生了巨大影响，建筑一改过去规模庞大、装饰烦琐的风格，逐渐追求简化、紧凑和高效，带来了一股清新简洁的风气。客站的主体仍是旅客进站广厅和候车大厅，并以此联系其他辅助服务空间。与前一时期的不同之处在于，这个时期的客站设计开始重视高效率的流线组织，减少不必要的空间和分隔，平面更加紧凑，使用效率大大提高。意大利罗马总站（图1-5）和芬兰坦佩雷站都是这一时期颇具代表性的作品。

20世纪50年代以后，以日本为代表的一些发达国家开始发展高速铁路，同时对城市中原有的铁路客站进行了大规模的改造和更新，使得铁路客站与城市公共交通的衔接更加方便快捷，其客运功能也日趋丰富。由于铁路旅客列车接发频率及正点率的普遍提高，铁路客站由一个多功能大厅取而代之。这种复合的多功能空间，使得客站内部的流线组织进一步简化，缩短了旅客的滞留时间，同时也极大地提高了客站空间的使用效率，加拿大的渥太华车站和荷兰的鹿特丹总站（图1-6）都是这一时期的成熟作品。

图 1-5　意大利罗马总站

图 1-6　鹿特丹总站

4. 综合发展阶段（20 世纪 70 年代至今）

20 世纪 70 年代以后，全球出现大范围能源危机，许多国家开始重新认识铁路的地位，与此同时，伴随日本和欧洲高速铁路的建设，铁路运输以其低能耗、高效率、环保、安全等优势再一次迎来新的发展机遇。由于发达国家既有交通运输系统已相当完备，高速铁路的引入形成了更加完备的交通网络体系。新建铁路客站在站址的选择上更加注重与城市道路、轨道交通、公路、航空、水运等交通方式的结合，设计上注重客站与站外交通的有机衔接，以及内部各种交通方式之间便捷有效的换乘，有利于城市公共交通体系整体优势的发挥。

这一时期的铁路客站建造工艺，采用了大量现代建筑技术成果，以精巧、纤细、富于想象力的大跨度结构代替了原来规模宏大并带有古典装饰的巨型结构。同时，采用先进的节能环保技术来确保客站经济高效地使用。这些变化反映了当代铁路客站建造上的高科技水平和先进的建筑设计发展潮流。法国的里昂机场站、里尔站、普罗旺斯站，德国的法兰克福机场站、柏林中央火车站（图 1-7）、斯潘道站，奥地利的林兹站都属于这个时期的典型作品。

图 1-7　柏林中央火车站

1.1.2　中国铁路客站的发展历程

伴随铁路建设的发展，我国铁路客站从无到有，并随着时代发展和科技进步而不断发展变化。我国铁路客站的发展也经历了四个阶段。

1. 旧中国的铁路客站——传统阶段

1888年年底，我国自办铁路中的第一个商埠站——天津老龙头火车站（图1-8）开始动工，标志着我国站房建筑发展的开端。

19世纪末至20世纪20年代，我国的铁路客站多为国外建筑师设计，基本上沿袭和照搬西方国家的模式。客站规模小，内部功能简单，外观为具有西方各国特色的古典主义风格的大杂烩，坡顶、钟楼和拱券是其主要构图元素。京汉铁路汉口大智门站、京奉铁路正阳门东站及京张铁路西直门站是典型代表。20世纪30—40年代，中国建筑师逐渐主导设计或参与其中，出现了外观中西合璧甚至完全模仿中国传统建筑式样的铁路客站，如南京下关站（今南京西站）和老杭州客站（图1-9）。

图1-8　天津老龙头车站

图1-9　老杭州客站

总体而言，旧中国铁路建设客站数量少、功能简单、质量低，建筑形式多为线侧平式，外观、空间上多侧重装饰，实用性低。

2. 新中国成立初期的铁路客站——功能单一型

新中国成立后，我国铁路取得了长足发展。这一时期，我国新建和改建了北京站（图1-10）、广州站（图1-11）、韶山站、长沙站和南京站等一大批铁路客站。这时期的铁路客站内基本没有商业空间，站房候车厅的设计借鉴了苏联铁路客站模式。

图1-10　北京站

图1-11　广州站

大型客站在建造形式上以体现新中国的时代特征为主，多采用对称、高大、庄严的形象，其杰出代表当属1959年9月建成的北京站，其功能流线、空间组织及具有民族色彩的建筑形象，在此后很长一个时期内对我国铁路站房设计产生了深远影响。

3. 改革开放后的铁路客站——综合型

20世纪80年代以后，伴随着我国国民经济的快速发展，改革开放也为学术界汲取国外先进成果创造了有利条件，因此这一时期的客站建设，借鉴了发达国家的设计，并引进了不少国外设计理念和建筑形式，先后建成上海新客站（图1-12）、北京西客站（图1-13）、成都站、郑州站等一大批铁路客站。

图1-12　上海新客站

图1-13　北京西客站

这一时期大型客站的显著特征是高架候车室，综合服务建筑前后相连、紧密结合。高架候车厅的出现，使得铁路两侧双向进站成为可能。候车厅的修建不需要另外占用站前广场或城市用地，使其容量扩大并简化。同时客站一改过去单一的上下车功能，开始向满足旅客多种需求的多功能综合型方向发展，与六七十年代相比，具有了明显的市场经济特征。

同时，客站建筑也讲究美观先进的特点。1998年落成的杭州站，把铁路客站建筑放在铁路、城市和城市交通这个综合大系统内进行思考，真正做到了将站场、站房和站前广场统筹规划、一体设计。杭州站的建成使该时期铁路客站的水平达到了一个新高度。但由于参照发达国家商业综合体的形式，车站建筑体量巨大，立面宏伟壮观，虽然满足了当时各地城市的时代风貌，但与当时中国的铁路运输特点不相适应。

4. 新型铁路客站——枢纽型

2003年以来，我国开始加快铁路客站建设，为了更好地指导新时期客站的建设，铁道部提出了"以人为本，以流为主"的客站建设理念。2017年，国家铁路局在已经获得铁路优质工程（勘察设计）奖的重大成果中，评选出十项铁路站房工程为铁路优质创新工程（站房工程）。

1）深圳北站

深圳北站位于深圳市龙华镇二线扩展区的中部地区——龙华新区，距离深圳市中心区9.3 km，是广深港高铁及厦深铁路客运办理站，是集高速铁路、城际铁路、城市轨道交通、长途汽车站、公交车场站、出租车场站及社会车辆停车场于一体，接驳功能齐全的特大型综合交通枢纽，如图1-14所示。

深圳北站车站用地面积132 388 m²，总建筑面积182 074 m²，地上四层、地下二层，站场规模为11站台20股道。站房屋盖采用"上平下曲"形态，线条顺应空间走向，立面与内、外部空间浑然一体，形成了强烈的节奏、韵律特点及风格，展示出轻透的亚热带建筑个性。

深圳北站项目的主要技术及创新点为：

（1）综合复杂、多元要素，结合现实、未来城市发展的系统性设计。

（2）创新、高效的交通组织方式。

（3）顶-墙一体的巨构屋盖的创新设计。

（4）新颖大跨空间结构设计。

（5）绿色建筑。

（6）先进的建筑设备系统。

（7）多项创新研究成果。

（8）优质高效的设计服务。

该工程获得2项国家发明专利授权，2012年获深圳市勘察设计行业协会颁发的深圳市第十五届优秀工程勘察设计（公共建筑）一等奖，2013年分别获中国土木工程学会授予的中国土木工程詹天佑奖、中国建筑业协会授予的建筑工程鲁班奖、中国铁道建筑总公司优秀设计一等奖。

2）苏州站

苏州站位于苏州老城区护城河外，是沪宁城际与京沪铁路的客运办理站，是一个集普速铁路、城际铁路、地铁、公交车、长途汽车、出租车、社会车等交通设施为一体的大型综合交通枢纽，如图1-15所示。

图1-14 深圳北站

图1-15 苏州站

苏州站站房建筑面积85 717 m²，无站台柱雨棚建筑面积67 985 m²，配套广场地下空间面积7.6 hm²，站场规模为7站台16股道，设计日旅客发送量81 451人，高峰小时发送量8 481人。

苏州站设计充分体现了"以人为本，以流为主"的理念。采用上进下出、通过式与等候式车站相结合的高架站房成为苏州最大的"桥"连通古城与新区。

苏州站项目主要技术及创新点包括：

（1）充分体现新时期客站设计新理念。

（2）站房原址改造、站场过渡、分步实施。

（3）简洁高效的旅客流线。

（4）"苏而新"的独特建筑造型。

（5）丰富精彩的建筑空间与建筑细节。

（6）独特的屋顶菱形空间桁架系统。

（7）超大体量无站台柱雨棚结构体系。
（8）节能、生态、环保的车站。
（9）优质高效的设计服务。

工程获得 2014 年中国铁道建筑总公司优秀工程设计一等奖，2013 年 5 月被评为苏州市"十大优秀公共建筑"，2013 年获铁四院优秀设计一等奖，2007 年获得中国建筑学会、山东省建设厅、威海市人民政府颁发的第四届中国威海国际建筑设计大奖赛银奖。

3）南京南站

南京南站位于南京市雨花区，是南京枢纽京沪高速、沪汉蓉快速客运通道、宁杭客运专线、沪宁城际、宁安城际客运中枢。南京南站占地近 70 hm²，总建筑面积约 45.8 hm²，其中主站房面积 28.15 hm²，站场规模为 15 站台 28 股道，如图 1-16 所示。

南京南站项目主要技术及创新点包括：
（1）国内集成各种交通方式最多的综合性交通枢纽。
（2）典雅、大气的建筑造型。
（3）高效的铁路客站。
（4）真正意义上的桥-建合一的结构体系。
（5）采用了大量的新技术、新材料，有针对性地开展了车致震动实验、屋面防灾体系研究等相关科研。

工程获得铁道部优质工程一等奖和优秀工程设计一等奖。

4）青岛北站

青岛北站位于青岛市李沧区。车站引入胶济客专、青荣城际、济青高铁、海青铁路、青连铁路以及烟蓝铁路等 9 条铁路以及 3 条城市轨道交通和其他多种交通方式，是胶东地区最大的现代化综合交通枢纽。青岛北站站房总建筑面积 61 395 m²，无站台柱雨棚覆盖面积 70 690 m²，建筑部分为地上二层、地下三层，局部设置夹层，站场规模为 8 站台 18 股道，如图 1-17 所示。站房原址为青岛市垃圾填埋场，在城市生活垃圾填埋区兴建如此大规模工程全国尚属首次。

图 1-16 南京南站

图 1-17 青岛北站

青岛北站项目主要技术及创新点包括：
（1）一体化综合换乘体系。
（2）双向进站流线模式。

（3）预应力立体拱架新型结构体系。
（4）城市垃圾填埋区的地下结构设计。
（5）周边道路综合规划设计。
（6）建筑节能新技术。
（7）建筑智能化技术。

工程获得 2014 年度中国建筑学会科学技术进步奖三等奖，2014 年中国铁道学会科学技术进步奖三等奖，2014 年度中国钢结构金奖工程，2014 年度中国钢结构协会科学技术二等奖，2015 年度中国钢结构工程大奖，2014 年度中铁二院科技进步二等奖，2016 年度中铁二院优秀工程设计一等奖。

5）天津于家堡站

于家堡站位于滨海新区于家堡中心商务区，是京津城际铁路延伸线上的终点站，是国内首批全地下站房工程之一，是滨海新区的地标性建筑。工程结构独特，技术难度大，安全风险高，是天津市和铁路总公司的重点工程之一，如图 1-18 所示。

图 1-18　于家堡车站

于家堡站建筑面积 86 168 m²，南北通长约 874 m，主体结构为三跨两柱双层地下结构，分为地下二层和地面层，站场规模为 3 站台 6 股道。

于家堡车站项目主要技术及创新点包括：
（1）首创了 143 m 大跨度双螺旋单层网壳钢结构体系。
（2）创新球铰双支座传力体系。
（3）创新 X 形刚性节点板。
（4）首次建立铁路客站大跨复杂钢结构健康监测系统。
（5）首次采用计算机模拟分析，提出了 ETFE 膜屋面采光、遮阳技术方案。
（6）首次提出了穹顶 ETFE 膜反射条件下抑制声缺陷的方法。
（7）创新了 ETFE 气枕熔断排烟系统。
（8）采用明挖顺作和盖挖逆作相结合的施工工艺，结合 65 m 超深地下连续墙完成了沿海地区软弱地质情况下 21.5 m 深基坑的施工。
（9）高精度施工 AM 扩孔桩与 HPE 钢管柱，定位偏差＜5 mm，垂直度在 1‰ 以内，远高于设计精度。

工程获得铁路建设工程部级工法 3 项、中国铁路工程总公司科学技术奖 2 项、天津市新技术应用示范工程、天津市结构海河杯、天津市钢结构金奖、全国科学技术创新成果等多个奖项，获得国家专利授权11项，出版两本专著。于家堡站获2015年度中国钢结构金奖、2016年度天津市金奖海河杯。

6）郑州东站

郑州东站位于郑州市郑东新区，以高速铁路为核心，集城市地铁、城际铁路、公路客运、公交和出租车等多种交通方式为一体，如图1-19所示。

图1-19　郑州东站

郑州东站总建筑面积41.2 hm^2，共分出站层、站台层和高架层三层，采用先进的桥-建合一结构形式，站场规模为16站台32股道。

郑州东站项目的主要技术及创新点为桥-建合一的设计理念和极富雕塑感的建筑特征，这使得工程建造犹如艺术品加工般的精细和复杂。轨道层采用世界首创的"钢骨混凝土柱+双向预应力混凝土箱型框架梁+现浇混凝土板"结构体系，施工难度大。

该工程荣获3项省级工法，获得发明专利授权1项、实用新型专利授权17项，在国家级刊物上发表论文14篇；该工程在建设期间，进行了候车层舒适度检测研究和管桁架复杂节点试验分析，5项成果填补了国内空白，荣获3项国家级奖项、22项省部级奖项。

7）合肥南站

合肥南站位于合肥市包河区，是集铁路、城市轨道、城市道路交通功能换乘于一体的现代化大型交通枢纽，如图1-20所示。

合肥南站站房建筑面积144 376 m^2，雨棚面积61 280 m^2，站场规模为12站台26股道。站场设置两个车场，由北向南分别设置沪汉蓉场车场、合福车场。总投资约20.7亿元。

本工程主要技术及创新点为应用了住房和城乡建设部2010年推广应用建筑业的全部10项新技术中的25个子项，在施工过程中根据项目着重研究了"超长混凝土无缝施工技术""铝板仿石工艺应用技术""索框幕墙施工技术""单向单索幕墙施工技术"等多项技术，并进行应用与推广。

工程获得北京市结构长城杯金质奖、中国钢结构金奖、合肥铁路枢纽南环线标准化工地、BIAD优秀工程设计二等奖、铁道部科技奖（大型站房深基坑灾变模式研究与实时监测系统）等各类奖项；申报并获得专利授权2项；发表多篇论文、工法，其中《大型屋盖钢结构累积提升施工技术》荣获中国铁建股份公司论文一等奖，《超大尺度（柔性）单向单索式玻璃幕墙施工技术》荣获中国铁建股份公司工法一等奖。

8）兰州西站

兰州西站是宝兰高铁客运办理站，位于甘肃省兰州市七里河区，是集客运专线、城际铁路、普速铁路、城市公交、轨道交通于一体的大型城市综合交通枢纽，如图1-21所示。

图1-20 合肥南站

图1-21 兰州西站

兰州西站占地面积 22 hm²，总建筑规模 26 hm²，高大建筑高度 39.55 m；站房面积 116 250 m²，地下一层，地上两层；雨棚屋面覆盖面积 10.2 hm²；站场规模为 13 站台 26 股道。项目总投资约 31.88 亿元；旅客最高聚集人数 10 000 人，高峰小时旅客发送量 13 700 人。

该项目主要技术及创新点为施工过程中采用了大量新技术、新工艺，包括大跨度钢结构吊装施工技术、BIM 技术、地铁逆作法施工技术以及大量的信息化技术、绿色施工技术及声光热技术和材料。另外，建筑业 10 项新技术中 10 大项 31 小项在本工程中得到了广泛的应用。

工程曾获得甘肃省建设工程文明工地、钢结构金奖、甘肃省建设工程飞天金奖、中国建筑学会优秀施工组织设计奖、中国工程建设 BIM 应用大赛二等奖、兰州西站关键施工技术研究（科技进步奖）等荣誉，以及大型钢结构吊装用临时组合支撑体系、施工升降机无基础加固式支撑传力系统、混凝土溜筒装备、塔吊安全监控装备、金属屋面固定卡等知识产权。

9）沈阳南站

沈阳南站位于沈阳市浑南新城西南，衔接哈大、沈丹、京沈三条铁路客运专线，同时预留抚顺、铁岭、鞍山方向城际铁路，是东北地区规模最大的铁路客运站，与沈阳站、沈阳北站共同构成沈阳枢纽功能完善的客运系统，如图1-22所示。

沈阳南站站区总建筑面积 220 092 m²，站房工程建筑面积 160 274 m²。站房部分整体呈工字形布局，东西向全长 361 m，南北向全长 450 m。建筑层数为地下 1 层、地上 3 层。站场规模为 12 站台 26 股道。

沈阳南站项目的主要技术及创新点包括：

（1）新技术：虚拟仿真技术、自密实混凝土。

（2）新工艺：盘扣式钢管脚手架应用、矩形框架柱模板应用。

（3）新材料：站房地下室顶板和有吸音要求设备用房顶板采用无机纤维材料进行喷涂，屋面采光顶中空夹胶 LOW-E 镀膜玻璃，在混凝土中掺加聚丙烯纤维。

该工程获得了住房和城乡建设部绿色施工科技示范工程、辽宁省优质主体结构工程、辽宁省建设工程世纪杯（省优质工程）、中国钢结构金奖、5项国家专利、3项辽宁省工法等奖项。

10）乌鲁木齐站

乌鲁木齐站位于乌鲁木齐市经济技术开发区，总建筑面积 99 982 m²，无柱站台雨棚结构覆盖面积 58 224 m²，建筑竖向分为地上 2 层、地下 1 层，站场规模为 9 站台 18 股道，设计高峰小时旅客发送量 8 200 人，如图 1-23 所示。

图 1-22　沈阳南站

图 1-23　乌鲁木齐站

工程应用了包括建筑业 10 项新技术在内的 10 大项共计 38 子项新技术，并创新采用了以下施工技术：

（1）将 BIM 技术应用到站房劲性混凝土结构复杂节点施工当中。

（2）大跨度双曲钢网架施工，采取地面网架分单元拼装、液压提升至半空对接、整体液压提升的施工方法。

（3）针对边跨弧形网架，创新性地提出了将单元区块沿"单轴旋转法"地面卧倒拼装，之后通过网架非同步提升的方法将单元网架翻转，回到设计姿态的方法。

（4）建立铁路客站大跨复杂钢结构健康监测系统。

（5）在施工过程中利用 BIM。

该工程获得 2014 年度"中建总公司科技示范工程项目"、2016 年度中建一局集团"精品杯"、中国建筑学会科技进步二等奖；项目施工过程中形成的《定型铁路轨道型钢移动操作平台》《一种网架提升用临时焊接球节点》《可移动伸缩钻孔操作平台》取得 2014 年、2015 年国家实用新型专利授权；依托工程发表相关论文共计 23 篇，获批集团级工法 6 项。

1.2　高铁客站的特点与空间组成

1.2.1　高铁客站的特点

长期以来，铁路客站分为站房、站场、跨线设施和站前广场几个部分。其中：站房是为旅客服务的各种房屋（广厅、售票厅、候车厅、行包房等）、技术办公房屋（运转室、站长室、公安室等）以及职工用房等的总称；站场包括线路（到发线、机车走行线、车辆停留线等）和站台等；跨线设施包括站台雨棚、跨线天桥等；站前广场包括旅客活动地带、停车场、旅客服务设施、绿化带等设施。图 1-24 所示为兰州西站的平面图，站房、站场、跨线设施和站前广场的布局如图所示。传统的客站把完整的旅客进出站过程人为地分为几个部分，其结果往往是把车站的功能复杂化。新型枢纽型客站打破了这种界限，把车站作为一个统一的整体来看待，考虑系统集成和整体最优。

图 1-24 兰州西站平面布置效果

随着高速铁路建设的快速推进，一批功能强大、设施先进、服务一流的现代化铁路客站也相继建成。新观念、新技术在铁路客站中的研究和运用，使其与以往客站形式发生了根本的变化，现代铁路客运站凸显了较以往老式客运站有重大不同的基本特征。这些特征主要表现在以下几个方面：第一，大型客运站采用枢纽型的设计思路，将铁路、地铁、轻轨、城市公交、出租车综合起来，同时对铁路站房与城市广场进行统筹考虑、一体化设计，形成了比较固定的设计模式；第二，面对城市土地资源日益紧张的问题，铁路客站的规划设计应满足立体化、多层化、多功能的要求；最后，应倡导客运站总体规划布局因势利导，内部空间组织化繁为简，建筑空间开敞通贯，造型流畅，与地域特点相呼应，以彰显其标志性建筑的定位，并在一定程度上反映地域历史与文化特色。

1. 交通体系从二维走向立体

传统铁路客站受铁路设计规范和管理体制所限，绝大多数是以候车大厅为核心组织建筑内部交通，利用室外广场组织交通转换。在倡导综合化、高速化的今天，铁路客站应使自身的内部交通与城市综合交通换乘接驳，使城市交通从二维形式向多层次立体化发展。因此，从某种意义上讲，高速铁路客站的功能正呈集约化发展，以实现城市综合交通的高效复合。高速铁路客站与城市交通相结合，包括接驳地铁、地下商业街、地面公共交通、出租车、社会车辆、高架轻轨甚至高架步行天桥等，利用地下、地面、高架的连接方式在城市空间中形成不同的运行层面。各系统要素需要立体化的设计策略，包括站房与站场、站房与广场、站场与广场、广场自身的立体化，合理地组织轨道交通、地面公共交通、出租车和社会车辆，以避免交通干扰，实现零换乘。

2. 建筑功能由单一走向综合

近年来，随着城市经济文化的发展，大型综合建设项目在整合城市资源方面的优势逐渐凸显，而传统铁路客站由于封闭的建筑空间、枯燥乏味的等候过程和以候车为核心的单一功能已无法适应当代旅客的需求。在这种背景下，不论是铁路客站建筑周边环境还是客站内部综合空间的建设，都应该吸纳更多的城市功能，实现使用功能的综合化，这在铁路客站建设中体现得尤为突出。铁路客站实际上就是集合多种城市功能的综合体建筑。它可以集购物、金融、餐饮、酒店、娱乐及住宅于一体，通过平面与立体的各式交通空间与客站主体相联系，在满足客站基本功能的基础上增加了综合服务性的复合空间，形成新的客站组织模式，成为充满经济活力及文化魅力的城市中心。

3. 建筑空间由封闭走向开放

传统铁路客站由于自身的封闭性造成了城市结构的割裂，削弱了铁路线路两侧城市空间的连续性。考虑到这些不利因素，近年来建设的高速铁路客站更加关注空间的开放化，逐步融入城市的空间系统，形成适于区域发展和人性化的开放化、立体化的动态系统，从而实现区域的协调发展。高速铁路客站内部空间与城市空间的统一考虑，往往是将城市空间向建筑内部渗透，使其在地面、地下和空中多个层面对接形成"街道""广场""绿地"等城市空间和步行系统，从而使建筑空间更加开放，人们在其中的归属感也更趋强烈。

4. 建筑形式由分散走向整体

以往的铁路客站内部功能分区明晰，呈对称布局，体现了现代主义建筑"形式服从功能"的原则，形成"三段式"的形态构成。当今，高速铁路客站重视通过性设计，消解不同功能空间的划分，达到综合大厅下多种功能空间的复合，建筑空间组织也从平面组织向立体方向发展，从而使布局形式紧凑统一。另外，受当代审美趋向影响，新时期高速铁路客站也更重视建筑的整体性营造，并逐步形成了功能与形式的统一。在当前的客站建筑创作中，一系列符合新科技、新观念的建筑形态不断涌现，呈现出形体巨构化、空间流动性、界面连续性的特点。

1.2.2 高铁客站的空间组成及布局模式

1. 客站的空间组成

铁路客站是为旅客办理客运业务的场所，一般包括站前广场、站房和站场三大功能区域。三大功能区域在平面和空间上可以有三种不同的位置布置方式，如图1-25所示。

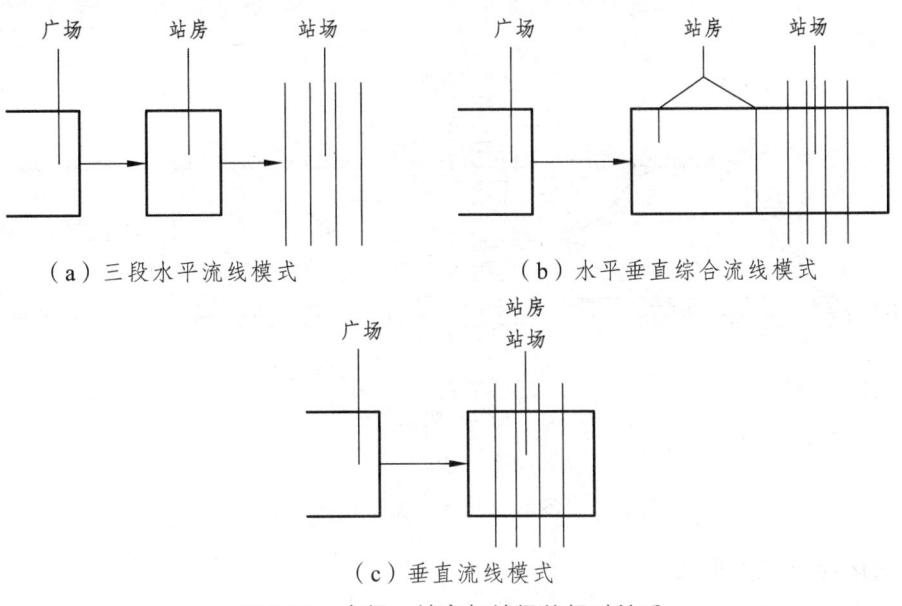

（a）三段水平流线模式　　　　（b）水平垂直综合流线模式

（c）垂直流线模式

图1-25　广场、站房与站场的相对关系

1) 站场建筑空间形式

铁路站场是铁路站房设计的基础，站场是铁路运载工具到发、停留、作业、整备、检修的场所。我国铁路客运站多采用通过式站场布置，如图1-26所示。旅客列车到发线采用贯通式，两端连通正线。站场中部为并列布设的线路及旅客站台，两端为道岔汇聚的咽喉区，站台之间通过跨线设备相连接并连通至站房。多条铁路线路引入时，多利用站外进出站线路进行交叉疏解、合并或并行引入地面车场，站场两端进路交叉干扰严重，站场规模大，咽喉能力紧张。国外大城市铁路客运站多采用尽端式站场布置，可以深入城市中心布设；旅客列车到发线为尽端式，一般多线平行引入，咽喉能力大，站场能力大。

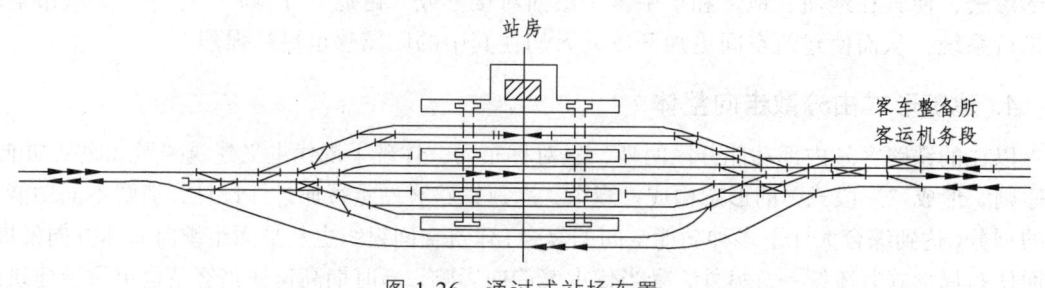

图1-26 通过式站场布置

早期铁路正线引入城市采用沿地面铺设的方式，铁路客运站站场亦为地面铺设。随着铁路建设工程技术的发展，铁路客运站站场可以采用高架或地下的建设模式以减少对城市的分隔或与城市交通的交叉干扰。由于高速铁路新型客运站衔接的线路方向、列车种类增加，为解决站场内不同线路、不同方向、不同类型列车到发流线间交叉干扰问题，站场设计出现两种趋向：一种是我国高速铁路建设过程中出现的采用多车场单层平面布设的站场设计模式，如图1-27所示；另一种是国外高速铁路建设过程中出现的将不同方向线路及车场布设在不同空间层面形成的立体站场模式。

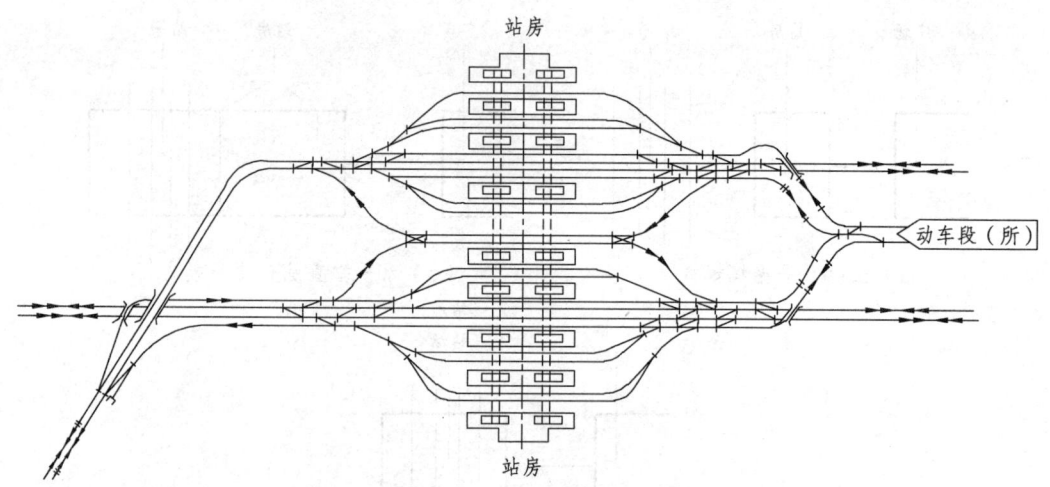

图1-27 多车场单层平面布设站场布置

2) 站房建筑空间形式

铁路站房是铁路客运站设计的主体，是办理售票、候车和行包邮件承运、交付及保管的地点。传统铁路客运站站房内设有客运用房、技术办公房屋和职工生活用房三类房屋。早期的旅客站房以候车空间、售票空间、进站广厅为主体空间，餐饮、商业、旅馆、文化娱乐等服务空间从无到有，设置在进站广厅和候车室附近。随着客运站功能的演变，站房内部功能空间的结构比重及配置方案发生变化，站房由单层平面设置发展为多层立体叠合布局，相对封闭的功能空间向开敞通透的开放式大空间转变，呈现从复杂、大规模朝紧凑、简化、高度复合演变的趋势。

3) 站前广场建筑空间形式

站前广场是铁路客运站与城市交通的接合部，同时是铁路客流、行包流及城市道路机动车流集散的场所，通常由站房平台、旅客活动地带、人行通道、车行道、公交站点、停车场、绿化、建筑小品等部分组成。

在早期的客运站建筑设计中，站前广场均为露天平面布置，其空间形式为通过前后分流或左右分流的设计手法，分割广场平面来组织站前广场交通，将车流与人流组织到不同区域的平交形式。这种平面布局的方式会导致人车混杂、交通混乱的局面。20世纪90年代以来，我国许多新建、改建的车站站前广场都成功地采用了立交方式，如深圳站、北京西站和杭州站等。新建大型高速铁路客运站的建设使传统意义的"站前广场"转换为"换乘大厅"的形式。

2. 客站的布局模式

结合铁路客站的发展趋势，当代铁路客站总体布局应满足以下基本要求：① 客站各组成部分的规模确定合理；② 总体布局模式适宜；③ 车站广场交通组织方案遵循以人为本、公交优先的原则；④ 铁路客站与城市道路、城市轨道交通的衔接便捷；⑤ 建筑功能多元化、用地集约化；⑥ 客站地下空间统筹考虑、综合利用。

按照广场、站房和站场相互之间的位置关系，铁路客站总体布局模式可分为平面布局模式，站房与站场立体布局模式，广场立体布局与站房、站场立体布局的组合模式，综合式立体布局模式等四种方式。

1) 平面布局模式

平面布局模式铁路客站的广场、站房和站场三大部分在平面上依次布置，形成三段式的平面布局结构。平面布局模式适合于中小型铁路客站。平面布局模式客站与城市道路一般采用平面衔接（"一"字形衔接模式、"T"字路口型衔接模式和放射型衔接模式）。

2) 站房与站场立体布局模式

站房与站场立体布局模式可分为线上式和线下式站房布局模式，如沈阳北站、长春站就是采用的这种布局模式。站房与站场立体布局模式在平原地区一般适用于大型客站，但在山地城市，有些客站虽然规模不大，也可依据地形条件采用线上式或线下式布局模式。站房与站场立体布局模式客站与城市道路的衔接应根据客站规模及周边道路条件、地形条件来确定采用平面衔接或立体衔接。

3) 广场立体布局与站房、站场立体布局组合模式

在这种模式下，铁路客站除站房与站场采用立体布局模式外，客站广场也采用多层布局。其目的是将进出站的各类车流、人流疏解，减少车与人、车与车之间的相互冲突和交叉。北京西站、杭州站、南京站等客站都采用了广场立体布局与站房、站场立体布局组合模式。广

场立体布局与站房、站场立体布局组合模式的客站与城市道路的衔接一般采用立体衔接模式。

4）综合式立体布局模式

新型铁路客站在总体空间布局上采用多层面立体化的空间布局模式，高架候车、多向入口、上进下出，并大面积开发地下空间。常见的铁路客站总体空间布局分为三个原理层面，一般高架层为进站层，地面层为站场，地下层为出站空间、换乘空间，如北京南站。也有较多铁路客站分为四层，将站场高架、站场下面的地面空间留给城市，避免对城市交通的割裂，并在站场下面引入城市交通系统，如广州南站、新武汉站、合肥南站等。

1.3 铁路客站发展的新趋势

1.3.1 铁路客站建设和管理的新趋势

高速铁路的出现，大大推动了铁路交通运输业的发展，并使铁路在交通运输体系中逐渐占据了主导地位。近年来，我国高速铁路的快速发展，激发了大规模的高速铁路客站建设。回顾近年来世界范围内高铁客站建设案例，我们可以清楚地看到，当代高速铁路客站正发生着深刻变革。它从运送旅客的功能性"容器"逐渐转变为具有城市发展触媒、城市空间节点作用的鲜活有机整体。当下它正以更现代化的方式展现交通建筑的效率和动感，以更为开放的积极姿态融于城市的公共生活，以更具个性的形象体现城市的内在性格与精神特质，昭示一座城市乃至一个国家的风貌。

1. 铁路客站建设的新趋势

1）先进的设计理念及建设手段

设计理念是客站建设的灵魂，它不仅要面对现实、适应当前需要，而且要面向未来、具有前瞻性。新建铁路客站的设计要在"以人为本、服务运输、强本简末、系统优化、着眼发展"的新的建设理念指导下进行。因此，必须用先进的设计思路来实现。随着一批新型客站的建设，一大批国内外优秀的、富有经验的设计队伍，带来了许多具有启发性的、高水平的新思路。建筑师们把这些新思路与中国的国情、路情和客站站房的使用需求相结合，积极探索着新一代中国客站的设计理念、建筑模式。

一个功能强大、系统完备的车站需要用先进的手段去实现。这些手段主要体现在以下几个方面：① 标准化管理思路。标准化管理是一种项目目标要素的集成管理，能够快速提高管理工作绩效。推行客站建设标准化管理，就是要通过标准化将客站建设经验加以总结、规范和推广，实现客站建设各阶段项目管理工作的有机衔接和客站目标要素的集成管理，整体提高客站建设管理水平，为又好又快推进大规模客站建设提供保障。② 实施信息化管理。信息化管理是现代建设项目管理的重要手段，主要在信息沟通、实时控制、计算机分析、问题处理等方面，对站房质量、安全、工期、投资、环保、稳定提供重要的平台。如在兰州西客站建设中，利用BIM技术，给各专业提供一个协作的平台，在初期便能够通过这个平台进行有效的沟通，所有的信息都能够在平台上得到完整的体现，这就大大减少了专业之间因协调不到位而产生的各种差错，实实在在地提高设计和施工效率。

2) 铁路客站融入城市综合体

从城市角度给铁路客站定位，环保、生态、节能、人性化和可持续发展等国际上最先进的建筑理念在新的客站设计中得到了充分体现，铁路客站正向城市交通枢纽的概念转化并融入城市综合体中。以往呆板单一的模式正在被各种适应未来的、功能合理的、设计新颖的模式所取代，各种不同形式的交通被组织到客站不同的层面，并融入城市交通、商业综合体中。例如台北火车站（图1-28），位于台北火车站后方介于市民大道与华阴街间的用地，开发完成后，可提供长途客运转运站用地，届时台北车站周边长途客运将转移至此，除改善当地交通状况外，更可带动客运公司上下车月台站区土地的开发，将使台北车站特定专用区的新风貌陆续展现。

图1-28　台北火车站

3)"铁路+物业"客站模式

TOD（transit-oriented development，TOD）模式是以公共交通为导向的开发，新一代铁路客站应在继承的基础上结合新的需求创新发展。新观念带来新的设计思路，新视角开启新的建设模式。"铁路+物业"的客站模式具有以下主要特征：

（1）建设理念上客运为根，服务为本，以站拓商、以商养站。客运业务是铁路客站之根，适应时代、满足需求是客站生存之本。铁路客站根据自身特点和市场需求，以舒适快捷的客运业务合理搭配效益良好的物业运作，以客流拓展经营、以效益促进服务，两者互补共生。

（2）规划上符合城市发展的TOD模式。新一代铁路车站建设要为社会、城市服务，作为重要的公共交通设施之一纳入城市建设的TOD发展模式，符合站点周边高强度集约化的土地开发策略。

（3）是兼具内外交通功能的城市综合体。车站形式灵活多样，不再孤立强调站房的单体形象，通过多样化复合功能的赋予，使车站成为具备交通功能的城市综合体。由于综合体的建筑体量大小并不取决于车站的等级和规模，还可以消除过去那种攀比城市客站规模心态的前提基础，使站房功能回归客运需求本身。

（4）是可持续发展的绿色车站。车站强调"四节一环保"，规模适当、高效舒适，可灵活适应未来变化发展，将第三代客站建设后期逐步建立的"节能环保"意识拓展为以"绿色铁路客站标准"评价客站全生命周期。

2. 铁路客站管理的新趋势

随着我国高标准铁路建设的不断深入推进，一大批基于科学理念建成的现代化铁路客站也逐步投入使用。铁路客站必须从经营管理上不断去适应新形势的要求，建立完善客站多元化经营的开发运营管理机制，实施多元化经营战略，全方位拓展市场，多渠道地提高经济效益。

铁路客站多元化经营包括客站运输业和客站非运输业。在客站运输服务中，将满足旅客基本出行需求作为主要目标，非运输业主要以满足旅客高层次需求为目标，力争为社会民众提供其他商业服务。客站多元化经营不是简单地将商业空间引入到客站中，而是从根本上将非运输业务作为增加收入的有力来源。对于客站运输业和非运输业的管理部门和经营主体，应建立完善它们之间的协作机制和管理体系，推进客站多元化经营业务统筹组织的系统化，提升客站经营管理水平和配套商业服务水平。

此外，客站应该更好地体现公共建筑的城市职能，使城市居民可以享受到铁路客站建筑的作用，在站内开辟有效的消费活动空间，让更多的社会人群也可以在站内餐饮、购物。根据国外客站综合开发的成功实践，采取建设客站综合楼的形式，增建上盖物业，将商业空间和站运空间联系起来成为整体，是现代化铁路客站综合开发的发展趋势。利用这种开发模式，可盘活铁路存量资产、全方位拓展铁路客站经营效益。

1.3.2 铁路客站发展的"站城融合"模式

近年来，国家支持鼓励站城融合发展，越来越多的铁路客站和城市建设规划在前期就开始统筹策划。随着北京城市副中心通州站、广州白云站、杭州西站等一批创新客站方案的确定和付诸实施，中国的铁路客站建设进入"站城融合"时代，也有学者称为4.0时代。前三个时代分别为：① 新中国成立后以北京站为代表的第一代客站，担负着城市大门形象的重任，但建设规划中城市功能缺失，是"有站无城"的1.0时代。② 改革开放后以上海站为代表的铁路客站，开始尝试将长途客运站、地铁等城市交通引进火车站，但缺乏整体前瞻性规划，是"站城分置"的2.0时代。③ 进入新世纪建设的大批高铁站，以北京南站、武汉站、广州南站、上海虹桥站为代表的我国第三代客站，形成以铁路客站为中心、无缝衔接其他对内对外交通的综合客运枢纽，成为站城协同建设的显著成果。同时，各地纷纷围绕新建铁路客站打造"高铁新城"，可称为"先站后城"或"依站建城"的3.0时代。四代枢纽发展演变如图1-29所示。

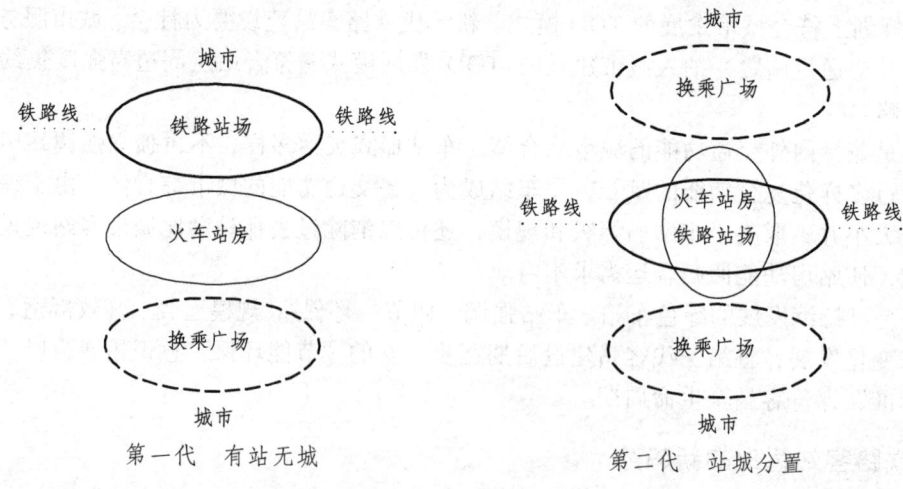

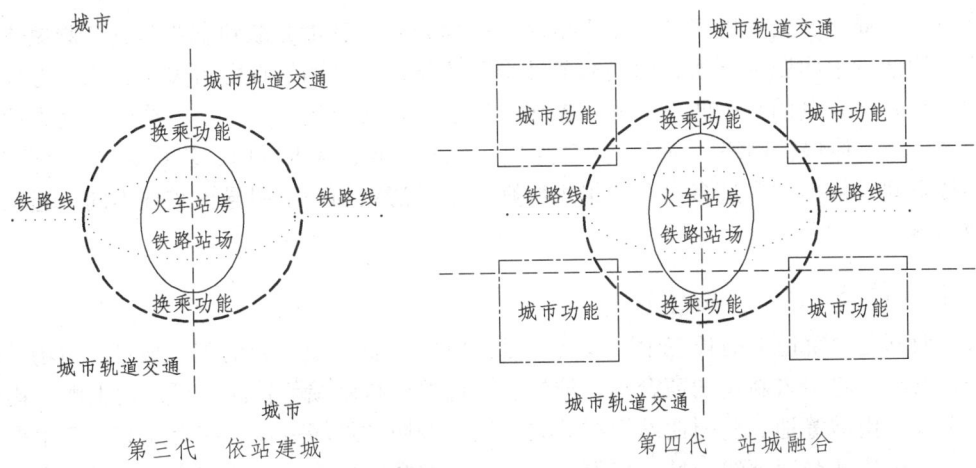

图 1-29 四代枢纽发展演变

1. 深圳市西丽综合交通枢纽方案

枢纽与城市的关系越来越受到重视,"站城一体""换乘高效""场所体验""生态人本"等理念在枢纽地区的建设得到充分认同。西丽综合交通枢纽是深圳国家铁路客运"三主四辅"的主枢纽之一,是集国家铁路、城际轨道、城市轨道等多种交通方式为一体的综合交通枢纽。2019 年 8 月,深圳主办西丽综合交通枢纽地区城市设计国际咨询,秉持"站城一体化"的理念,坚持"世界眼光、国际标准、中国特色、高点定位"的要求,征集具有前瞻性和创新性的城市设计方案。其中有设计方案以立体分流和多维融合为策略,在空间平衡、垂直城市以及建筑空间三个层次上平衡城市开发与枢纽交通,创造融合一体、以人为本的站城枢纽;在产业功能和空间景观两个维度上互联互补、连接成网,建设覆盖区域、多维立体的科创交流网络。深圳市西丽综合交通枢纽如图 1-30 所示。

(a)产业功能和空间景观互联互补

(b)站城一体室内空间

(c)项目俯瞰效果

(d)整体布局

图 1-30 深圳市西丽综合交通枢纽

在空间布局上，设计以多站点作为整体，将部分开发容量分散到东西两侧，避免流量过分集中，构建"中间服务枢纽，两侧服务城市"的紧密协助的站点群组关系，综合考虑轨道交通供给与开发容量的平衡匹配。并依据城市功能，将交通流垂直分层，构建"地下两层、地上三层"的立体慢行网络，对应"地铁连接、地下商业、城市界面、公共空间、上盖开发"的五层楼空间。依据"多进多出"的组织原则，通过清晰的动线引导，实现不同交通工具间的快速换乘。

2. 杭州西站

杭州西站是"轨道上的长三角"节点工程、2022年杭州亚运会的配套项目。站场总规模为11台20线，将引入新建的商合杭、沪乍杭、杭温、杭临绩等铁路，可通达上海、南京、黄山、武汉、南昌等地。杭州西站枢纽总共5层，按照"站城一体、综合配套、三生融合"的理念，力求实现交通枢纽与城市建设、产业发展的紧密融合，打造综合交通示范点、科创走廊会客厅、绿水青山园中站、世界名城新名片。杭州西站枢纽的建设，拉近了杭州与长三角地区各大城市间的时空距离，也将大大提高杭州在长三角地区的交通战略地位。长三角一体化，带来了人、产业、交通的互动，更为杭州带来了巨大的商务价值和产业支撑。杭州西站效果如图1-31所示。

图1-31 杭州西站效果

1.3.3 建设与管理技术所面临的新挑战

1. 建设面临的新挑战

2003年以来，我国高速铁路高速发展。与之相对应的高铁客站迎来了快速发展的难得机遇。这些客站无论在站区规划、功能布局、交通流线、建筑造型、关键技术上，还是在服务设施上，与以往客站相比都有重大创新和突破，但也面临着一系列的需求和挑战。这些需求和挑战主要体现在以下几个方面：

1) 建设理念新

为贯彻落实"以人为本"和"可持续发展"的理念，客站的功能定位需要从"单一的铁路客运场所"向"综合交通枢纽"转化,运营管理需要从"便于管理"向"方便旅客"转变。传统客站的建设理念已无法适应功能上的巨大变化,必须要有与之相适应的新理念。这种新理念还需要落实到管理、设计、施工等各个层面。

2)时间要求紧

高铁客站的规划设计受制于高铁线路、车场以及城市轨道交通、市政道路、站区规划等多重因素,开工时间一般滞后高铁线路2年左右,但必须与高铁线路同时开通。我国高铁的工期一般只有4年,留给客站的工期只有2年左右。

3)技术难度大

综合交通枢纽的功能定位、立体化的功能布局模式和动车组高速通过对特大型高铁客站的空间结构、节能环保、环境控制、消防安全等带来了一系列技术难题。尤其是大空间、大跨度的空间结构体系最为复杂,需要承受动车组高速通过和反复停靠的长期活载。突破特大型高铁客站空间结构上的难题,是实现综合交通枢纽功能定位的基本前提。

4)专业接口多

高铁客站是一个复杂、庞大的系统,涉及30多个专业,同时还与地铁、市政道路、城市规划等行业密不可分,专业接口管理和系统集成管理的难度大。

以兰州西站为例,客站在初步设计阶段所涵盖的内容如表1-1所示。

表1-1 初步设计各主要专业及内容

序号	项目	内容
1	综合枢纽规划与总平面设计	1. 区域总平面道路规划设计 2. 轨道交通方案设计 3. 市政广场规划,站前广场空间形态研究
2	建筑设计	1. 建筑的各层功能布局与流线设计 2. 建筑构造与建筑标准 3. 建筑造型与立面设计 4. 建筑室内空间设计 关键的几项工作内容: (1)需要在站房内进行生产办公用房的具体布置; (2)高架层、站台层、出站层等区域利用自然采光的研究; (3)建筑幕墙和屋面系统的研究; (4)高架层旅服夹层的功能布局、空间利用及室内效果的研究; (5)高架层落客平台的方案设计,以及和雨棚连接的处理;雨棚建筑形态研究,高架桥与雨棚结构下的建筑空间形态研究; (6)地铁站的设计,以及其与国铁换乘的方案设计; (7)大空间室内灯光照明效果设计,灯具与装修结合的方案设计; (8)建筑总体规模的控制; (9)出站层的空间效果的设计; (10)行包通道及行包用房的设置研究
3	结构专业	1. 结构模型的整体计算分析 2. 大跨度屋面结构的可行性与经济性比选研究 3. 结构变形缝的设计方案比选 4. 高架层的结构选型比选 5. 轨道层的结构选型比选

续表

序号	项目	内容
4	电力	1. 电源方式 2. 照明方案 3. 旅服用电负荷研究
5	信息专业	1. 旅客导向系统 2. 监控系统 3. 旅客信息服务系统 4. 超大无柱空间的信息屏的布置方式方案比选
6	给排水专业	1. 超大屋面排水设计方案 2. 中水收集利用方案 3. 大跨度空间的消防设计研究
7	暖通专业	1. 大空间暖通布置方案研究 2. 综合节能分析 3. 地下层采暖标准设定 4. 高架层结构空间的有效利用

5）协调难度大

高铁客站与城市轨道交通、市政设施等工程关系紧密，涉及市政、规划、环保、国土、地铁甚至航空等十几个部门。比如上海虹桥站，涉及4家铁路企业、5家地铁公司以及机场、市政等多家利益主体，多业主、多设计单位、多工程、多专业、多工种、多操作而且它们之间的交叉错综复杂。

6）施工组织难

特大型高铁客站具有多工程同步施工、多工种交叉施工的特点，具有场地局促、进出口少、施工单位多、运输量大的共性。如何确保施工场地内外交通畅通和多层次立体交叉作业状态下各工序的有序转换，对施工组织提出了巨大挑战。

2. 运营管理面临的新挑战

目前，我国铁路客站的多元化经营活动涵盖了餐饮、零售、广告、休闲等多个领域，高铁客站商业开发也借鉴国际国内的交通枢纽商业模式，在开发理念和运作方式上进行了有益的探索尝试。从运营情况来看，客站多元化经营已经取得了一定的经济效益，对客站的空间和资源优势进行了一定程度的利用，有利于客站通过业务组合来提高盈利能力。但是从管理层面来看，客站多元化开发经营的配套机制和制度还不尽完善，存在一些突出问题，面临新的挑战：

1）客站多元化经营规划滞后

目前，我国铁路客站的方案设计和经营理念仍是以运输生产为主，客站商业部分的规划、设计比较滞后，缺乏在客站项目实施早期对多元化经营的整体考虑。客站在设计上更多地停留在满足旅客旅行需求的层面，客站建筑设计规范主要是客运服务的内容，商业开发的内容及要求极其匮乏。客站商业开发多以客运辅助配套的名义进行，多数客站只是利用现有的客站资源，有限度地进行商业经营。

2）经营主体与管理部门的协调配合不顺畅

在客站多元化开发经营过程中，经营主体需要与客运、路风、公安、消防、卫生等多部门以及地方政府部门、设计单位、施工方等开展合作，其中伴随着大量的协调配合问题。如春运期间，一些客站的业务管理部门不与多经企业进行沟通，直接关停旅客候车茶座，将茶座免费用作旅客候车室，影响了多元经营创收。再如部分客站对商业网点的水电、消防等设施的管理职责划分不明确，协调处理机制不健全，严重影响了商业经营活动的开展和铁路商业开发的市场信誉。

3）铁路部门与合资公司、地方政府的利益分配存在矛盾

铁路部门与合资公司和地方政府在某些项目的经营主体和利益分配方面存在较多矛盾。铁路局对合资公司所属客站的商业开发缺乏统一规范的管理制度，铁路局在承担合资公司所属客站的商业开发中，由于收益分配不能达成一致，经常出现商业运作搁置、延后的现象。在站外传媒设施的设置及利益分配上，铁路客站与地方政府市容市貌管理等部门也存在较大争议。诸如此类的问题反映出铁路客站开发经营主体与合资公司、地方政府的沟通协调需要进一步加强。

4）客站多元化经营人才缺乏

客站多元化经营最大的挑战是规划设计的专业复杂性，要求必须引进具备专业特长和市场实战经验的商业设计人才，同时也要培养精通铁路专业管理和现代商业经营管理的企业家队伍。由于铁路辅业改制等历史原因，铁路多元化经营企业为落实铁路总公司要求，接收了大量运输业分流人员，导致客站非运输业工作人员的专业性和技术性较差，不适应客站多元化经营的高标准要求。

随着铁路改革的推进，对铁路客站进行多元化开发，是响应铁路行业推进多元化经营战略、提高经济效益的重要举措，也是合理配置资源、促进客站与城市经济协调发展的有效途径。铁路还需进一步转变经营理念、创新开发模式、健全管理体系、完善管理制度，努力提高客站经济效益，促进客站的现代化发展和可持续发展。

Part 2 高铁客站的规划与建筑设计

2.1 客站的规划

2.1.1 客站的选址

高铁站的首要功能是交通功能,最基础的是要满足人们乘坐方便,再者环境宜人,才能让人喜欢使用,只有整合用地功能形成交通便利、功能齐全的区域,加上有吸引力的产业,方能形成人气聚集、活力旺盛的城市经济新引擎。所以,高铁站选址是建设第一要务,要符合城市总体规划,综合考虑城市整体空间结构,与城市紧密衔接。若车站位于建成区内,在处理好乘客交通集散关系的同时,要考虑周边用地的产业更新;若新选站址,则须结合城市空间调整建设新城,同时建设新的交通系统紧密联系主城。两种情况下,都需打造以车站为核心区域的宜居宜业环境,才能充分发挥高铁和高铁车站建设的经济效益。

1. 选址的影响因素

新建高速铁路车站的选址合理性主要受城市、人口、交通三方面因素影响,同时还受到方案技术经济条件的制约。

1) 城市形态及发展模式

高速铁路客运站的站址选择应与城市的总体形态及发展趋势一致,在满足自身技术标准条件的基础上,服务地方发展。目前,除部分特大城市采用多核心模式直接建立大型新区外,国内大部分城市的主要发展形态均属于圈层式或轴带式的总体发展模式。同时由于城市的发展受到如水域、山体等固有环境形态的限制以及人口产业布局的差异性,遵循相同发展模式的城市其发展形势又表现出一定的特异性。但是在要求高速铁路客运站与城市现行发展模式相符合的同时,也要考虑到高速铁路开通可能带来的区域发展效应,从而有意识地通过高速铁路客运站的布设来推动原本的发展模式向更加合理化的方向转变。

当城市主要采用轴带状的发展模式时,该区域内通常具有多个核心集聚地,则高速铁路车站的站位选择在城市规划层面上应主要考虑两种情况:第一种是基于现行多核心模式在各既有中心间的相对均衡位置设站,以最大限度地便利各中心的出行人员往来,减少区域通勤时间;第二种是直接在拟构建新核心的区域设站,通过车站的综合开发与人员往来拉动该区域的经济增长,从而最大限度地利用高速铁路站的客流集聚与综合开发效应,同时新站址也不宜远离城市建成区,以尽量减少对城市的分割。

若城市主要采用圈层状的发展模式，则其通常仅具有单中心。当城市规模未达到一定程度时，圈层状发展模式较为适宜；而当城市规模达至一定程度后，若继续以圈层扩张的形式发展容易导致城区呈"摊大饼"式的盲目化、无序化蔓延。因此，应依据城市现有规模与既定规划来考虑通过站址的合理选择以达成优化城市发展模式的目的。同时，在此模式下一般应尽量避免新设车站站址过度贴近城市中心，以防止加剧城市中心的交通压力。

2）区域经济规模及人口分布

在与总体发展趋势不相悖的情况下，应划分以高速铁路客运站为核心呈圈层化的交通拓展区，基于其直接或间接覆盖片区的经济体量与人口分布，来综合考虑其人口集聚规模与就业吸纳情况，以尽量实现覆盖范围内的人口数目最大化与职住比均衡。

3）内外交通便利性与综合开发带动性

作为综合性的交通枢纽，高速铁路客运站周边通常应具备或规划有联通城市各主要人口集聚地的公共交通线路与道路交通设施，以为乘客往返于出行地与车站提供必要的综合交通服务，从而实现与城市建成区、城市其他重要综合交通枢纽之间的快速连接、便捷直达。此外，对于作为区域性城市集群的枢纽城市而言，高速铁路客运站的选址还将考虑其作为地区性综合交通枢纽的功能辐射性，在注重所处城市内部的车站周边综合交通的衔接顺畅外，还需加强与其他城市的外部交通接驳。

而高速铁路客运站对周边片区一般具有较强的综合开发带动性。在产业系统联动与邻区交互推动作用下，区域交通职能的强化将会引致内外社会经济活动趋于多样化，突破单纯强调城市交通运输组织功能的传统思维，重塑产业空间分工体系，带动商贸、服务、制造、仓储等诸多城市职能的发展，令职住规模不断扩大，产生显著的循环累积效应，从而推动区域城镇建设水平超常规增长。其周边开发建设应突出产城融合、站城一体，与城市建成区（主城区或新建城区）合理分工，在城市功能布局、综合交通运输体系建设、基础设施共建共享等方面同步规划、协调推进，以尽量发挥交通枢纽对经济要素资源的集聚与辐射作用。同时，依据在城市核心区或新建成区的建设倾向性，高铁客运站其会表现出差异化的站区发展形势，应结合自身资源禀赋、优势特色、发展定位等，甄选出发展基础条件优越、城市特色鲜明、发展潜力较大的产业，构建站区偏好型产业体系，避免邻近站点形成无序竞争、相互制约的局面。

4）技术经济条件

在综合以上三方面因素研究高速铁路站址方案时，还应对具备可比条件的各项方案进行严格的技术经济比较。在首要保证站址建设方案技术可行性的基础上，尽可能地发挥上述三方面因素的激励性，力争达到项目经济性与地方发展性两者间的平衡，技术效率与经济效益、社会效益的统一。

2. 选址策略与原则

2018年5月7日，国家发展改革委联合自然资源部、住房和城乡建设部及中国铁路总公司发布《关于推进高铁站周边区域合理开发建设的指导意见》（发改基础〔2018〕514号），指出要强化规划引导和管控作用，合理确定高铁车站选址和规模，严格节约集约用地，促进站城一体融合发展，提升综合配套保障能力，合理把握开发建设时序，防范地方政府债务风险，创新开发建设体制机制。要求高铁车站选址、功能定位、规模和开发区域边界应依据城市总体规划、土地利用总体规划等统一布局，这将从源头上防止城市借助高铁的规划建设进行蔓延式发展。

目前，我国高铁站与城市发展之间的问题大致可以概括为"大、偏、远"。所谓"大"与"远"是铁路站的规模过大、选址距离城市人口聚集区过远，两者都造成乘客在城市内部的出行距离过大，使用不便，城市交通的衔接困难。而"偏"则是站场选址偏离城市发展方向，造成铁路站城市交通衔接成本高，围绕站场的开发无法融入城市。三者都不同程度地增加了站场周边开发的难度。

高铁站在城市中的选址应以布局均衡、与城市发展方向一致为原则。所谓"布局均衡"就是在城市中要多布站点，与城市功能布局、空间结构相吻合。大城市与城市的功能分区结合布局，中小城市与中心城结合布局，避免"大"和传统的分方向布局站点，造成乘客在城市中出行距离过远。而与城市发展方向一致，则需要按照一张蓝图的目标，将城市对外交通与城市发展规划协调一致。这样既可以使城市交通与高铁交通方便衔接，高铁站场也可以作为带动城市发展、实现城市发展目标的引擎，实现城市中高铁的"TOD"和投融资改革目标。

高铁客站的选址可遵循的选址策略与原则为：

（1）依据城市出行需求确定车站规模。

应依据线路、车站的功能定位与铁路客运量预测结果，合理确定高速铁路客运站的发展规模，以促使车站规模与城市对外出行需求相匹配。

（2）依据城市发展倾向确定车站位置。

应依据城镇空间结构规划与区域发展策略，合理确定高速铁路客运站的坐落位置，以促使车站位置与城市总体发展倾向相适应。

（3）依据城市地理环境确定车站形式。

应依据车站站址所处地域的地形地貌与山水格局，合理确定高速铁路客运站的布设形式，以促使车站形式与城市自然地理环境相协调。

（4）要求站区具有良好的人口吸引基础。

站区应具备良好的产业发展与人口吸引基础，即资源与区位优势，从而随着就业岗位的增加，能吸引流动人口大量涌入，并通过人口的集聚来反向促进产业发展。

（5）要求站区具有良好的内外交通条件。

站区应布设高效便捷的城市内部交通系统，以及能与城市周边地区快速联系的顺畅外部通道，从而具备以交通为导向的土地综合开发条件。

同时，车站的选址还应结合站区规划进行同步研究，近远结合，统筹兼顾，促使站区发展预期与实际需求相一致，以打造用地协调、交通顺畅、开发有序、功能完善的高速铁路站区环境。

2.1.2 基于铁路需求的客站规划要求

1. 铁路网快速建设及客流增长对铁路客站的规划要求

随着铁路网的快速建设和高速发展，引入铁路枢纽地区的线路数量增加，以大城市为依托的铁路枢纽应不断完善，才能满足客流乘降及中转需求，这对客站规划提出了新要求，应根据枢纽总图布置，配置新的客站或扩大既有客站规模，并配套与客站相关的设施。此外铁路客流的增长，客站功能、服务能力的改变，对铁路客站规划也提出了新的要求，应增强客站的服务能力，并在客站区位上适应客流分布变化。

2. 铁路技术进步以及运营模式的改变对客站规划提出的要求

客运专线、高速铁路、城际铁路的建设和高密度、公交化的铁路运营发展趋势必然对客站规划提出新的要求，客站规划设计应更加注重考虑方便到达、方便换乘、方便购票、快速通过、快速上车等因素，客站规划应该能够适应多模式、多层次的网络布局和运营模式。

3. 铁路枢纽总图布置对客站规划提出的要求

铁路枢纽总图布置是对铁路枢纽内各主要车站的分布和相互位置，枢纽内主要设备的配置进行规划。其一般依据引入线路的方向、数量和技术特征，客货运量的流向、大小和性质，既有铁路设施的情况，结合城市地形地貌条件及城市规划来确定。枢纽总图布置要遵循方便枢纽内旅客乘降、中转和货物到发、编组、中转，结合目前我国大城市市区"退二进三"（第二产业从市区搬迁到郊区产业园、市区主要发展第三产业）的规划原则。另外，客站规划模式也会对枢纽总图布置提出要求，如多客站模式也有利于分散单个客站的客流量，控制单个客站的规模，更有利于实现流线清晰、短捷、换乘方便、快捷，并有利于分散城市交通压力。但多客站模式会增加枢纽的复杂程度，因此，要求枢纽总图合理布置，提高铁路运输效能。如北京枢纽的客站规划结构由"四主两辅"组成，四个主要客运站为北京站、北京西站、北京南站、北京北站，两个辅助客站为北京东站和丰台站（图2-1）。

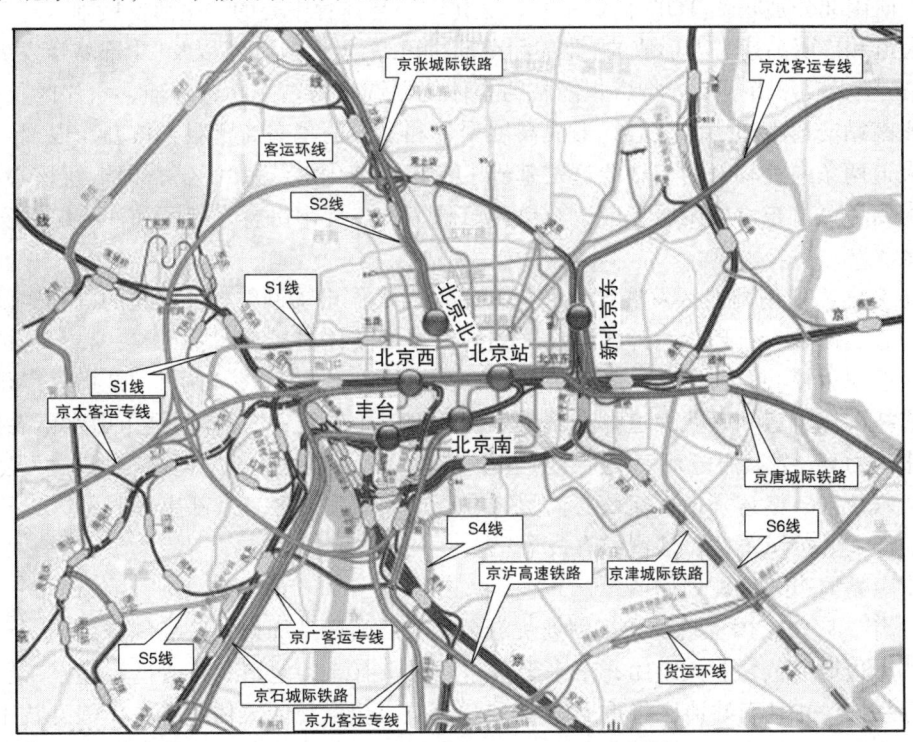

图2-1　北京枢纽"四主两辅"的客站规划结构

4. 铁路客流旅程时间控制对铁路客站的规划要求

"安全、快速、方便、舒适"是铁路客流出行的基本要求，其中，缩短铁路客流旅程时间是体现"快速"要求的重要指标,也是铁路技术进步以及提高铁路自身在综合交通体系中竞争力的重要因素。

2.1.3 基于区域和城市经济发展的客站规划要求

1. 区域发展对铁路客站规划的要求

伴随着我国经济的快速发展和城市化水平的提高,环渤海京津冀地区、长江三角洲地区、珠江三角洲地区等经济发达地区形成了经济联系紧密、一体化趋势特征明显、由若干个不同规模的城市(镇)共同构成的都市带。大型铁路客站及其所延伸城际轨道交通、长途客运等交通系统的功能使其具有了服务都市带的能力,如广州南站集客运专线、城际铁路和普速铁路于一体,位于广州市番禺区,距广州市中心区、佛山市、中山市、东莞市均在1小时车程内,处于珠江三角洲的中心地带。2010年,广州市规划局就公布了《广州南站地区城市设计》,明确36.1 km² 的南站地区将成为广州继老城区、珠江新城之后的第三增长极,建成以商务、商贸为主导功能的现代服务业集聚区。根据当时的规划,广州南站地区的定位为"华南地区综合客运交通枢纽,以商务、商贸为主导功能的现代服务业集聚区"。按照2010年版本的规划,南站地区规划结构为"一带、两轴、三区"。"一带"是指由东至西联系汉溪长隆、南站、佛山的"广佛发展带"。"两轴"一是指以南站为核心,东西延伸发展的"生产服务轴";二是以市民中心为核心,向南北分别联系 TOD 商业中心、文化中心与体育中心的"生活发展轴"。"三区"是以汉溪大道和广明高速为界形成的"北部和南部村镇综合发展片区"以及"中部城市发展片区"。

2013年,广州市规委会将广州南站的整体规划调整为"一心、两轴、六片区"。在原有以"广州南站交通枢纽"为核心,形成高度聚集和高效的华南商贸服务核心,以及汉溪大道和兴业大道两条向外辐射的主轴线这一基础上,拓展细化出"六片区",即枢纽核心商贸区、西部时尚商务区、东部休闲服务区、石壁商贸物流区、屏山综合发展区和沙湾综合发展区六大功能区。

2016年,广州南站地区发展定位和规划结构再次作出了调整。根据新的规划,该地区将形成"一心、两轴、三环、六片区圈层式辐射发展的整体格局"。其中:"一心"是指以广州南站交通枢纽为核心,形成高度聚集和高效的商务商贸服务核心;"两轴"是指以广州南站为核心,依托汉溪大道和兴业大道打造城市外向的辐射主轴线;"三环"是指山水生态休闲环、岭南文化活力环、公共服务环;"六片区"虽然与上一版本提法一致,但内容却有了很大变化,最新的"六片区"概念是指枢纽核心商贸区、泛珠预留发展区、东部康体服务区、石壁商贸服务区、产业升级示范区、沙湾综合发展区。

广州南站周边地区规划如图2-2所示。

2019年,广州市国土资源和规划委员会公示《广州南站周边地区规划修编》,公示显示:广州南站周边地区包含七大组团;未来南站核心区将有5条地铁线路通过;建设二层连廊的空中步行系统;并且南站地区将重点发展 IAB 产业,包括智能康体、新一代信息技术、人工智能、生物医药与健康、先进装备制造等,还规划有一大片宅地,空间上相应布局多个组团作为产业发展承载空间。通过南站核心区中心商务区建设,通过细分地块,形成功能混合的高强度开发区,打造南站作为粤港澳大湾区门户枢纽的城市形象;其他地区通过围合型的建筑群形态,打造尺度宜人、促进交流的商业商务社区。

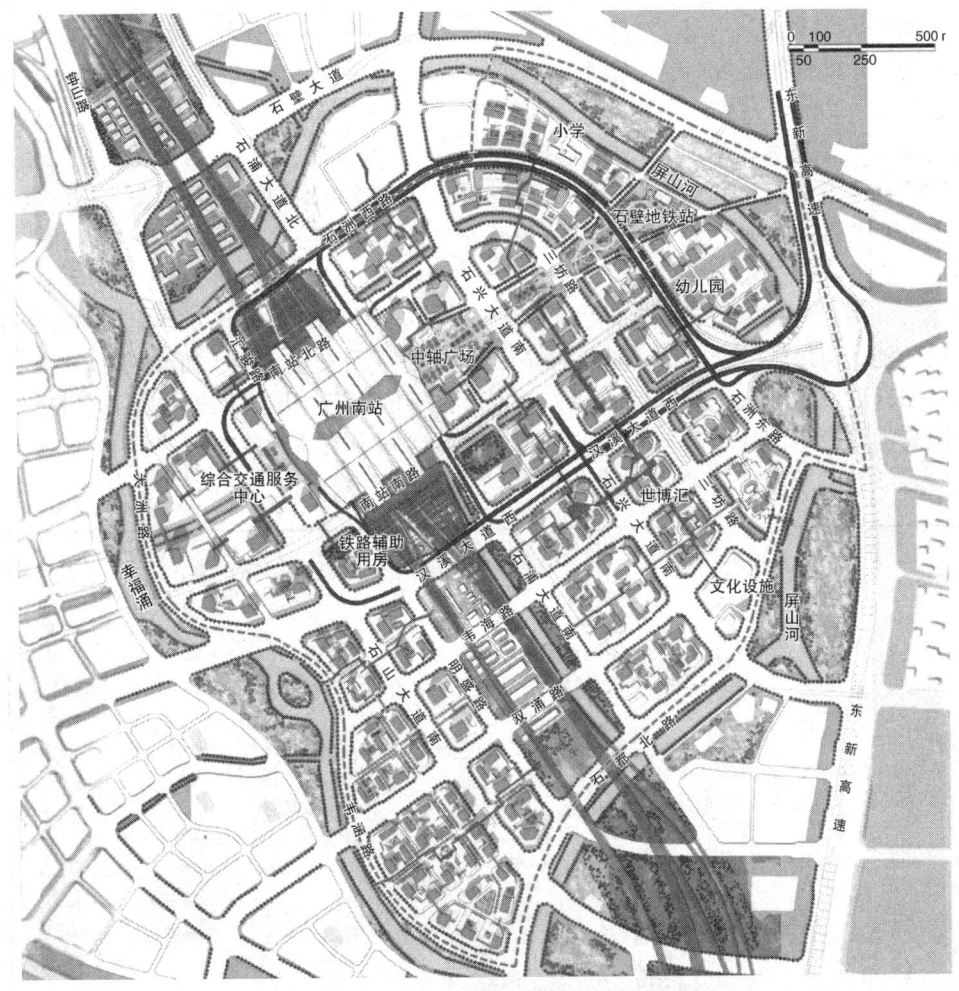

图 2-2　广州南站周边地区规划

由此可见，高铁客站结合城市发展规划、便捷的综合交通使其更有效地承担起服务整个区域的功能，必然对区域经济发展起到较好促进作用。

2. 城市发展对铁路客站规划的要求

铁路客站规划首先应与城市规模相适应。城市规模决定了城市交通战略及主导交通方式、铁路客站数量及主要的接驳方式、旅客出行便捷程度及平均出行时间等，如：特大型中心城市一般采用多客站模式，并以城市公共交通尤其是大力发展城市轨道交通作为主要的接驳出行方式；中小城市采用单客站模式就能满足铁路旅客的出行需求。铁路客站的区位在宏观上还应与城市空间发展战略相协调、引导城市功能空间的合理分布，铁路客站特别是大型铁路客站的建设和改造，将改善客站周边地区的可达性，使相关地区形成某种"超前引力"并逐步产生"聚集效应"，在这种作用下，客站带来的商机和旺盛的人气有利于带动周边地区的更新和发展，形成具有吸引力的城市区域。我国许多大城市的铁路客站位于旧城区，对其进行改造、重建为旧城更新及经济复兴提供了契机；而大城市的第二客站有些位于新城区，新客站便捷的交通联系和强大的吸引力往往是新城开发的先导和依托。

西安北站位于我国陕西省西安市未央区，于2008年9月19日开工建设、2011年1月11日投入使用，总投资超过60亿元人民币。西安北站位于西安市城区北部中轴线上，分别距西安市中心钟楼12 km、西安市行政中心3 km、西安咸阳国际机场20 km，是西北地区最重要的、规模最大的铁路客运枢纽，是西安铁路枢纽的主要客运站之一。西安北站投入使用后，西安市围绕西安北站打造高铁新城。作为西安最重要的城市窗口，随着西安主城区北拓、西咸一体化进程的深入推进，高铁新城已成为西安打造国际性综合交通枢纽和国际化中心城区的桥头堡。依托高铁新城，西安市提出要建设"三中心二高地一枢纽"六维支撑体系，即"发展枢纽经济、门户经济、流动经济，大力发展金融、商务商贸等现代服务业，提升国家综合交通枢纽功能，构建联结全球的立体大通道"。同时，大西安进入了"拥河"发展时代，高铁新城与西安万亿级工业大走廊隔河相望，北客站位于渭河与主城发展轴的十字中心，具备发展成为西安的门户空间、城市新中心的条件，区域迎来了新的发展契机。

西安高铁新城规划功能结构如图2-3所示。

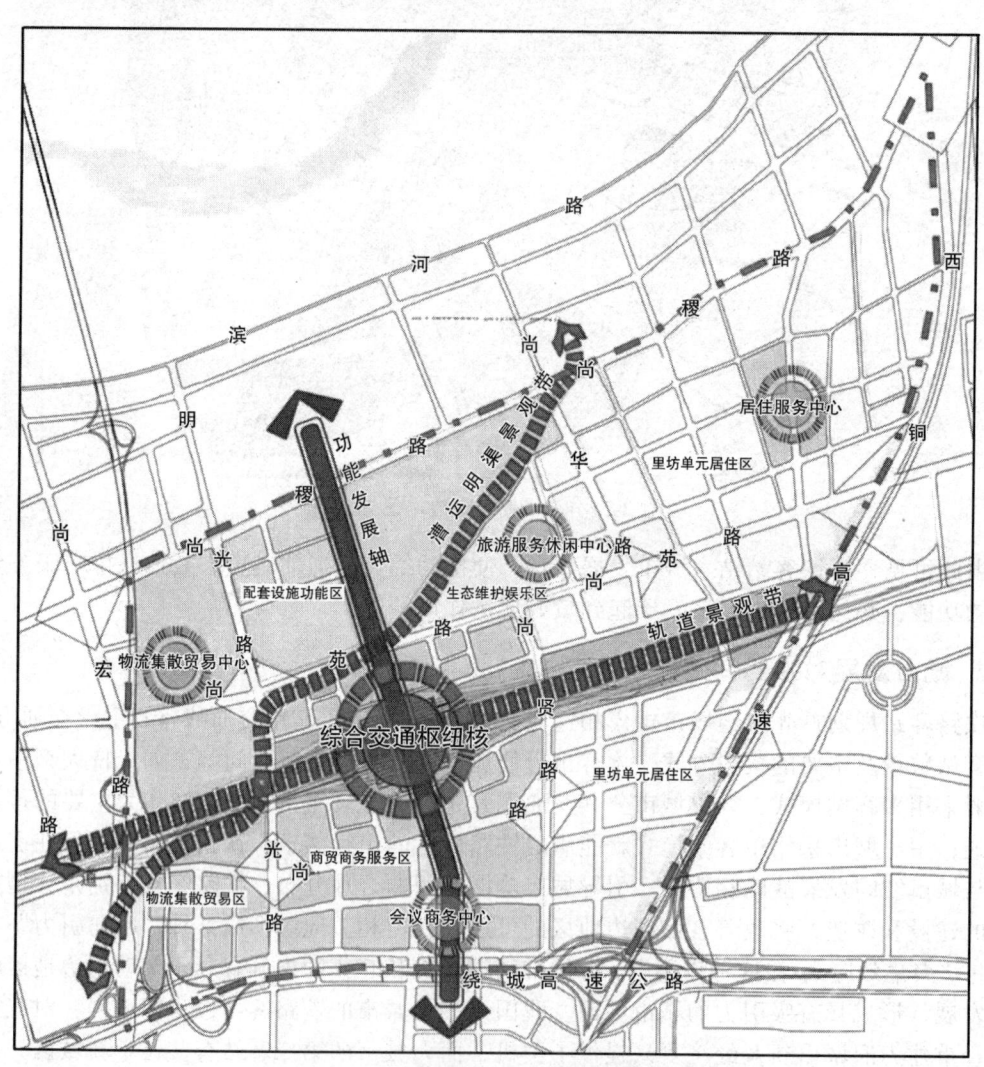

图2-3 西安高铁新城规划功能结构

3. 城市形象对铁路客站规划的要求

对城市而言，铁路客站在一定程度上是反映城市形象的重要载体，是体现城市进步的建筑物，是城市重要的"门户"。基于铁路客站的这些功能，其规划设计时必须考虑与城市形象的关系，力求与城市环境相融合、与城市设计相结合、与城市景观相结合。如南京站（图2-4）位于金陵古城城北，前临玄武湖、后枕小红山，所在区位景观环境优美，其规划设计非常注重与城市形象相融合，将站房设计、广场景观设计与玄武湖景观资源融为一体，使客站成了南京城市形象的重要元素。

图 2-4　南京站及周边环境

4. 城市功能空间对铁路客站规划的要求

铁路客站不仅要满足交通功能，还要满足城市功能空间所具有的交流功能、景观功能、防灾功能、服务功能等要求（表2-1）。

表 2-1　铁路客站的功能空间组成

功能	特性	空间
交通节点的功能	集结、转换各种交通	交通空间
城市道路节点功能	形成城市道路节点	
交流功能	形成休闲、娱乐、交流的中心	环境空间
景观功能	作为城市景观的重要组成部分	
服务功能	提供各种商业服务和信息服务	
防灾功能	作为防灾、避难、紧急活动的节点	

2.1.4　基于城市综合交通体系的客站规划要求

铁路客站是城市中由多种运输方式所连接的固定设备和移动设备组成的整体，是城市交通运输系统的重要组成部分,是不同运输方式的交汇点,是综合运输网络中客流集散的场所。因此,将铁路客站建成大型客运综合交通枢纽,是组织城市交通方式换乘最有效的途径之一。

1. 城市综合交通体系要求铁路客站由"终端"向"枢纽"转变

城市综合交通体系的逐步形成,要求铁路客站由"铁路运输终端"转变为"城市综合交通枢纽",主要解决对内与对外交通换乘的问题;故铁路客站的功能定位就要突出其集散特征,客站规划也由只需考虑铁路交通问题,转变为与多种交通方式有机结合的综合换乘中心的系统思考。

2. 公共交通发展对铁路客站规划的要求

公共交通以其大运量、快速、准时、环保等优势正在逐步成为我国各大城市主要的公共交通手段之一,同时也将成为这些城市中大型和特大型铁路客站旅客集散的重要交通方式。

3. "多式联运"对铁路客站规划的要求

"多式联运"即多方式联合运输。综合交通体系内的多方式联合运输,航空—铁路—公路相互协调,一些特大城市已采取将铁路客站引入航空港,以长途客运和地区公交线作为铁路客站衔接方式的多方式联运。

2.1.5 基于城市综合体发展的客站规划要求

近年来,随着城市集约化发展,铁路车站综合体的作用和功能远远超越了单纯的交通枢纽。在铁路车站综合体建设中,城市空间与建筑空间相互渗透,建筑城市化已成为一种不可阻挡的趋势,其所引发的城市、交通问题也亟须解决。

铁路车站综合体作为对城市开放的交通运输和服务枢纽,需要对其做全方位的功能分析、对其内部与外部空间做出全新的构思、对其与城市的关系做出新的认定。铁路车站综合体的建设不仅关系到交通运输本身,也同时牵涉到一座城市的许多方面,会对城市土地使用、空间环境乃至城市生活都产生重大的甚至是根本性的影响。因此,正确认识铁路车站综合体与城市的关系、运用恰当的方式实现其与城市的共同发展,对现阶段城市建设以及城市交通建筑建设尤为重要。

1. 综合体建筑与综合体铁路客站

欧美各国20世纪70年代的城市复兴实践中的"综合体建筑"为铁路客站综合体的设计打开了思路。从城市交通发展史看,铁路客站自身的规模、站型又与铁路运输能力、城市综合水平密切相关。随着客运量增大,站房规模和站型得到发展,并开始注重纪念性、宏伟性及象征性。自20世纪50年代起,高速铁路密切了与城市交通的衔接,随后交通、环境污染及能耗等问题又推动人们再度振兴污染少、能耗低、效率高的铁路运输,由此"综合体客站"应运而生,集交通换乘和商业服务于一体,多种功能流线呈立体分布,规模更宏大、空间更复杂,并在交通、商业与环境等多方面与城市形成融合。

我国铁路客站经历了从单一到综合功能、从线侧式到线上（线下）式布局、从平面型到立体型站前广场等阶段的演变发展，在优化内部流线、提高土地效益、分流城市交通、融合城市功能等方面较好地适应了城市的发展需要。

2. 铁路客站"一体化"设计的基本要素

由于综合体铁路客站具备大型建筑的典型功能与空间特点，铁路客站的"一体化"是客站功能与城市功能更为紧密的联系与接纳，两者在空间形态上多层次、立体化地渗透与融合。其中交通组织、商业服务、环境景观形态三方面构成了客站"一体化"的最基本要素，也是客站与城市的主要结合点。

我国沈阳新北站（图 2-5）在国内首创综合楼站型，其候车与旅馆、餐厅、商场、游艺等设施的面积比例几近 50%。这一形式被各地广为采用，表明了它的市场需求。

图 2-5 沈阳新北站综合体

3. 桥-建合一综合结构体系的建立和推广应用

近年来发展起来的桥-建合一综合结构体系，是结构创新的典型成果。桥-建合一是为了适应站台轨道层跨越地下地铁层，同时又支承候车层及屋顶的功能需要，而将桥梁与房屋建筑结构组合为一体的综合结构体系。这种结构形式有效地利用股道上下空间，营造出了宽敞的候车、换乘环境，是站房集成化布置的必然选择。经过在诸多工程实例中的应用，桥-建合一结构体系在上海虹桥站、北京南站、南京南站等客站工程中推广应用，并已成为当前枢纽型客站结构的主要结构体系之一。

2.1.6 客站规划案例

1. 国外铁路客站规划的经验

德国、法国、日本等国既有铁路网比较发达，客运总站均伸入市区中心腹地，多为尽端式客站。客站均有多方向线路并行引入，新建高速线一般均在城市外围接通既有线，利用既有线引入既有站，城市旅客基本上不改变原有的乘车习惯，且市区内基本不产生新的建设工程。国外铁路客站中对车站综合交通不乏成功解决的范例,如法国里尔欧洲之星站、法国巴黎戴高乐机场站分别堪称中等城市及特大城市将铁路客站建设成为综合交通枢纽的典范。

1) 里尔欧洲之星站

法国里尔欧洲之星火车站(图 2-6)是修建 TGV 时新建的客站,与老的里尔法兰德斯车站相距不远。利用新客站的建设所带来的发展机遇,新老车站之间的区域得到了全面的规划和开发。环城高速公路邻近车站侧面,一条城市主干道从车站中间穿过,使旅客上下车可以直接与车站进出口相连。一个地铁车站和一个轻轨车站直接位于车站下方,联系相当便捷。加上轻巧的车站结构、半透明的屋面和玻璃外墙,使人在车站的内部便能看到周边的景象和进出站的列车。里尔的综合交通解决方案和站区规划设计,反映出高速铁路出现后车站建设上的一些新理念。

图 2-6 里尔欧洲之星客站站区交通

2) 巴黎戴高乐机场站

法国巴黎戴高乐机场站(图 2-7)已投入使用 40 余年。目前日平均航空乘客在 13 万人以上,旅客吞吐量位居欧洲前列。针对如此庞大的交通需求,围绕戴高乐机场已经形成了一个综合的、由公共交通和私人交通共同组成的交通系统。

(1) 公路网络:围绕戴高乐机场站,有多条等级不同的公路。其中作为大巴黎地区南北向的主干道 A1 公路,从整个机场地区的西部自北向南穿过,是进入机场地区最主要的入口,还在东面与巴黎的环城公路相交。近年来,由于这些高速公路的压力逐渐加大,有关部门正对重要路段进行扩建,主要是加宽重要路段,增加车道数。

(2) 铁路网络:目前,以巴黎为中心,有三条放射型铁路、两条环状铁路构成网络。戴高乐机场站同时还是欧洲铁路网络的重要枢纽站,能够完成从机场至市内的客流运输任务的线路,目前只有地区快速铁路专线的 B3 支线,其终点站设在戴高乐机场 2 号航站楼中,与整个机场航站楼融为一体。这个终点站同时还是欧洲高速铁路网的重要车站,成功地将铁路、高速公路和航空三种交通式融合在一起,可以称为世界上交通转换中心的成功典范。

图 2-7　巴黎戴高乐机场站综合交通

2. 中国高铁客站规划的经验

将铁路客站作为城市综合交通枢纽的认识正在逐步强化,将铁路客站建成新型城市综合交通枢纽是我国铁路科学发展的需要。遵循铁路客站的规划设计原则,借鉴国外铁路客站的规划经验,把我国铁路客站打造成为新型城市综合交通枢纽,是发展的趋势,如北京南站、上海虹桥站、新广州站、武汉站、兰州西站。

1)北京南站

北京南站(图 2-8)的设计根据北京市城市总体规划的要求,引入市郊铁路和地铁,同步配套建设周边城市道路系统,使其成为集铁路、地铁、市郊铁路和公交、出租车等市政交通设施为一体的大型综合交通枢纽。

图 2-8　北京南站平面布置

2)上海虹桥站

上海虹桥站(图 2-9)东起外环线、西至华翔路、北临北翟路、南到沪青平公路,是京沪高速铁路的终点站、沪杭客运专线的起点站,成为上海第一大站。在城市轨道交通方面,新的交通枢纽汇集地铁线,还预留了两条地铁轨道。在城市高速铁路方面,将实现自浦东至虹桥的磁悬浮线路贯通。加之配套的公路系统及虹桥航空港,虹桥站成功地将铁路(包括地铁、市内及城际磁悬浮铁路、市郊铁路)、高速公路和航空三种交通式融合在一起,成为世界上交通转换中心新的成功典范。

（a）上海虹桥综合交通枢纽俯视图

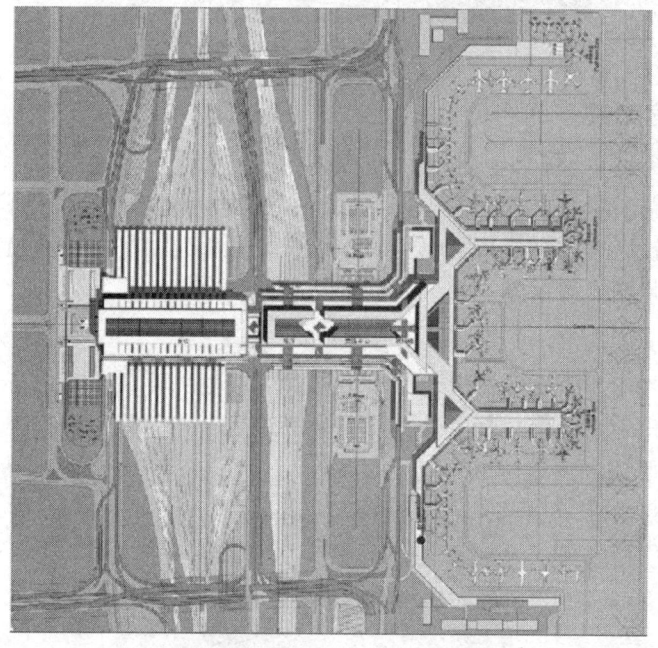

（b）上海虹桥综合交通枢纽平面图

图 2-9　上海虹桥站平面布置

3. 站城综合体规划案例

由 Aedas、中国建筑西南设计研究院有限公司、中铁二院工程集团有限责任公司组成的联合体摘得"天府新站 TOD 项目一体化设计及概念方案"竞赛桂冠，如图 2-10 所示。成都作为西南地区的重要城市，是连接周边形成以城市群为核心的辐射带动作用的关键，而天府新站 TOD 项目则是其中重要的战略一环。

作为成都铁路枢纽"四主三辅"布局中的"四主"之一，天府新站 TOD 项目将推动高铁一小时出行圈的打造，大幅缩短成都前往华南、华北南部等主要城市的时间，助力四川"同城化"的形成，巩固成渝双城经济圈，成为其中重要的枢纽节点门户。项目在规划设计中充分体现 TOD 的设计理念，以交通枢纽作为组织城市生活的中心，立体布局城市复合功能，让高铁站与城市融为一体，在高效连接和无缝换乘中，打造空中-地面-地下多层级立体交通，创建高品质、人性化、更便捷的可持续集约城市空间。

设计从城市角度出发，以"一核、一环、两廊、一轴、六组团"的规划结构，在生态优先的同时，将枢纽融于城市，并以功能融合的综合开发，形成协同发展的活力街区。设计为高铁站打造了名为"光谷"的站厅，玻璃面板的屋顶，让室内阳光最大化，与内部的绿色空间相呼应，模糊建筑与自然的界限。并以光谷作为绿色核心，与外部的轨道公园、天街公园等公共空间串联，营造出枢纽无处不公园之感。在高铁站台中部植入城市性中心站核光谷，通过城市光谷实现腰部进站。高铁站三层空间通过商业衔接城市南北，通过空中慢行的天街公园和望山台、地面慢行文化聚落街区、地下商业街和步行道，构建多重立体慢行系统，衔接南北，将城市空间还给行人，在高效利用车站空间的同时，以友好的步行系统，引导市民选择更绿色更健康的出行与生活方式。地下一层的城市商业通廊，在丰富的生活消费场景中，连通南北地铁人流。

设计从"栽好梧桐树，引得凤来栖"中汲取灵感，以"筑巢引凤"为概念，将周边的绿色空间、铁路公园比作梧桐，而全新的高铁站则是翩翩而来的凤凰，以有凤来仪，与地块的发展相契合，寓意新站的成立将成为片区发展的全新契机。高铁站以南北中轴为高点，向东西两侧自然回落，犹如凤凰缓缓垂下的两翼。屋顶金属架构之间安置了玻璃面板，部分镂空，形同羽翼。主入口处，球形幕墙，如同凤凰眼，与曲面玻璃幕墙一同营造出轻盈动感。

天府新站TOD项目规划如图2-10所示。

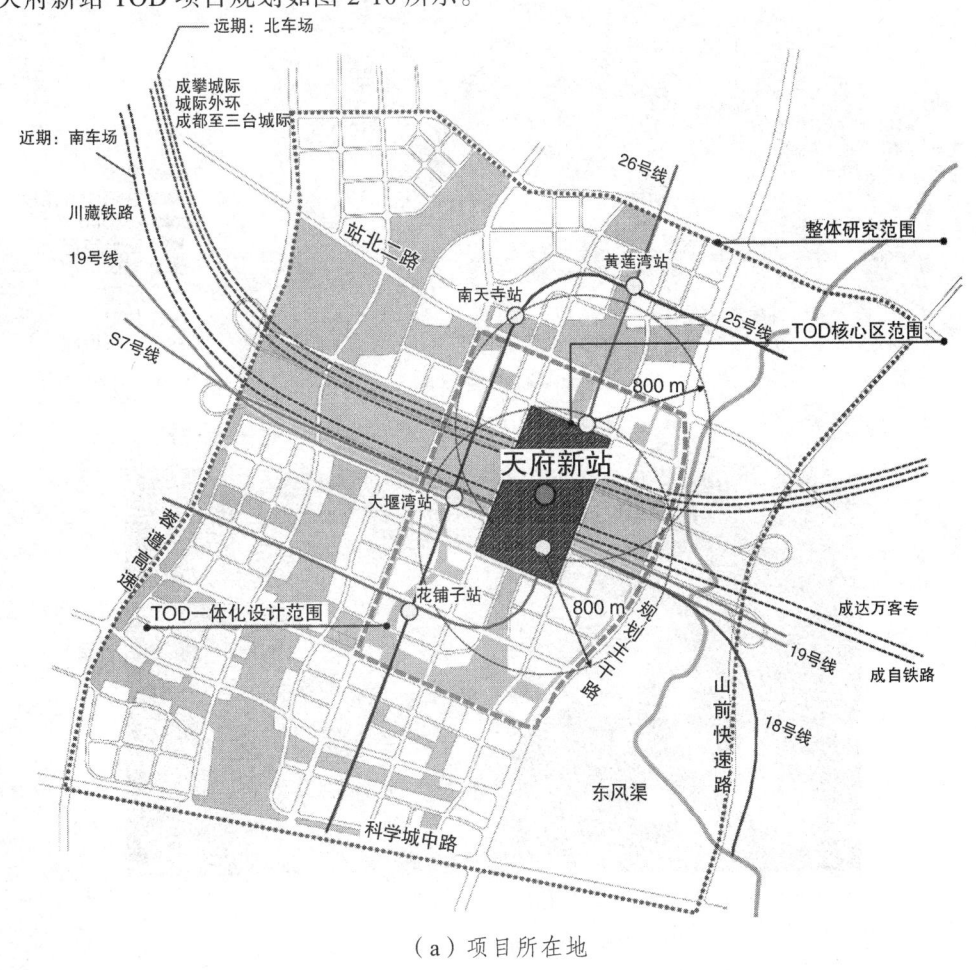

（a）项目所在地

(b)片区规划结构

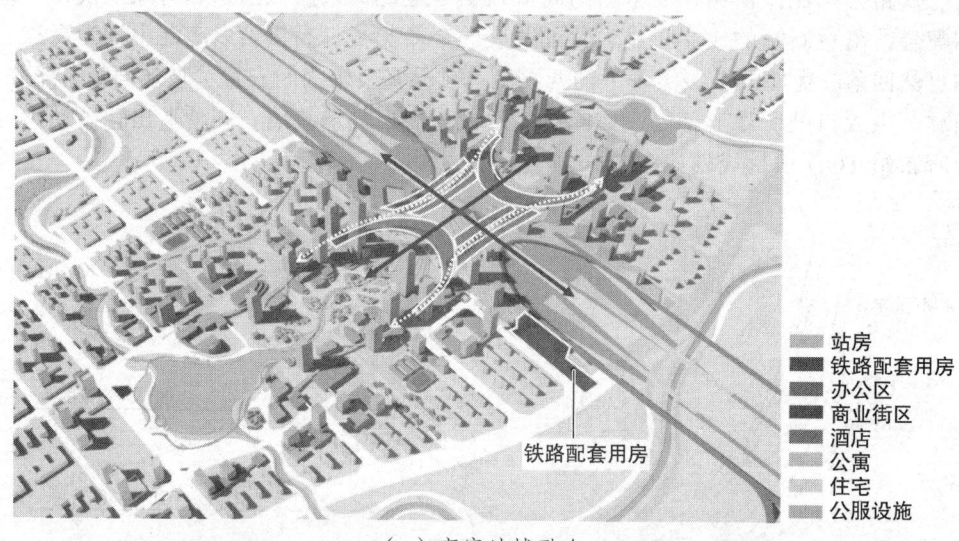

(c)高度站城融合

(d)凤凰眼

图 2-10 天府新站 TOD 项目规划

2.2 客站的总平面设计

高铁客站由车站广场、站房和站场客运设施三大部分组成。车站广场是铁路与城市的联系节点，是铁路与城市公共交通换乘的主要场所。站房是旅客办理乘车业务、等候和通过的空间，是解决铁路旅客进出站的功能核心。站场客运设施包括站台、站台雨棚和天桥、地道等。客站的总体布局主要是确定广场、站房和站场三大组成部分的规模和空间关系。

2.2.1 客站的功能定位与总体布局要求

1. 客站功能定位

铁路客站设计理论最核心的内容是对功能的研究。铁路客站的功能定位是进行功能设计的前提。铁路客站的功能定位是随着社会的发展而发展的，不同时代其功能定位也有所不同。传统的铁路客站从选址到规划设计，都是以铁路交通运输为主要功能，以经济实用为设计原则，运营管理更多考虑客站管理的方便，而忽视了对旅客的尊重和人文关怀。铁路客站设计贯彻"以人为本，以流为主"的原则，逐渐将客站的功能定位从"服务运输、经济适用"向"服务社会、先进适用"转化，铁路客站也应逐步从以往"单一的客运作业场所"和"城市大门"向"综合交通枢纽"转变，与整个城市、整个区域的交通规划融为一体。其功能布局从"单一性"向"复合性"转化，流线模式从"等候式"向"通过式"过渡，运营方式从"管理型"向"服务型"转变，复合功能带来一体化的空间布局模式，注重铁路客站功能的适应性研究。

2. 客站总体布局的发展趋势

当代铁路客站，特别是大型、特大型高速铁路客站，总体布局随着客站设计理念的更新，展现出一些新的发展趋势：立体化空间组织、复合化空间使用、人性化空间规划、客站地下空间的统筹利用、中小型客站的简单化。

如武汉站的进站大厅，是一个覆盖在站台和高架候车室之上贯通的大空间，旅客进入大厅就可以一目了然地看清楚整个客站的布局，进而选择自己的行进方向（图2-11）。

图2-11 武汉站内部空间透视图

3. 客站总体布局的要求和特点

1）总体布局的基本要求

结合铁路客站的发展趋势，当代高速铁路客站总体布局应满足以下基本要求：客站各组成部分的规模确定合理；总体布局模式适宜；车站广场交通组织方案遵循以人为本、公交优先的原则，各交通方式换乘模式和交通站点布局合理；铁路客站与城市道路、城市轨道交通的衔接便捷；各种流线简捷、顺畅；建筑功能多元化、用地集约化，并留有发展余地；客站地下空间统筹考虑、综合利用。

2）总体布局的特点

结合对客站总体布局发展趋势的分析，当代铁路客站总体布局应具有以下几个特点：一是人性化要求，这是铁路客站总体布局的根本要求；二是以流为主，是指客站总体布局应以流线设计为主；三是以功能需求为导向；四是节约用地；五是动态发展；六是公交优先；七是与城市规划相结合、融合于环境。此外，还应按站区城市设计和景观设计的要求，将其塑造为具有现代化都市特色的交通空间，创造出令人满意的、具有明晰的空间特色的总体布局形态。

4. 高速铁路客站总体布局的模式

按照广场、站房和站场相互之间的位置关系，客站总体布局模式可分为平面布局模式、站房与站场立体布局模式，广场立体布局与站房、站场立体布局的组合模式，综合式立体布局模式。相对于平面布局模式，后三种模式属于立体布局模式。

2.2.2　客站广场的功能组织与布局

客站广场是联结客站与城市的纽带，是铁路与城市公共交通体系换乘的主要场所。它是客站的三大组成部分之一，与站房、站场在使用功能上有密切的关系，是铁路客站建筑设计中的一个重要环节。客站广场的功能主要有三种：交通功能、环境功能和城市轨道交通换乘结点功能。其中，客站广场最重要的交通功能设计具体包括：广场交通与城市交通的衔接；广场上各种场地规划的布局，如车行通道、停车场和乘降站点、步行活动场地的布置，人行通道的布置，广场建筑的规划布局，等。

1. 客站广场功能的布局原则

客站广场功能布局应遵循以下原则：公交优先，人车分流、流停分离，流线互不交叉，应对旅客季节性出行。

2. 客站广场功能布局模式

客站广场的功能布局模式与客站的规模、类型和性质有紧密联系。随着客站广场功能的发展，其布局主要表现为两种模式：

一种是平面布局模式。我国传统的铁路客站广场均采用平面布局模式，例如兰州火车站广场（图2-12）。

图 2-12 兰州站广场

另一种是立体布局模式。随着铁路客运流量和城市交通容量的迅速扩展，如仍采用分割广场平面来组织站前广场交通，必然会导致人车混杂、交通混乱，广场交通组织采用立交方式势在必行，如兰州西客站（图 2-13）站前广场成功采用了立交方式组织交通，站前广场的空间组合模式转向立体。

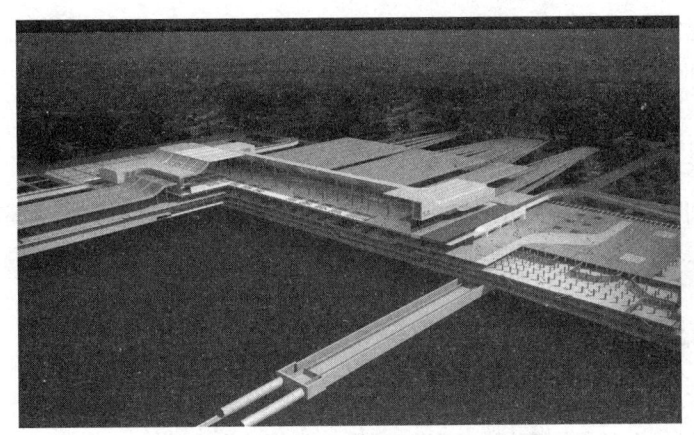

图 2-13 兰州西客站剖视图

2.2.3 客站站房的功能组织与布局

站房是客站建筑的主体，站房中设有为旅客使用的公共区和客站运营管理工作所需要非公共区如售票室、行包房等。站房内可供旅客使用的房间及设备分为：已检票区（如绿色通道）和进站通廊；非付费区，如进站广厅、售票厅、行包托取厅、旅客服务设施、出站厅等。候车空间则可根据客流情况确定。非公共区的各类房间和设备也应根据客站的规模、性质等具体要求配置。

1. 站房功能布局的原则

首先，随着铁路客运专线的建设以及既有线提速改造工程的实施，旅客列车运行速度和列车的接发频率都将大大提高，铁路旅客运输能力和运输质量将会大幅提升，铁路客运正逐步向高速化、公交化发展。

其次,随着城市交通体系的快速发展、城市交通容量的不断扩大,旅客能更迅速地集散和换乘,在站停留的时间也将会大大缩短,候车空间的容量、形式和内容也应有相应的变化。网上订票、电话订票、自动售票系统、自动检验票系统、客站电子显示查询系统以及客站指示系统等现代科技及信息手段的运用,不但使传统的售票空间得以减少,也使旅客通过客站的速度加快,候车空间逐渐由"等候式"向"通过式"转变。我国铁路站房的功能组织在不同的阶段形成了具有不同特点的布局模式。

我国铁路客运站房功能布局模式发展大约可分为以下几个阶段:① 分散等候式空间模式;② 集中等候式空间和高架候车模式;③ 快速通过式空间模式。

最后,经济社会的发展、人民生活水平的提高、社会活动节奏的加快,将进一步增强旅客的时间价值观念,出行需求、方式和出行习惯也在逐渐发生变化。这些都将极大地促进铁路站房的功能布局模式的发展与变化。

2. 站房功能空间组成

站房的功能空间可以分为交通功能空间和辅助功能空间。交通功能空间是客运站的核心空间,其他功能空间都是围绕交通功能空间展开并有机联系形成整体的。

1)交通功能空间

交通功能空间是指与铁路运输、客运交通有关的功能空间。交通功能空间可分为出站空间、入站空间和内部使用空间三个部分。

2)辅助功能空间

辅助功能空间是指与旅客乘坐交通工具没有必然关联的功能空间,是客站功能布局复合化与城市化的必要组成部分和机能协调部分。辅助功能空间主要包括管理区和服务区。

2.2.4 客站站场的功能组织与布局

站场是铁路客站设计的基础,包括列车到发线路、供旅客乘降和行包装卸使用的站台、站台雨棚及各种跨线设施(如天桥、地道)等,其主要功能是完成旅客的乘降、换乘以及列车的停靠和驶离。

1. 站场功能发展趋势与布局的特点

在我国以往铁路客站设计中,站场与广场、站房虽相互关联但界线明显;而在当代大型、特大型铁路客站设计中,由于站台和到发线数量较过去成倍增加,为满足旅客便捷地乘降和换乘,站场、站房以及广场这三部分的设置在平面位置和空间关系上逐步趋于重叠和融合,形成综合交通枢纽。

2. 站场功能的布局要点

1)向"通过式"转变

结合目前国情条件,"等候式"与"通过式"两者并存的状态将持续很长一个时期,铁路客站最主要的空间还是候车大厅和综合换乘大厅,站台功能主要是为旅客上下车服务。传统站台的宽度主要考虑疏散的需要，一般根据客站规模来确定。当前铁路客运专线的站台一般为岛式站台宽度不低于12 m，侧式站台宽度不小于8 m。在未来的"通过式"客站中，站台空间将不仅为旅客乘降提供服务，还承担主要的候车、换乘、商业服务等功能。站台宽度设计应充分考虑未来功能的转变，适当预留发展余地，为旅客流量的增加提供弹性空间，并且兼顾可能增加的各种设施，如自动扶梯、电梯、小型商业信息设施等。

2) 向立体化转变

随着我国铁路建设的快速发展，立体化站场必然会出现，我们必须在客站规划与技术准备上提前做好筹划。最新设计的深圳福田站，就是一个全地下式车站。新广州站是高架站场模式，其高架站场下方引入了多条公交车站点，公交与铁路客站形成垂直换乘的关系，十分便捷。

2.3 客站的建筑设计

高铁客站建筑设计，需要分析站房、广场、站场共同组成的空间形态要素，并对结构、材料、审美、内部空间、环境、景观等深入研究。在此基础上，高铁客站的建筑设计应结合我国丰富多样的文化特性、千差万别的地理气候特点，以及公众对地域文化性形象的审美期待，就铁路客站空间形态设计在地域性和文化性表达方面进行更深入的思考与研究。

2.3.1 客站的空间形态设计

1. 当代高铁客站空间形态设计的发展特征及关键要素

1) **客站空间形态系统要素的变化**

站房组合模式及其变化。比如，西安北站采取的超长出挑屋面，形成与廊道交通带区域强有力的凹凸层次对比（图2-14）；深圳北站采用封闭围合廊道交通带的手法，形成一个颇有新意的隧道穿越效果的形态变化（图2-15）。

图 2-14　西安北站正立面图

图 2-15　深圳北站透视图

2）站房与站台雨棚组合关系的变化

对于当代大型铁路客站，特别是枢纽型客站来说，站房与站台雨棚一体化（简称"站棚一体化"）趋势是站房与站台雨棚在空间组合关系上最重要的变化，即将站房和站台雨棚从整体空间形态、空间结构甚至功能组织方面，进行整体化设计。

"站棚一体化"空间形态的出现改变了以往站房与站台雨棚的空间分割模式，较好地从空间形态组合的角度与未来复合性发展趋势做出呼应，走向真正的现代化复合型交通枢纽空间。从形式造型手法来看，"站棚一体化"必然为整体造型提供更大的利用边界，从而带来更大的创作余地。北京南站就是已建成的"站棚一体化"优秀案例，而广州南站、武汉站、深圳北站等，更加深刻地诠释了"站棚一体化"空间形态，如图2-16～图2-18所示。

图2-16 广州南站

图2-17 武汉站鸟瞰图

图2-18 深圳北站鸟瞰图

3）站前广场组合模式及其变化

由于需求差异以及组织客流的复杂性，不同规模的城市对客站站前广场的设计要求有很大的不同，与站房空间形态关系也有着较多差异。

就特大型与大型客站来说，站前广场区域是旅客抵达与分散的空间区域，与站房呈较为"扁平"的连接模式。新出现的城市立体交通模式使这种"扁平"转化为立体叠合式空间组织方式，由站房的大挑檐、大型支撑柱等造型形成带有半围合的站前广场空间，比如深圳北站前部的曲线造型形成一个动感十足的"屋顶"广场，杭州东站倾斜的塑性支撑柱带来的颇具震撼力的空间限定等等（图2-19、图2-20）。不过，在某些地价较高的枢纽城市的铁路客站，站前广场反而向小尺度方向缩减，如上海虹桥枢纽站，其广场部分被尽量压缩。而前面提到的深圳福田站，其站房、站场均置于地下，站前广场已经完全失去了本身的立足点，成为在尺度上可以任意伸缩的景观式广场，甚至可以完全消失，被其他建筑占据。因此，在空间视觉组织关系上，大型铁路客站平面式广场与站房的空间关系已发生了巨大的改变，需要站在"广场 – 城市交通体系 – 站房"的立体式视觉关系上进行整合与组织，不仅要从人行的视点进行空间造型推敲，还要从城市综合交通体系、城市区域经济发展的全新视点来展开空间塑造。

图 2-19　深圳北站透视图

图 2-20　杭州东站透视图

4）站场组合模式及其变化

站场部分最主要的空间形态要素就是站台、站台雨棚及支撑柱，它们的相互组合关系基本上有以下几种：站台雨棚及支撑柱与线路的空间形态关系、站房与站台雨棚的组织关系以及站台本身的空间形态变化。与传统模式相比，中国铁路技术的大发展使上面三种组合关系出现了重大变化，形成了无站台雨棚柱体系、站台空间设计变化、站棚一体化的发展趋势。

2. 客站建筑的审美取向与空间形态设计

建筑艺术审美价值存在多元性，允许个性化的发挥，但是，也需要同一性的"共通感"来体现社会生活意义和价值观念。因此，在铁路客站空间形态设计中，设计师不可避免地要受到当代审美需求的影响，从对两者平衡关系的把握中寻求创新。

1）在高铁客站建筑审美的总体趋向与空间形态创作方面

新时期高铁客站作为城市综合交通体系的重要节点、城市区域发展的核心，是城市发展和城市文化的映射和窗口，而充当城市地标、充分表现时代精神和地域文化特色则是铁路客站空间形态需要担当的重任，因此，遵循多样统一性的形式美法则，仍是当代审美在铁路客站空间形态创作角度上的真实趋向。比如，对称性作为一种古典审美构图原则，几乎出现在所有铁路客站空间形态的设计中，这种取向通过制约形成秩序，不仅能够达到高亢雄浑的交响曲般的审美感染力，而且完全可以融入一些更新颖的造型风格，达到审美表现上的综合平衡，如上海南站圆环对称下的高技术风格、杭州东站未来主义和新塑形主义的有效融合（图2-21、图2-22）等。这一观念，与铁路客站设计中的创新理念、手法并不冲突，在铁路客站空间形态的认知上，当代审美在统一性和多样性的选择中，采取了进行总体平衡的现实取向，均衡、比例、尺度、韵律感这些审美基本原则的影响还是普遍和稳定的。

图 2-21　圆环对称的上海南站

图 2-22　杭州东站

2）在客站交通建筑特性与当代审美的结合方面

"建筑的性格特征很大程度是其功能的自然流露"。因为功能是建筑最真实的要素之一，形式则更容易成为外力强加的产物，如果形式表现出功能的特点，更容易使一种建筑类型区别于另外一种，这样的原理更适用于铁路客站。当前，空间形态上的视觉开放，成为铁路客站较为共通的现代表征，有时，铁路客站的地域文化性审美视觉需求会与开放通透的现代功能性发生矛盾，通过从屋顶形态、支撑结构尺度与形态以及照明科技与艺术结合的设计手法等方面，可将客站功能、技术和文化性的复杂要求整合在一起，以收到一种具有交通建筑特性的当代铁路客站的公共审美期待。

3）在当代文化审美对象的选取与表现方面

合理把握创作题材的选取与处理，选择适宜的审美对象，形成建筑空间形态与审美表征的有效逻辑关联，对铁路客站空间形态的地域性文化性的创作极为重要。不少文化审美题材，在其本身所属的人文领域的存在价值也许很高，但移植到建筑空间形态，特别是铁路客站等大型公共建筑形态上，就可能在普遍的公共期待视域中产生一定的错位。据此，在铁路客站建筑设计中，需要充分考虑有关因素，确定最合理的建筑形式，最大限度地体现建筑物的美感。

4) 在整体性审美方面

"格式塔"心理学在客站建筑设计中有重要影响。这种心理学中有一个理论：在一个单一视场或参照系内，视觉整体判断只接受少量非关联的对象刺激；如果难以整合，整体判断会倾向混乱与无序，无法作出清晰的识别。因此，针对铁路客站所承担的功能、结构、文化形态等复杂要求，"格式塔"心理学的简单化视觉心理倾向、图-底关系、连续性、邻近与类似、经验性影响以及对比关注等原理，即是对杭州东（图2-23）等客站空间形态成功塑造的重要因素之一。

图 2-23　杭州东站鸟瞰图

3. 内部空间形态与环境

当代铁路客站的内部空间形态设计最核心的原则就是"以人为本"，所有的内部空间形态都应以该原则为设计主导。在此前提下，还要结合建筑本身的结构形态来展开形式表现，尽量以形式与功能的直接逻辑关系作为内部空间形态设计的出发点。铁路客站内部空间形态设计探索，需要重点研究以下内容：以空间形态塑造为主导来形成直观的方位感和易识别性；关注空间多样性和适应性的变化趋势；注重结构形态与内部空间形态表现的逻辑关系；注重室内装饰设计的整体性；强调无障碍设计。

4. 高铁客站的城市景观设计

从城市景观角度来研究铁路客站的空间形态，必须立足于铁路客站在中国的现实性和特殊性，以及体验人群的综合要求。一方面，当前中国铁路客站发展速度很快，从布局来看，既有处于城市中心地带和区域中心地带的客站，又有接近城市边缘的新开发地段的客站，它们各自面对的城市景观要求和条件各不相同。另一方面，铁路客站地段的人群的需求与其他地段的人群需求不同，不同类型、不同气候的城市人群的景观要求也不尽相同。针对这些复杂性和差异性，多是从常规的城市景观、城市设计角度进行的设计研究，虽然一些成果可以应用到铁路客站的城市景观设计之中，但是具有独创性和有效性的成果不多。

1) 立足于城市视野的景观营造

从总体宏观的角度看，关注城市的差异性可以为客站景观设计选取更为独特的创作背景；

从公共空间尺度的角度看，迥然不同的城市风格也会引发极大的景观心理差异。比如，城市规模和密度的不同对客站建筑空间形态要素的尺度要求必然不同；不同季节、不同时段的出行心理和行为，不同城市的文化特性，也都会产生不同的客站景观需求。

2）立足于高铁客站空间形态的景观营造

考虑高铁客站空间形态，要针对广场、站房、站场之间的关系进行整体性景观组织与营造。三者中最重要的和最具难点的地方在于处理广场与站房之间的关系。比如，铁路系统更关注广场对站房的功能性支撑，而地方政府则看重广场对城市特色的体现，要求在广场栽植较多树木，设置景观水池或者大型特色雕塑等。这些在城市其他地段较为通用的景观手法，在面临春运等季节性出行高峰客流时，将不可避免地陷入尴尬境地。因此，不能仅从各要素本身单一地考虑问题，需要统筹兼顾各要素间的关系，整体性寻找景观设计的创新点。比如兼顾地方特色和广场预设功能的可变装置，设置与站房规模和谐统一的广场雕塑等，将其看作城市公共-交流性与铁路客站功能-系统性的融合器，如图2-24所示。

图 2-24　上海南站

2.3.2　客站的文化表现

中国高铁客站的文化性表达，在经历几十年实践与探索后逐渐积累了丰富的创作经验，如从北京站、北京西站到北京南站，规划、设计、建造的时代不同，铁路客站文化性的表达形式也在不断深化。作为铁路客站设计典范的北京站，其审美的文化价值和精神价值已经超越了它的实用功能，可见文化性作为客站的重要性质之一具有十分重要的意义。北京南站则既恰如其分地处理好了与城市整体文化的关系以及与天坛周边小环境的关联，又不失大型交通枢纽的时代特征，大大提升了城市公共空间的品质。总而言之，建筑作为一种文化的载体，尤其是对于作为城市"门户"和铁路"窗口"的铁路客站建筑而言，面对大体量、大空间、大屋顶、大高架、大玻璃幕墙等客站建筑形态的典型特点，在铁路客站建筑中如何表达好建筑的文化性，非常重要。文化性是当代客站建筑设计中不可忽视的因素，文化性表达是当代铁路客站建设的重要原则之一。

1. 客站设计中的文化性表现

任何建筑文化最终都要通过一定的形式表现出来,这种表现形式是特定文化内在精神"物化"的结果,主要表现为人们关于建筑的价值观念、审美观念、设计思想和方法以及由此而导致的建筑形式和风格。

1)整体性——与城市文脉的衔接与融合

高铁客站设计要传承城市文脉。高铁客站建筑对城市文脉的传承主要表现在以下几个方面:一是客站建筑设计应植根于其所在城市固有的历史文化、地理环境等城市地域特征,从而成为城市文脉的基本构成。二是客站建筑创作对城市文脉的传承应与时俱进。三是在对待城市文脉的传承时,存在着一个正确对待西方文化的问题,中西结合、合理借鉴。

2)时代性——体现文化的时代特征

一方面,高铁客站建筑要充分体现时代特征,即体现当代最先进的文化。另一方面,在高铁客站建设过程中,还应综合考虑其他基本的专业因素,实现时代性与专业化的高度融合。

3)地域性——注重地域文化特征

高铁客站受地域环境中自然、文化、技术三大因素的影响,因此在建筑中要体现出应有的地域特征。如兰州西站(图 2-25),兰州属黄河流域上游,是唯一的黄河穿城而过的省会城市,依山傍水,山静水动,具有独特而美丽的城市景观。兰州西站设计为将建筑立面的中部塑造成仿佛被河水冲刷出来的山体形态,虚实对比强烈,随着黄河水的波动,巨大山体被河水雕琢出来的弧形空间优美、俊秀,充分传达出兰州城市山水交融的美丽意境,充分展现了兰州西站"黄河故水"的地域特征。

图 2-25　兰州西站

高铁客站要体现地域人文特色,首先应从人文环境的历史性、文化性、社会性三个属性入手,调研、搜集资料并加以分析整理,归纳出若干特征,形成一个独特的总体立意,实现由形式到意境、由意境到文化蕴义的升华,并在设计中加以体现。尊重城市和地段已形成的整体布局和肌理,在站房体型、体量、空间布局、建筑形式乃至材料和色彩等方面进行针对性设计,使高铁客站的建筑形象与城市空间融为一体。

2. 客站文化性表达的探索与实践

当前,我国高铁客站创作空前繁荣,文化性表达的方法很多、手法丰富,多途径地探索了我国高铁客站文化性表达的创作之路。一些客站由较单一功能转变为综合交通枢纽，与以往铁路客站相比，其内涵更为丰富，形态更加多样。近年来，一批新型高铁客站无论从方案构思，还是与城市关系的处理，以及整体造型、细部表达、材料与色彩等诸多方面，都很好地把握了当代高铁客站的性格特征及时代精神，同时结合国情反映了所在城市的地域文化特色。

1）与城市肌理有机协调

城市肌理是历史长期浸润和积淀形成的，与城市的产生和发展相依相存，休戚相关。例如昆明南站结合当地独有的文化特点，用"孔雀开屏、鲜花绽放"的形象表达昆明城市的开放进取和热情好客。同时，作为"一带一路"的节点，昆明南站用富有民族特色的色彩、纹饰和细部构件作为建筑语汇，表达出"民族交融之城、国际交流之门"的寓意，如图2-26所示。

图2-26　昆明南站

2）注重建筑整体造型表达

现代高铁客站整体造型设计中的文化表达，一方面，是"外部形象反映真实结构"的基本建筑理念在高铁客站造型上恰当而独特的表现；另一方面，则是对地域特征、人文特色、时代风貌等文化因素的综合体现。

近年来，我国涌现了拉萨站、北京南站、武汉站、西安北站等一批以整体造型恰当地反映所在地域文化的优秀高铁客站设计案例。以拉萨站为例，自古以来，西藏建筑长于利用地形地势，使建筑与大地景观融为一体，拉萨火车站的造型处理，正是借鉴了藏族建筑造型的处理手法，利用铁路站台的长度使建筑尽量地在水平面维度伸展，且利用竖条窗和墙板的组合，形成前后错动、高低起伏的阵列形状，使之如同从大地中涌动生长出来一般自然生动（图2-27）。

图2-27　拉萨站主入口透视

北京南站造型设计的整体构思起源于椭圆形态的保留和天坛概念的引申。天坛采用三重檐圆形平面的建筑形式，是古代建筑的最高形制。设计利用现代技术手段实现"天坛"的屋面形象，把圆形平面的三重檐运用到椭圆平面上，最高的屋檐变成弧形屋盖，与高架进站厅功能对应，车站两翼的雨棚，恰好可以通过两重屋檐的变化形成。在这里"天坛"成为设计的隐喻载体，使北京南站成为极具文化性和时代感的地标性建筑（图2-28）。

图 2-28　北京南站造型设计构思

武汉站设计方案构思新颖，其造型结合武汉独具的特色，建筑外观富有多层寓意。其中立面水波状的屋顶寓意"千湖之省"的省会——江城武汉；建筑中部突出的大厅屋顶象征着地处华中的湖北武汉"中部崛起"，反映出武汉蒸蒸日上的经济发展形势。周围环绕的屋檐，其造型取自中国传统建筑重檐意象，九片屋檐、同心排列，象征着武汉"九省通衢"的重要地理位置，同时突出了武汉作为我国高铁客站四大客运中心之一沟通全国、辐射周边的重要交通地位（图2-29）。

图 2-29　武汉站

西安北站的造型方案设计构思独具匠心（图 2-30），设计以既要合理解决好交通建筑的大跨度通用性，又能体现出西安厚重的文化底蕴为出发点，立面以唐代大殿进行实体要素转换，车站屋顶、进站大厅、高架层分别源自唐代宫殿出檐深远的庑殿顶、结构外露的屋身、浑厚有力的台基。屋顶为大跨度轻钢折板网架结构，构成优美的唐代屋顶形式的曲线，巨大的出檐既表现了唐代建筑的恢宏气势，也有十分实用的防雨防晒功能，屋顶曲线还构成了梭形的采光通风带。总体来看，此方案做到了将外观美与建筑结构、使用功能合理地达成一致。

西安北客站建筑风格寓意为 唐风汉韵 盛世华章

图 2-30 西安北站设计方案

3）强调建筑细部元素的把握

一个好的建筑作品往往通过建筑细部来充实建筑形象，以不同地域文化理念精心设计的建筑，更能够自然而然地孕育出各地区独具特色的建筑文化。比如，在武昌站造型细部设计中，通过对传统元素的萃取，外窗借用编钟的形式，与墙体一起，形成连续的韵律。入口雨棚吸收汉阙理念，达到功能与形式的结合（图 2-31）。

图 2-31 武昌站立面

而延安站的建筑形象注重概括提取窑洞这一典型元素，作为造型的基本母题，使人会联想到窑洞是革命先行者居住过的地方，象征着延安精神。另外，客站主入口以汉代门阙的造型为原型进行提炼，是因为陕西是秦汉文化兴起的地方，同时建筑通过材料、细部构造的设计，用现代手法体现出"秦砖汉瓦"的神韵（图 2-32）。

图 2-32　延安站细部造型构思

地方建筑传统符号与客站建筑尺度的协调是当代客站设计中面临的一个普遍性问题。在大体量现代客站建筑设计中借鉴传统建筑符号，必然要求尺度的变化，设计应注重两者的尺度协调。

厦门西站（图 2-33）在设计中，充分汲取闽南地区传统民居的特点，注重屋顶尺度与建筑整体相协调，运用现代索桁架结构体系，创造出既舒展大气又反映出闽南民居"燕尾脊"地域特色的建筑。

图 2-33　厦门西站设计方案

4）重视建筑色彩与材料的运用

建筑色彩包括建筑材料固有的色彩和人工赋予建筑物的色彩。建筑除产生直接的美感外，还常常具有一定的象征意义。色彩的运用可以起到装饰建筑的作用，不同的地区可以通过不同的色彩特征对地域性建筑加以界定。因此，地域色彩的运用可以赋予建筑一定的内在气质，使建筑具有一定的标志性。

另外，材料的合理运用可以增强建筑立面的"可读性"，同时也会引起人们的视觉联想。为满足客站的功能需求，以及对地域环境的尊重，客站造型设计中对材质的选用，应充分吸取地方材料的精髓，并结合时代特征，从材料的角度探寻建筑造型的逻辑，以及通过材料的意志来实现建筑的思想，这样才能给建筑造型设计带来新的活力。

拉萨站（图 2-34）色彩以白色与棕红色相间，为表现出藏族建筑特有的粗犷大气的肌理的视觉效果，客站综合考虑自然气候和施工条件，材料选择为彩色预制混凝土墙板工艺，表面是竖向条纹人工打毛而成的肌理效果，白色条纹粗，红色条纹细，且色彩贯穿内外，使其成了空间而不是平面的语汇。敦煌火车站为了体现敦煌及莫高窟"兴于汉魏，盛于隋唐"的历史及文化特征，建筑材料和色彩的选用以明快沉稳为原则，站房外墙以烧毛面石材和透明清玻为主，由于当地砂岩和沉积砾岩抗风化能力较弱，在外立面上仅适宜局部使用，主体石材选用锈石花岗岩。经过与琉璃瓦檐口的效果对比，屋面坡檐采用深青灰色无釉彩瓦，以营造质朴、明朗的材质效果并与总体造型特点相协调。站房室内装修以石材玻璃、亚光面浅色金属材料组合使用，形成纯净而含蓄的材质肌理，表现较强的时代感，反映站房空间的功能要求。

图 2-34　拉萨站色彩与材质

5）追求与城市空间的融合与共享

建筑是城市的构成要素，建筑与城市空间的融合和共享是建筑文化特色的具体体现。把具有城市空间特点的纹脉传承融入建筑不仅体现在造型和立面设计上，在空间塑造上的体现更为重要。

南京站的位置得天独厚，南临风光秀丽的玄武湖，为此，站房南向设置大面积通透的玻璃幕墙，建筑造型轻盈通透，使湖光山色成为站房内外的景致，站内空间与外部环境景观相互交融，并以"船"的喻义沟通与"湖"的内在联系，使得建筑空间与城市空间融为一体（图2-35）。

图 2-35　坐落在玄武湖畔的南京站

21世纪建筑文化共融共生，面对新世纪全球化、文化趋同的态势，在高铁客站设计中，既要注重对传统文化的借鉴，又要注重对多元文化的选用，创造具有新的审美价值和时代精神的高铁客站。

2.3.3 客站的室内装修设计

铁路客运站作为铁路网中的重要组成部分,是铁路和城市的结合点。铁路客运站对于一个城市的特色意义不仅体现在它外在的体量关系上,它还是旅客到达一个陌生城市接触到的"第一城市门户""第一城市名片"。因此,铁路客运站的设计意义在满足客运的基本功能和旅客的方便快捷疏散上,还需站在城市的角度来定位,去呈现一个铁路客运站所表达的城市特色和文化。如何在铁路客运站室内装修设计中传承、发展和运用地域文化是需要深刻研究的问题。

1. 室内装修设计的地域性

铁路客运站的室内设计可以通过地方建筑造型和地方材料、地方气候、地方历史文化古迹等方面进行优势组合,表现出具有所在城市独特文化底蕴的空间。铁路客运站多建在城市主城区与郊区之间的中间地带,离市区较近,交通便利,风景秀丽,可形成独特的城市门户形象。铁路客运站应根据自身所处地域的资源环境基础,创造出自身的品牌价值,为城市凸显特色,如兰州西站室内装修中,融入了敦煌艺术中飞天的图案,增加了整体的艺术性和地域性(图 2-36)。

图 2-36 飞天装饰

2. 室内装修设计原则

铁路客运站室内设计的原则要以人为核心。一个新设计方案的诞生,是由技术的先进性、经济的合理性、人们的认可性这三方面的主要因素构成的。

1)以人为本的原则

客运站室内空间的设计最终是为旅客的出行服务的,客运站的物质属性决定了它在旅客活动系统中的地位。客运站的存在不同于其他产品,客运站往往具有长时段的特征,室内设计从属于客站,室内设计就更要注重其为人而设计的观念。这种注重为人的使用需求而存在的观念,是对客运站自身功能性的体现。功能性的设计是要以旅客为主要核心。以人为本是铁路客运站的根本宗旨，是铁路客运站的出发点，也是立足点。

2）审美性的原则

所有室内的环境营造目标，都以人们对于居住、工作、生产、学习、交往、消闲、娱乐等多种行为方式上的要求为导向，客运站室内空间也是如此。客运站室内空间设计更具挑战性，要在物质性层面上满足旅客对于客运站内各项功能使用及舒适程度要求的同时，还要求空间的营造要最大限度的满足视觉感官审美方面的要求（图2-37）。

图 2-37　兰州西站高架候车厅

3）整合性的原则

整合性的原则将设计的整合作为室内装修设计的主要研究对象。要想完整全面地表达好客运站地域性文化，就必须着眼于客运站与地域性之间及客运站同人的种种关系，需要突破线性思维的模式。该原则使客运站室内空间、装饰装修、物理环境、陈设绿化最大限度的满足客运站功能所需，并使其与功能相和谐、统一。

4）创新性的原则

在客运站室内空间中地域性的设计是一种艺术的创造，客运站空间的艺术环境营造最关键的是强调技术和艺术的创新。创新是设计活动的灵魂，对于客运站空间的设计同样是如此。这种创新不同于一般艺术的创新，它必须将路、地各方的意图有效融入设计过程，并结合技术创新将建筑空间的限制与室内空间创造的意图完美统一（图2-38、图2-39）。

图 2-38　太原南站"X"形天窗

图 2-39　长沙南站采光天窗实景

5）经济性的原则

根据经济运作的规律，充分认识分析把握室内空间设计的要求，以此达到最为合理的设计成效与实际环境效果，使室内设计的经济性得以实现。

6）文化性的原则

客运站室内设计是为人的生活方式服务的，它能很清楚地体现人的基本态度与行为，因此在进行室内设计时，必须要考虑到客运站中的文化创造，以及室内设计与文化之间的关系，这就是室内设计所要求的"文化观念"。

2.4 兰州西站枢纽规划与建筑示例

2.4.1 工程概况

兰州西客站利用的是既有兰州西编组站（编组站迁建至兰州北）的位置，车场位于兰州市七里河区，处在兰州市中心地带。车站北侧为城市公路主干道西津路，南侧为在建城市主干道南山路，交通便利。兰州西站现为枢纽编组站、主要货运站，采用单向两级两场站型，客车场、地区车场分别位于峰前到达场和出发场北侧，并设机务段、货车车辆段、车轮厂、站修所、加冰所等机辆设施，其中机务段、货场位于调车场北侧，另有阿干镇等26条专用线在本站接轨。现有客运建筑和设施已不能满足铁路客运的安全和发展，须在原站址上新建。

建成后的兰州西站将成为以铁路客运为中心，集城市轨道、长途汽车、公交、出租车和社会车辆等多种交通设施及交通方式为一体的完全交通枢纽。

铁路车场：兰州西站站中心里程 DK1039+157.00，车场设计规模为24台面28线，共设置两场。

城市道路交通：兰州西站周边的城市道路主要有西津路、南山路。与铁路衔接的交通工具主要有公交车、出租车、社会车辆等。

城市轨道交通：站区规划中有两条城市轨道交通经过，1号线与铁路线路平行，2号线与铁路线路垂直，两条轨道交通在北广场设换乘站，目前地铁方案已经过专家初审。

场地竖向条件：兰州西站车场地处兰州盆地（长约10 km），地形平坦开阔。车站轨顶高程1 542.164 m，地面高程为1 500～1 550 m。

2.4.2 客流预测与客流分析

1. 枢纽需求预测

兰州西站枢纽区用地范围：东西两侧分别控制在枢纽区规划下穿道之间，南至规划南山路，北至西津路，用地面积约为0.5 km²，如图2-40所示。

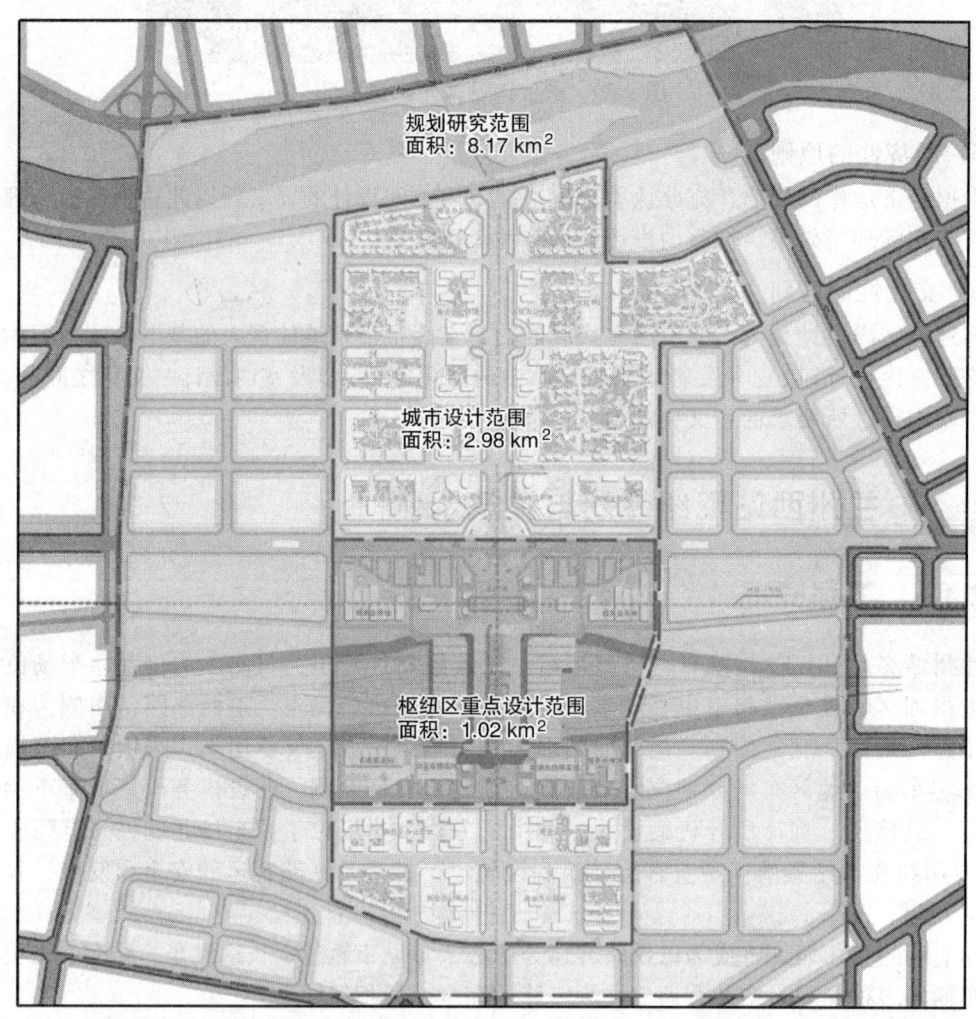

图2-40 兰州西站区位

1）兰州西站铁路客运量预测

根据兰州西站铁路客运量预测：年旅客发送量为2030年为4 500万人；旅客最高聚集人数为10 000人，其中，高峰小时铁路客流13 700人；如表2-2所示。

表 2-2 兰州西站铁路接驳客流预测

出行方式	轨道	常规公交	出租车	小汽车	旅游大巴	自行车	步行
接驳比例/%	45	28	12	8	5	1	1
日接驳人流量/人	55 480	34 520	14 760	9 840	6 150	1 230	1 230
高峰小时接驳人流量/人	5 548	3 452	1 476	984	615	123	123

2）兰州西站枢纽区域客运量预测

本规划将参考国内外综合枢纽建设经验，结合国内外经验值以及兰州西站枢纽综合开发的特点，周边地区建筑并以兰州西站枢纽为中心，向四周呈梯度降低趋势。

统计远期 2030 年兰州西站枢纽区域客运量预测如表 2-3 所示。

表 2-3 兰州西站枢纽区域客运量预测

出行方式	步行	自行车	常规公交	出租车	小汽车
出行比例	32%	32%	22%	7%	7%
500 m 商业客流/人	6 048	6 048	4 158	1 323	1 323
500 m 旅馆客流/人	864	864	594	189	189
西站商业客流/人	1 440	1 440	990	315	315

2. 接驳交通方式衔接比例预测

1）技术路线

本规划预测兰州西站接驳交通方式衔接比例采用类比法，即通过分析影响接驳交通方式衔接比例的因素，找出与兰州市在影响因素上相近的城市，进而预测兰州西站接驳交通方式衔接比例，如图 2-41 所示。

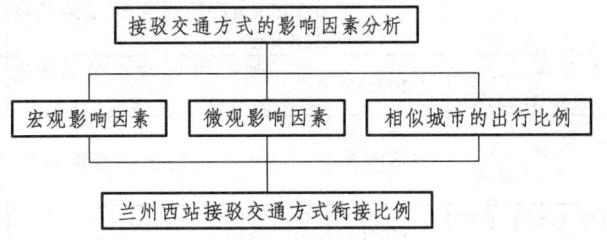

图 2-41 兰州西站接驳交通方式衔接比例预测技术路线

2）接驳交通方式影响因素类比分析

接驳交通方式分担比例的影响因素分为宏观因素和微观因素两类。宏观因素是指从交通系统宏观层面影响接驳方式比例的因素，主要包括城市所处的地理环境、城市结构布局、用地规模、人口规模、社会经济发展水平、车辆保有量、道路等其他交通基础设施的配套情况、城市交通发展策略、能源资源的限制约束、环境容量约束等；微观因素是从出行者的角度分析影响出行者选择接驳交通方式的因素，可分为出行者个体特征、出行特征和交通设施的服务水平三类。

（1）社会经济类比分析。

选取国内典型城市及与兰州市相关特性类似的城市，见表 2-4、表 2-5。根据各城市铁路车站接驳方式分担比例（表2-6），采用类比分析的方法确定兰州西站规划年各接驳方式分担比例目标。

表2-4 国内典型城市人口规模及经济指标

城市	人口/万人	生产总值/亿元	常住人口/万	GDP增长率/%	机动车保有量/万辆
兰州	322.28	925.98	332.18	10.8	33.21
上海	1 371.04	1.49万	1 921.32	14.72	343
北京	1 755	11 865.9	1972	10.1	382
南昌	497.33	1 837	504.89	13.1	42.47
长沙	646.5	3 744.8	710	14.5	62
苏州	633.29	7 740.20	726	11.42	92.55
南京	624.46	3 814.62	771.31	10.2	103
成都	1 124.96	3 901	1 251	14.7	204
广州	1 018.2	9 112.76	1 035	11.5	226

表2-5 国内典型城市地理环境及城市规模和结构布局

城市	地理环境	城市规模/km²	城市结构布局	备注
兰州	位于中国陆域版图的几何中心。距西北其他四省（自治区）的省会（首府）平均距离最近	13 085.6	"一心五片环城组团"；具有带状盆地城市的特征	甘肃省省会，是中国西北区域中心城市
上海	位于太平洋西岸，亚洲大陆东沿，中国南北海岸中心点，长江和钱塘江入海汇合处	6 340.5	"多心、开敞"，"多核多轴"	
北京	位于华北平原西北边缘，毗邻渤海湾，上靠辽东半岛，下临山东半岛	16 410.54	城区的路网结构以矩形环状为主；全市公路里程20 670 km，城市道路里程6 206 km，轨道交通线路长度228 km	北京市市区面积为1 368.32 km²；建成区面积为1 289.3 km²
南昌	地处江西省中部偏北，赣江、抚河下游，濒临鄱阳湖	7 402.36	"一城两核"，中心带动重点镇，各片区功能独特	江西省省会
长沙	位于中国中南部的长江以南地区，湖南省的东部偏北	11 819.5	"一主体，两翼，两组团"	湖南省省会，市区面积975 km²，建成区面积242.8 km²
苏州	东邻上海，濒临东海；西抱太湖，背靠无锡，隔湖遥望常州；北濒长江	8 488.42	采用"分散组团式"布局	
南京	位于长江下游沿岸	6 582.31	"中心城—新城—新市镇"三级城镇等级，以"主城为核心"，以放射性交通走廊为轴	南京市平面位置南北长、东西窄，成正南北向。市区面积4 730.74 km²，江南八区总面积782.75 km²
成都	四川省中部	12 390	"一心多极，一轴一群"的城镇体系，"环状+放射状"城市结构	四川省省会，中西部地区重要的中心城市，西南地区的交通枢纽。
广州	地处中国大陆南部，广东省中南部，珠江三角洲北缘	7 434.4	以旧城区为中心的"三个圈层"结构	广东省省会，邻近香港特别行政区和澳门特别行政区，是中国通往世界的南大门。广州属丘陵地带

表 2-6 国内部分城市新建火车站各接驳方式分担比例——目标值（%）

序号	火车站	地铁	城际轨道	公交车	出租车	长途车	小汽车	非机动车	步行	轨道交通接入条件
1	新长沙站	30	10	28	12	9	7	1	3	轨道 2 号、3 号线，城际轨道机场线
2	苏州站	35		35	20		10			地铁 S2 线、M2 线、轻轨 T1 线
3	南京南站	54		16.5	12	1	12.5	2	2	地铁 1、3、6 号线，机场轻轨
4	新成都站	47		15	18	10	9	1		地铁 2 号线、7 号线
5	广州新铁路站	55.4		15	6.1	8.5	15			地铁 2、7、12 号线
6	北京南站	50		30	12	8				地铁 4 号、14 号线
7	上海南站	40		20	15	5	15	2	3	地铁 1 号、3 号线

将以上数据作柱状图，对比分析兰州市及国内典型城市的特性，如图 2-42~2-46 所示。由分析可知，兰州市面积与成都和长沙最接近，南昌市地区生产总值与兰州市较接近，因此可参考长沙、成都、南昌火车站各接驳方式比例综合确定兰州西站接驳方式的分担比例。由于上海、北京等地为经济发达的大城市，尤其是上海市公共交通相对较发达，可作为公共交通的平均值参考。

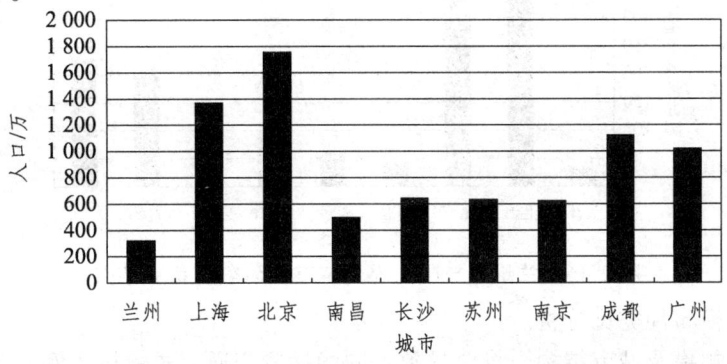

图 2-42 兰州市与国内部分城市人口对比

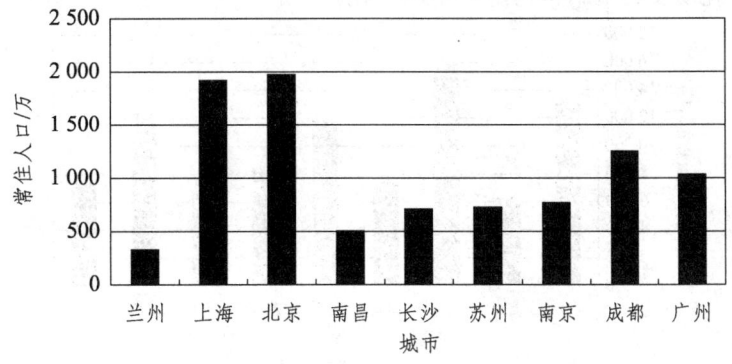

图 2-43 兰州市与国内部分城市常住人口对比

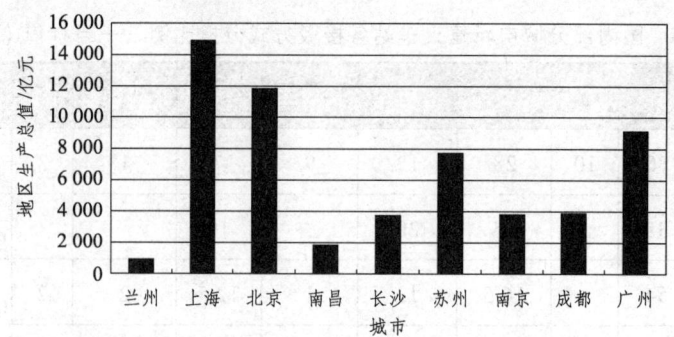

图 2-44　兰州市与国内部分城市地区生产总值对比

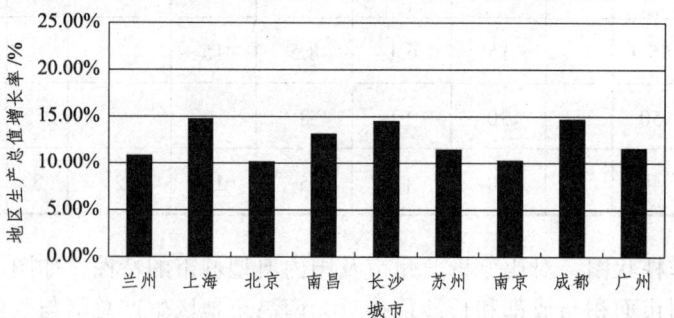

图 2-45　兰州市与国内部分城市地区生产总值增长率对比

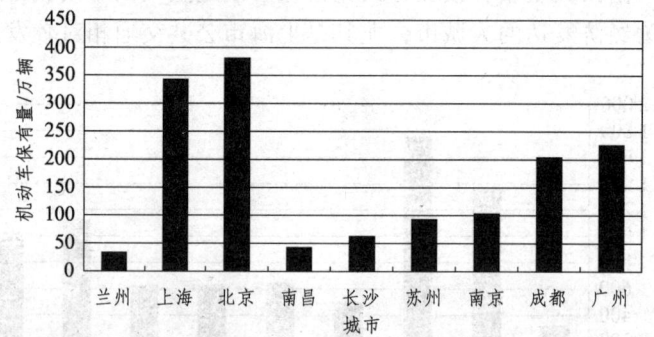

图 2-46　兰州市与国内部分城市机动车保有量对比

（2）城市规模布局类比分析。

不同的城市规模及城市结构，将会导致不同的接驳交通方式衔接比例，图 2-47 及表 2-4 为国内部分城市规模及城市结构与兰州市的对比。

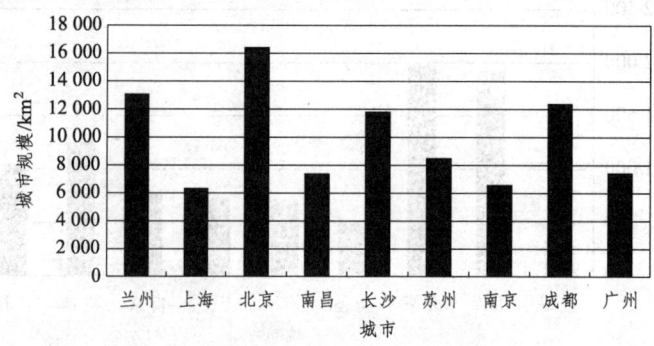

图 2-47　兰州市与国内部分城市规模对比

3）接驳交通方式衔接比例预测

根据国内部分城市新建火车站各接驳方式分担比例的目标值和现状值，类比预测兰州西站各接驳交通方式衔接比例。兰州市面积与成都和长沙最接近，地区生产总值低于成都和长沙，成都市人口和地区生产总值为兰州市的 4 倍左右，因此兰州市居民选择公共交通（轨道交通、公共汽车）方式出行的比例高于长沙市、略小于成都市。综合以上分析，得到规划年兰州西站各接驳方式分担比例目标值，具体见表 2-7、表 2-8。

表 2-7 兰州西站旅客接驳交通方式构成

接驳方式	轨道	常规公交	出租车	小汽车	旅游大巴	自行车	步行
接驳比例/%	45	28	12	8	5	1	1

表 2-8 兰州市出行方式结构

出行方式	步行	自行车	常规公交	出租车	小汽车
出行比例/%	32	32	22	7	7

3. 区域各交通方式面积预测及轨道运能验算

1）兰州西站区域客流预测

根据兰州西站区域需求预测可以得到规划年兰州西站区域客流预测，如表 2-9 所示。

表 2-9 兰州西站区域客流

出行方式	轨道	常规公交	出租车	小汽车	旅游大巴	自行车	步行
铁路客流/人	5 548	3 452	1 476	984	615	123	123
500 m 商业客流/人	—	4 158	1 323	1 323	—	6 048	6 048
500 m 旅馆客流/人	—	594	189	189	—	864	864
西站商业客流/人	—	990	315	315	—	1 440	1 440

2）兰州西站区域各交通方式场站面积预测

（1）出租车蓄车场站面积计算。

出租车场站面积=（铁路客流+西站商业客流）×出租车分担率/出租车平均载客人数×出租车平均逗留时间×出租车单车占地面积。

根据兰州西客站情况，出租车平均载客数为 1.8 人/辆，平均逗留时间为 0.5h，出租车单车占地面积为 27m²，计算得到规划期出租车场站面积为 13430m²。

（2）社会车辆场站面积计算。

社会车辆场站面积=（铁路客流+西站商业客流）×社会车辆分担率/社会车辆平均载客人数×社会车辆平均逗留时间×社会车辆单车占地面积。

社会车辆平均载客数为 3.5 人/辆，平均逗留时间为 1.5h，社会车辆单车占地面积为 35 m²，因此计算得到规划期社会车辆场站面积为 19 485 m²。

（3）旅游大巴场站面积计算。

旅游大巴场站面积=铁路客流×旅游大巴分担率/旅游大巴平均载客人数×出旅游大巴平均逗留时间×旅游大巴单车占地面积。

旅游大巴平均载客数为 40 人/辆，平均逗留时间为 2.5h，旅游大巴单车占地面积为 68m²，因此计算得到规划期旅游大巴场站面积为 2 610 m²。

（4）接驳公交场站面积计算。

公交场站面积=总客流×公交分担率/（额定载客人数×满载率）×高峰小时发车线路数×单条公交线路占地面积+通道总面积。

常规公交总客流包括兰州西站枢纽铁路接驳客流及枢纽区域综合开发客流，计算得到规划期公交车场站面积为 41 420 m²。

综上，规划年兰州西站各交通方式场站设施规模见表 2-10。

表 2-10　兰州西站各交通方式场站设施规模

规划年限	常规公交停车场		出租车停车		社会车辆停车场		旅游大巴停车场	
	标台/个	面积/m²	泊位数/个	面积/m²	泊位数/个	面积/m²	标台/个	面积/m²
2030	610	41 420	498	13 430	557	19 490	39	2 610

3）兰州西站枢纽 500 m 范围配建停车场面积预测

高铁客站设计应充分考虑区域规划的停车发展战略，遵循适度超前的配建指标原则，提倡尽量减少小汽车对居住环境的干扰，将停车设施引入地下空间。借鉴美国、英国、日本以及国内上海、天津、长春、长沙、成都等省会城市的建筑物配建停车指标值，考虑不同性质的建筑物停车需求特性，兰州西站枢纽区域配建停车指标建议见表 2-11。

表 2-11　兰州西站枢纽 500m 范围配建停车指标

商业	0.5 车位/100 m² 建筑面积
旅馆	0.4 车位/100 m² 建筑面积

根据配建指标计算可得，规划年兰州西站枢纽 500 m 范围内需要配建商业用地停车场面积为 94 500 m²（3150 个停车位），需要配建旅馆用地停车场面积为 12 960 m²（432 个停车位）。

4）轨道运能验算

远景规划建设两条轨道线，如表 2-12 所示，规划年高峰小时轨道运送能力 33600 人，由此可知，规划年轨道运送能力满足轨道客流需求。

表 2-12　单线轨道运送能力

载客量/（人/次）	1 400
高峰小时发车间隔/s	300
高峰小时发车次数	12
高峰小时单向运送能力/人	16 800

4. 外围疏散路网内部衔接分析

1) 主要干道交叉口间距分析

兰州枢纽的主干道基本路网条件如表 2-13 所示。根据相关经验,城市干道交叉口之间的间距宜在 800~1200m 之间,核心区内部干道交叉口间距较小,且有较多支路跨等级连接,过多地设置信号控制交叉口将使车辆停驶次数过多,影响车流运行的顺畅,影响主干道交通功能的发挥。

表 2-13　兰州枢纽区域内主要干道基本路网条件统计

道路名称	道路总长 /m	规划红线宽度 /m	途经交叉口数	途径干道交叉口数	交叉口平均间距/m	干道交叉口平均间距/m
西津西路	3 000 m	60 m	10	5	300	600
滨河西路	2 300 m	40 m	4	4	575	575
南山路	2 750 m	38 m	9	3	305	920
任家庄路	1 850 m	—	7	2	264	925

2) 道路瓶颈点分析

道路瓶颈点是路网中道路通行能力低下或交通压力集中的节点,是道路拥堵最早形成也是拥堵最严重的区域。道路网规划设计中应对道路瓶颈点进行重点分析,并进行道路通行能力匹配调整。兰州西站枢纽可能的瓶颈点如图 2-48 所示。

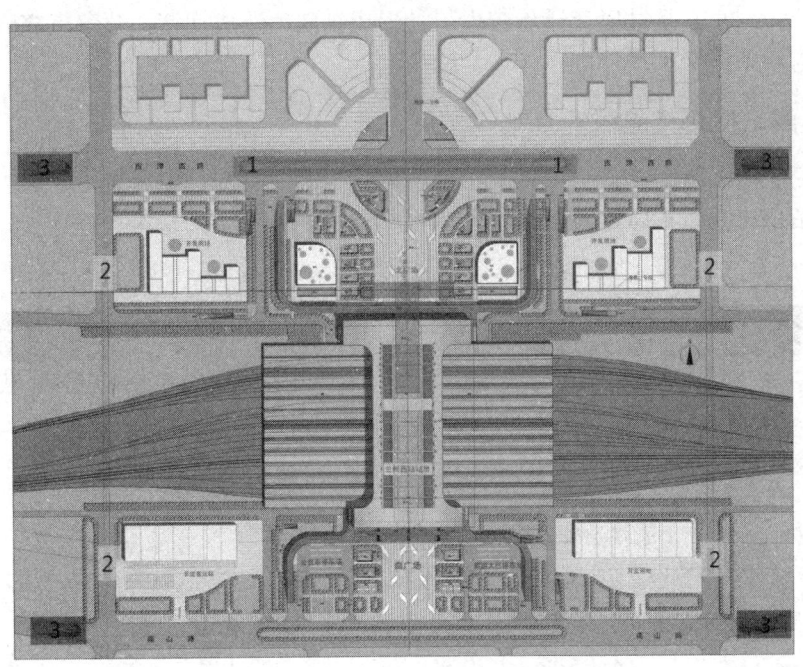

图 2-48　区域道路瓶颈点分析

瓶颈点 1：西津西路枢纽站开口处,北侧同干道相接,南侧同枢纽内部通道相连。枢纽吸引交通流量较大,且为转向交通。此外枢纽本身包括的沿枢纽周边高强度开发的商业设施也会引发大量的人流车流在周边区域活动，影响节点通行效率，该节点为区域影响力最大的瓶颈点。

改善建议：建议延长中央分隔带，形成物理隔离，增长排队长度，使得进出枢纽北广场车流沿中央分隔带进行左转掉头。

瓶颈点 2：穿隧道入口地面道路部分处瓶颈，且西津西路、南山路交通流量较大，易造成拥堵。

改善建议：建议下穿隧道开口后撤到下一个路口。

瓶颈点 3：西津西路同南北向交通主流线汇集点，是整个区域交通流压力的集中点，易发生拥堵。

改善建议：西津西路下穿隧道开口后撤，避免与交叉口距离太近，此外建议拓宽该路口，并进行详细交通设计。

3）南山路方案比较分析

（1）不设置南广场，存在的问题：西南侧（彭家坪新区）到车站的客流须穿过铁路，增加绕行和换乘距离；南侧公交线路绕行过多，交通流线不顺畅；出租车绕行，流线不顺畅；车辆绕行过多，增加跨铁路道路交通压力；北侧道路交通压力过大。多种交通方式流线交叉，增加了瓶颈点交通压力。

（2）设置南广场，南山路南移（推荐方案），存在的问题：南山路道路线形歪曲，须进行合理设计。

（3）设置南广场，南山路改下穿道路，存在的问题：南山路过境交通流在穿越隧道时由于道路通行能力减小，且过境交通量较大，易形成排队，造成拥堵。建议下穿隧道出入口外移到南山路与两条路交叉口外侧。

5. 兰州西站枢纽交通组织

1）立体布局

兰州西站枢纽立体布局如表 2-14 所示。

表 2-14　兰州西站枢纽立体布局

位置	功能	备注
高架层	出租车、社会车辆下客	下客乘客通过自动扶梯到达地面层或地下层换乘其他交通方式
地面层	火车站台、长途汽车、旅游大巴在此层上下客	南北广场、长途汽车、旅游大巴的人流可以通过该层疏散
出站夹层	此层为公交车蓄车场	与地面公交车蓄车场共同承担疏散枢纽公交客流的功能
出站层（地下一层）	出租车上客区域和部分社会车辆停车区域	需要换乘出租车的乘客，可以在任意层通过自动扶梯到达此层乘坐
地下二层	轨道1号线	需要换乘轨道1号线的乘客，可以在任意层通过自动扶梯到达此层乘坐
地下三层	轨道2号线	需要换乘轨道2号线的乘客，可以在任意层通过自动扶梯到达此层乘坐

2）出入口设计

为减少北广场流线冲突，延长枢纽北广场中央分隔带，形成物理隔离，使得进出枢纽北广场车流沿中央分隔带进行左转掉头，将西津西路、南山路隧道入口后移，与交叉口形成一定距离，避免影响交叉口有效运行。兰州西站枢纽机动车出入口设置如图 2-49 所示。

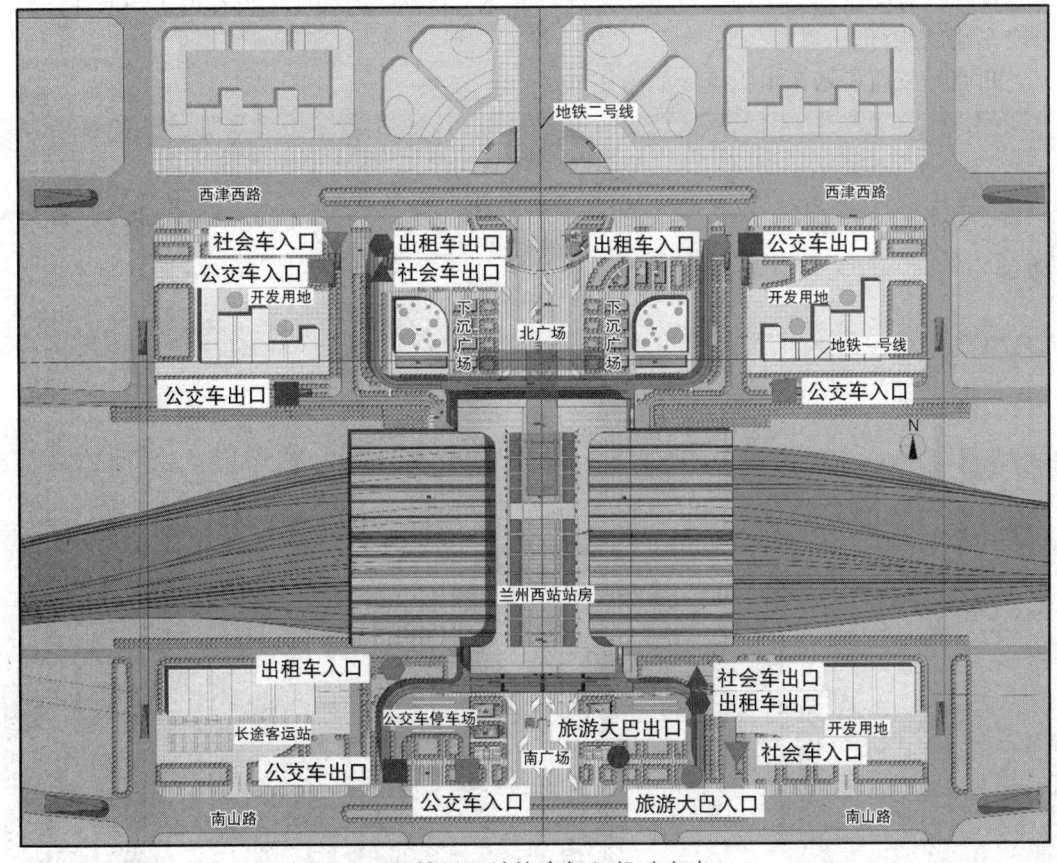

图 2-49　兰州西站综合枢纽机动车出入口

3）交通组织目标及原则

兰州西站综合枢纽交通组织的目标：

（1）保障干路功能发挥。制订科学的交通组织方案，控制研究区域内干路上的总延误损失时间最小。

（2）保障兰州西站区域对外疏散能力。保障研究区域对外疏散通道满足交通需求，并通过内外交通有机衔接，充分发挥通道疏散能力。

（3）维持内部交通系统的相对独立性。充分发挥研究区域的方格路网功能，并有机布设公交、步行系统，保证区域内高质量的交通服务水平。

（4）有效提高公交系统的服务水平。在火车站枢纽区域公交站点 300 m 范围内面积覆盖率达到 100%；其他区域公交站点 300 m 范围内面积覆盖率达到 90%。依托公交系统支撑整个区域的开发。

（5）提高兰州西站的可达性。兰州西站为大型、多模式衔接综合枢纽，借助内部通达的步行系统、公交系统，保障枢纽的可达性较高。

（6）保障不同模式间换乘的便捷性。在兰州西站内，紧凑衔接不同交通模式，保障任何模式间的换乘距离和换乘时间较小。

兰州西站综合枢纽机动车流线组织应遵循以下原则：根据承担运输任务的轻重，从主到次分别设计；各类机动车辆的运行路线宜进行分离；在枢纽内部应避免各类车辆的冲突；减少公交车辆的绕行。

兰州西站枢纽机动车组织流线如图2-50所示。

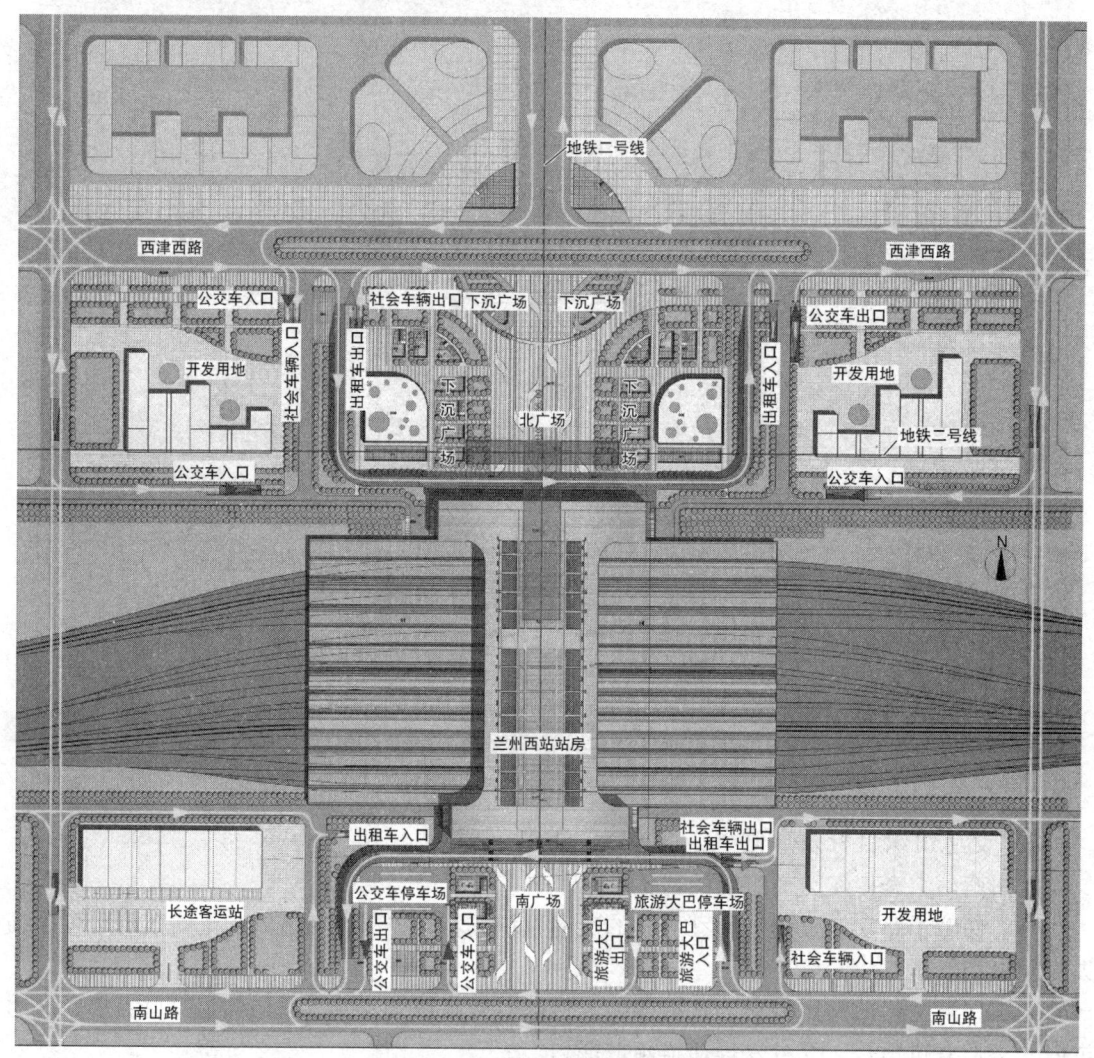

图2-50 兰州西站枢纽机动车组织流线

6. 出租车发车位预测及模式设计

据预测，高峰小时出租车接驳人流为1 791人/h。发车位的个数由下式计算：

$$N_\mathrm{F} = Q_\mathrm{T}/(f \cdot n) \tag{2-1}$$

式中：N_F为发车位的个数；Q_T为高峰小时枢纽内乘坐出租车的乘客量；f为出租车单车位

的发车频率，取 90 车次/h；n 为每辆出租车平均搭载的乘客数，取 1.8 人/辆。

预计出租车平均搭载旅客为 1.8 人/辆，高峰小时枢纽铁路客运换乘出租车搭载辆约为 995 辆/h。所需发车位约为 12 个。出租车发车位设计模式为路中上下客，停靠效率高，秩序良好，但多占用一条社会车道，且同行人有冲突。区域附近不宜停靠社会车辆，适用于高出租车蓄车需求的情况（图 2.51）。

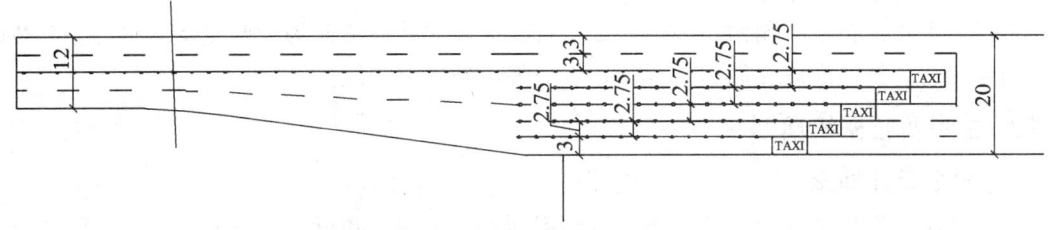

图 2-51　出租车发车位示意（单位：m）

2.4.3　综合枢纽规划及总平面设计

1. 设计边界与场地概况及站场设计

1）边界条件

（1）规划条件与周边道路接驳：地方规划尚未完成对车站地区的控规调整，此项工作正在进行当中，因此规划条件与周边道路接驳方式尚不明确。

（2）客流疏解交通量预测：目前暂按照同济交通工程院提供的交通预测量进行功能配备。

（3）轨道交通引入方式：地铁 1 号线垂直于站房，于北广场地下穿过。地铁 2 号线沿站房南北中轴线引入兰州西站下。

2）场地概况

车场位于兰州市七里河区，处在兰州市中心地带。车站北侧为城市公路主干道西津路，南侧为在建城市主干道南山路，交通便利。该区现状主要以工业、居住、仓储、对外交通等用地为主，其中工业用地有兰石厂、兰州机车厂、黄河啤酒公司、电力修造厂等，对外交通用地为西站货场。地铁 1、2 号线在站区地下通过。兰州西站的建设，可将客运专线、城际铁路、市郊铁路、城市公交、轨道交通等基础设施融为一体，形成大型综合交通枢纽，为兰州的加快发展提供强有力的支撑。兰州西站地理位置示意如图 2-52 所示。

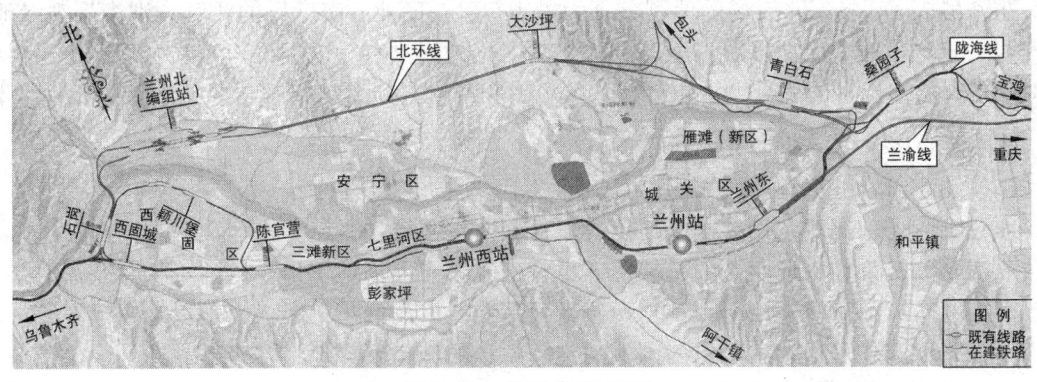

图 2-52　地理位置示意

兰州西站车场地处兰州盆地（长约 10 km），地形平坦开阔。车站轨顶高程为 1 542.164 m，站区现状地形高程为 1 500～1 550 m。

3）站场设计

预测兰州西站年旅客发送量：近期 3 300 万人、远期 4 500 万人；旅客最高聚集人数为 10 000 人，高峰小时客流量 13 700 人。

依据以上规模核定兰州西站规模为 24 台面 28 线，共设置两场，两座基本站台。车站设旅客高架站房，一次新建无站台柱雨棚，设旅客出站地道 1 座。

2. 兰州西站枢纽规划

1）规划设计理念

（1）严格控制用地规模，遵循集约节约用地、合理布局和分步实施的原则，兼顾社会、经济、环境三大效益，确定合理的土地开发强度与环境容量。

（2）充分尊重原有规划的城市设计，将城市规划和站区规划紧密结合起来。

（3）结合铁路车场、城市地铁站点的布置，确定地下空间综合利用方式、规模和形式。在充分利用土地的基础上，将出租车和社会车停车场进行立体设置，减少对城市地面空间的占用。

（4）站区与城市主要疏解干道紧密衔接，快速、安全地方便旅客进出站区。站区内部交通组织方案遵循公交优先、人车分离、长效管理的原则，各城市交通换乘区域尽可能靠近出站口，实现"零距离换乘"。

（5）站房为旅客提供轻松舒适、流线便捷的空间环境，并配备有充足的卫生服务设施。

（6）结合城市景观绿地规划，形成完善的站区景观体系，提升兰州西站的空间品质，创造优美城市空间。

2）规划结构

兰州西站采用"一心、两轴、四区"的总体布局，规划中以站房为核心，沿南北轴线设置南北广场，沿东西轴线构成城市防护绿带。南北广场中间为步行区域，两侧分别为机动车场以及绿化景观区域。

3）功能布局

按照"一心、两轴、四区"的规划格局，站区功能布局沿主轴线由北向南分别为：北广场、主站房、南广场。北广场的两侧分别为景观绿地、商业，南广场的两侧分别为景观绿地、停车场。这种"一心、两轴、四区"的总体功能格局，具有分区明确、布局合理、交通组织清晰、景观层次丰富的优点，并和站区总体规划和城市空间紧密相连，构成一个有机的整体。

4）核心区交通路网

（1）出租车、社会车流线组织。

车站高架层南北两侧设置了高架落客车道和落客平台。进站车由西津路与南山路进入车站高架车道，分别在南北两侧的高架落客平台落客，需要去地下停车库的小汽车及需要接客的出租车，可以通过匝道下行至广场两侧，再从南北广场的小汽车入口进入地下停车库。需要跨越车场的车辆可通过站房东西两侧的穿越站场的城市下穿地道实现跨越站场。出租车、社会车辆流线如图 2-53、图 2-54 所示。

(a) 地面流线

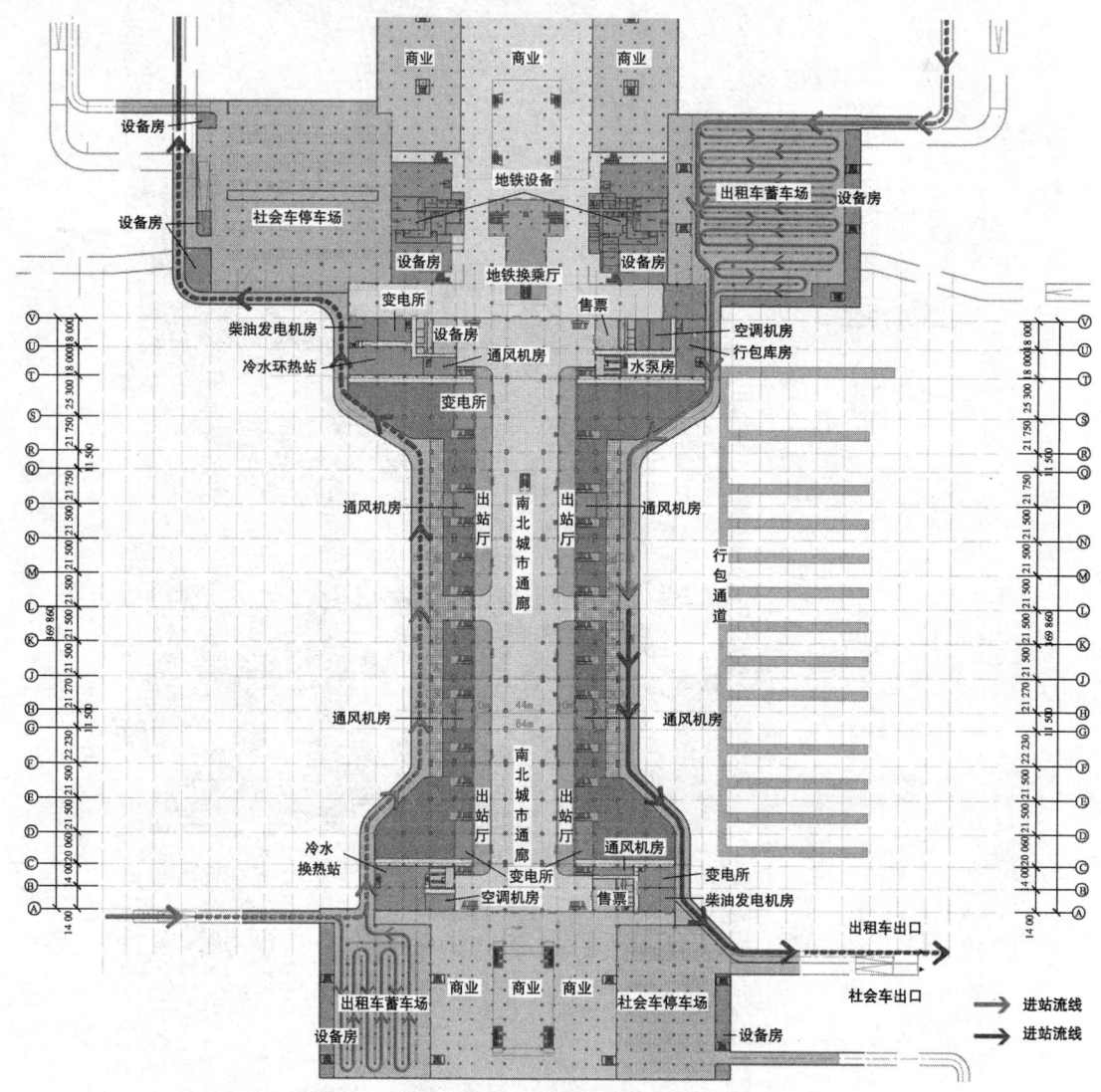

（b）地下流线

图 2-53 出租车流线

（a）地面流线

073

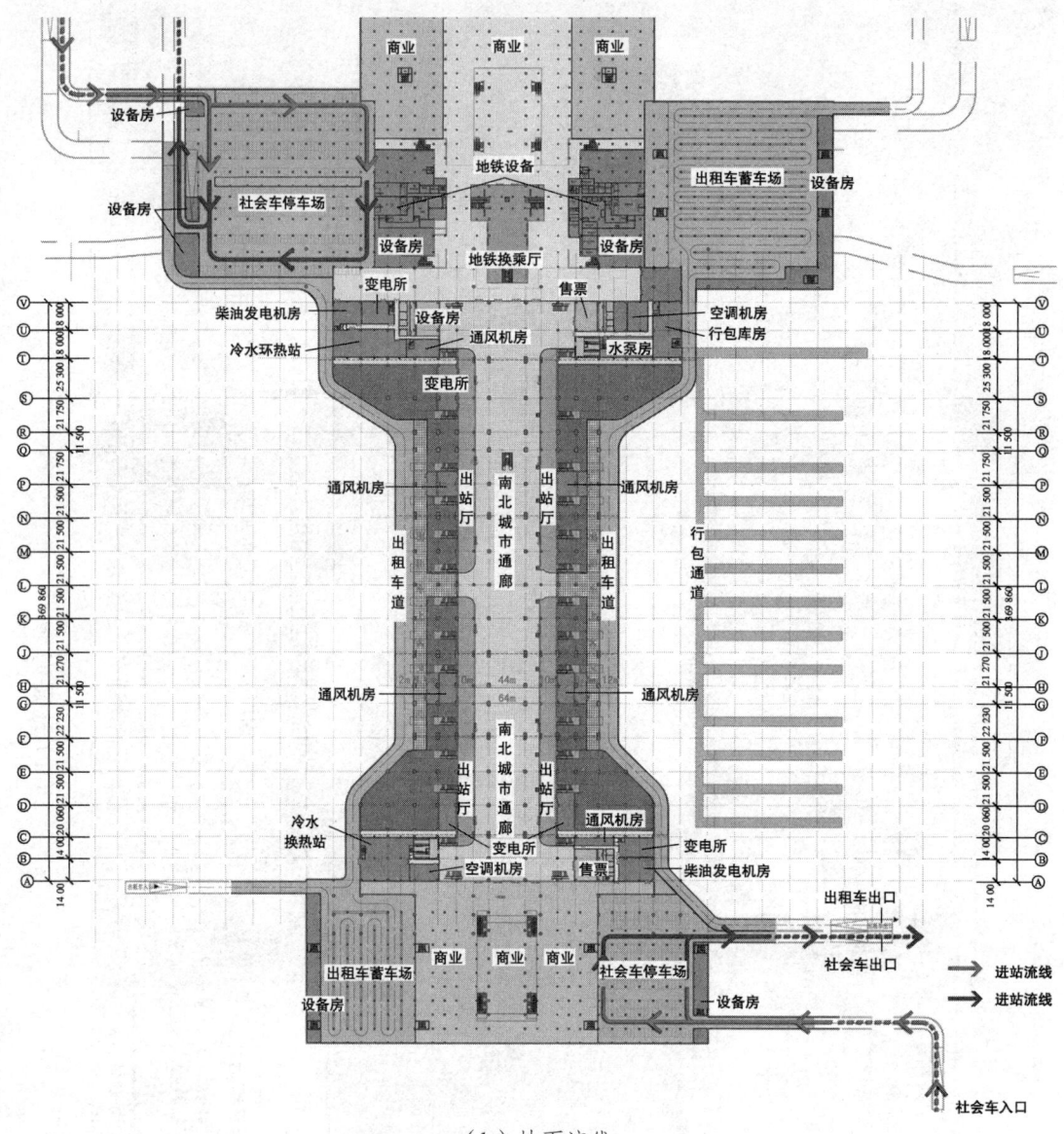

(b)地下流线

图 2-54　社会车辆流线

（2）公交车、社会巴士。

根据"零"换乘以及集约化利用土地的原则，同时兼顾北广场交通换乘量较大和城市景观的考虑，北广场的公交车场设于广场东西两侧地下一层，并采用下沉广场的形式，两个车场面积共约 3 hm^2，从而保证了在与国铁和地铁的最方便的换乘同时提供了良好的换乘空间。公交车利用枢纽周边道路进行疏解，利用站前道路进出广场。由于站房南广场相对北广场用地空间较为宽松，也没有地铁的换乘，因此在南广场东西两侧地面上分别设置了面积各 1 hm^2 的公交车驻车场和社会巴士驻车场。公交车流线如图 2-55 所示。

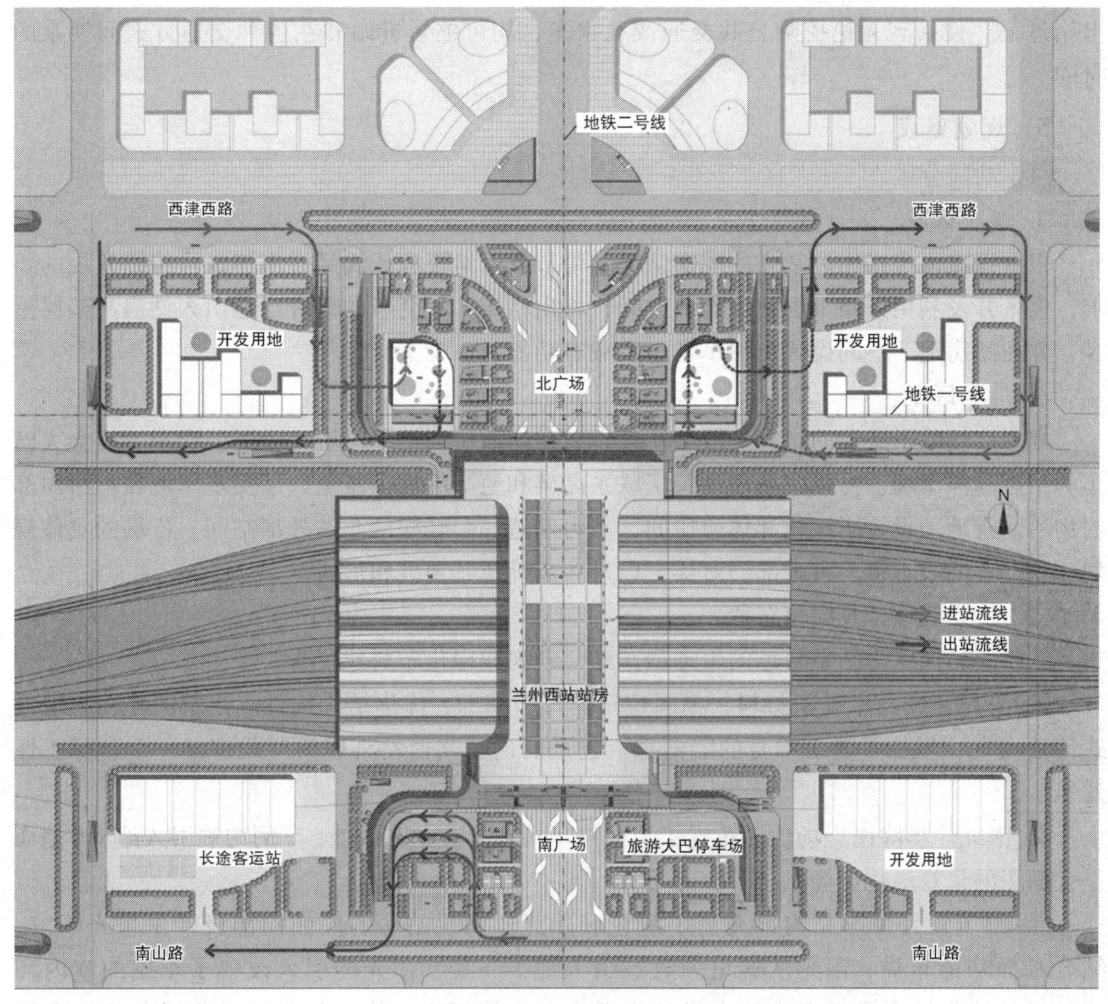

图 2-55　公交车流线

（3）人员流线组织。

在广场两侧设置了多组垂直交通系统，并设有独立的人行区域连接这些垂直交通系统，南北广场的旅客可以从广场层进入地下层，由站房的地下通廊实现车站南北的互通，出站旅客也可以从车站地下出站厅上到广场层疏散。想换乘公交车的旅客可以从广场地下层直接上到公交车的发车站台。

（4）消防车流线组织。

广场层面的消防车道设在南北广场上，沿站房南北两条长边布置。消防扑救场地位于站房南北两边。高架层面的消防车道可利用站房南北两侧的高架平台和车道。

兰州西站综合交通枢纽，设计目标是使乘客在不同交通方式之间实现便捷、高效的换乘，在设计上是通过减少换乘距离，提供各种方式之间的直接衔接、乘客的引导功能来实现该目标的。这种设计保证了内部与外部道路网络的主要换乘更为有效，并优化了旅客进出站过程，使乘客无论搭乘公共交通或私家车，均可缩短进站和在各种交通方式间换乘的时间。

5) 规划建议

（1）功能分区。

① 车站区域。

根据枢纽内广场用地紧张的现实情况，为节省土地资源，满足城市建设可持续发展的要求，大量开发利用铁路车场地上地下空间，将出租车、社会车的落客功能引入站房高架层落客，并在站房地下空间设置出租车蓄车及载客功能。

② 广场区域。

规划广场除了必要的旅客集散功能外，还在地面层和地下一层设置了公交车、社会大巴车的站点和停车场。另外广场还设置了联系高架和地下的汽车匝道，以实现车流在枢纽内部的沟通。空地上设置了绿化和休憩空间，努力创造一个轻松的车站外部空间。广场的具体规划随着工程的推进将与市政部门对接，以进一步确定其规模和形式。

（2）境景观设计及绿化布置。

兰州西站铁路车站是绿色的生态型车站，景观和绿化布局建议为：

① 采用高新技术和新材料，刻画建筑的每个细部，优化结构构件。建筑的外在表现形式简洁大气，增加了建筑本身的雕塑感。建成后的兰州西站将成为兰州市又一个新标志性建筑。

② 南北广场除南广场地面布置了地面停车场和公交上客区外，车辆均被引入地下。地面是大面积的景观绿化广场。

③ 细节设计使车站内部充满了绿色和阳光。高架站房的屋面局部设计了采光天窗，结合平面功能布局，阳光从这里一直被引入地下一层。阳光的引入改善了车站的室内环境，绿色植物结合光的引入被大量地设置在各个层面上，使兰州西站成为绿色的生态型车站。

6) 交通的引入

（1）换乘方案。

两地铁车站相交于国铁站房北侧，1号线站厅位于地下三层，2号线站厅位于地下二层，在国铁南北城市通廊正下方，1、2号线在北站房处进行"T"字换乘。

（2）地铁车站设计。

地下一层为换乘层，换乘大厅位于国铁地下一层北侧。乘客通过本层到达一号线站台和二号线站厅层。地下二层为二号线站台及设备层，由于地铁2号线在站房下较长，考虑设置联络线；1号线车站站台有效长度为120 m，站中心里程处轨面高程为 – 22.45 m，车站北侧端头楼梯形成T形换乘。

3. 主要技术经济指标表

兰州西站枢纽的经济技术指标如表2-15所示。

表 2-15 经济技术指标

序号	名称	单位	数量
一	站房最高聚集人数	人	10 000
二	车站建筑总面积	m^2	119 893
1	高架层建筑面积	m^2	56 563
2	站台层建筑面积	m^2	19 678
3	地下层建筑面积	m^2	43 652
三	停车场	m^2	76 950
1	公交车停车泊位数	辆	610
2	出租车停车泊位数	辆	498
3	社会车停车泊位数	辆	557

2.4.4 建筑设计

1. 设计原则与标准

1）设计原则

（1）兰州西站作为大型交通枢纽，将地铁、城市交通等一并纳入枢纽前期规划，统筹考虑。

（2）广场及高架桥均避开西北侧的军事用地和东南侧的三环新城小区。

（3）新建站房总建筑面积按照 12 hm² 进行控制。其中 12 hm² 包含了地方出资的地下南北城市通廊。

（4）按照兰州市政院提供的各类交通的分担比例，定量分析，配置适宜的各类交通场地和换乘设施。

（5）站型设计为上进下出、下进下出的基本流线组织方式，并对地下进站功能予以分析，进行了多方案比选。

2）主要设计标准

设计等级：结构安全等级为一级，设计使用年限 50 年，耐久年限 100 年。

耐火等级：站房主体为一级。

防水等级：站房屋面防水等级为一级，地下室防水等级为一级。

人防等级：站房投影面下区域暂不考虑人防（在南北广场地下空间考虑设置）。

抗震设防烈度：8 度。

3）设计依据的主要规范

建筑设计依据的主要规范包括：《建筑工程设计文件编制深度规定》《建筑设计防火规范》（GB 50016）、《城市道路和建筑物无障碍设计规范》（JGJ 50）、《房屋建筑制图统一标准》（GB/T 50001）、《公共建筑节能设计标准》（兰州市地方规范：DBJ 01-621）、《民用建筑设计通则》（GB 50352）、《铁路旅客车站建筑设计规范》（GB 50226）、《铁路车站及枢纽设计规范》

（GB 50091）、《铁路工程设计防火规范》（TB 10063）、《屋面工程技术规范》（GB 50345）、《玻璃幕墙工程技术规范》（JGJ 102）、《建筑采光设计标准》（GB/T 50033）及与本工程有关的其他国家现行技术规范、规程。

2. 建筑功能分区与平面布局

（1）高架层（标高 9.7 m）：铁路旅客进站层，轴线长约为 370 m，轴线宽为 120 m，为高大的长方形体量，中央为候车区，南北侧为进站厅。售票室位于南北进站口两侧；卫生间位于站房中部通道两侧，均匀布置，以缩短旅客行走距离。高架层平面图如图 2-56 所示。

候车厅南北外侧为高架落客平台和高架落客车道。北落客车道长 270 m，南落客车道长 230 m，南北进深均为 36 m（车道+平台）。高架层南北端部的东西两侧设置了办公和货运使用的停车平台，这样一方面使得办公流线与旅客流线分开，更重要的是使货运流线能够与旅客流线分开，从而能够大大提高车站卫生环境和旅客候车环境的舒适度。

（2）旅客服务夹层（标高 16.7 m）：高架夹层的四角为办公和设备用房，高架夹层中部为旅客服务，宽度为 17 m。中部的旅客服务夹层的南北两端设置了自动扶梯方便旅客上下。旅客服务层平面图如图 2-57 所示。

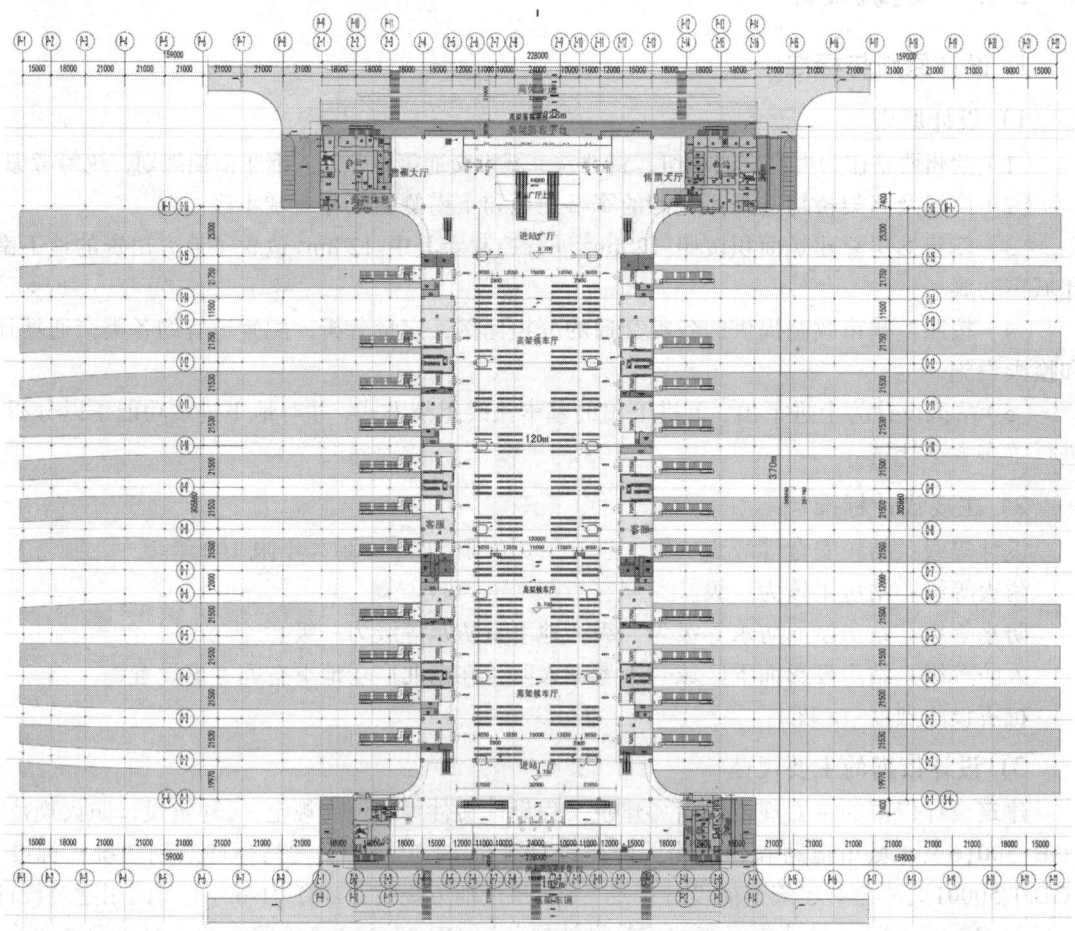

图 2-56　高架层平面图（单位：mm）

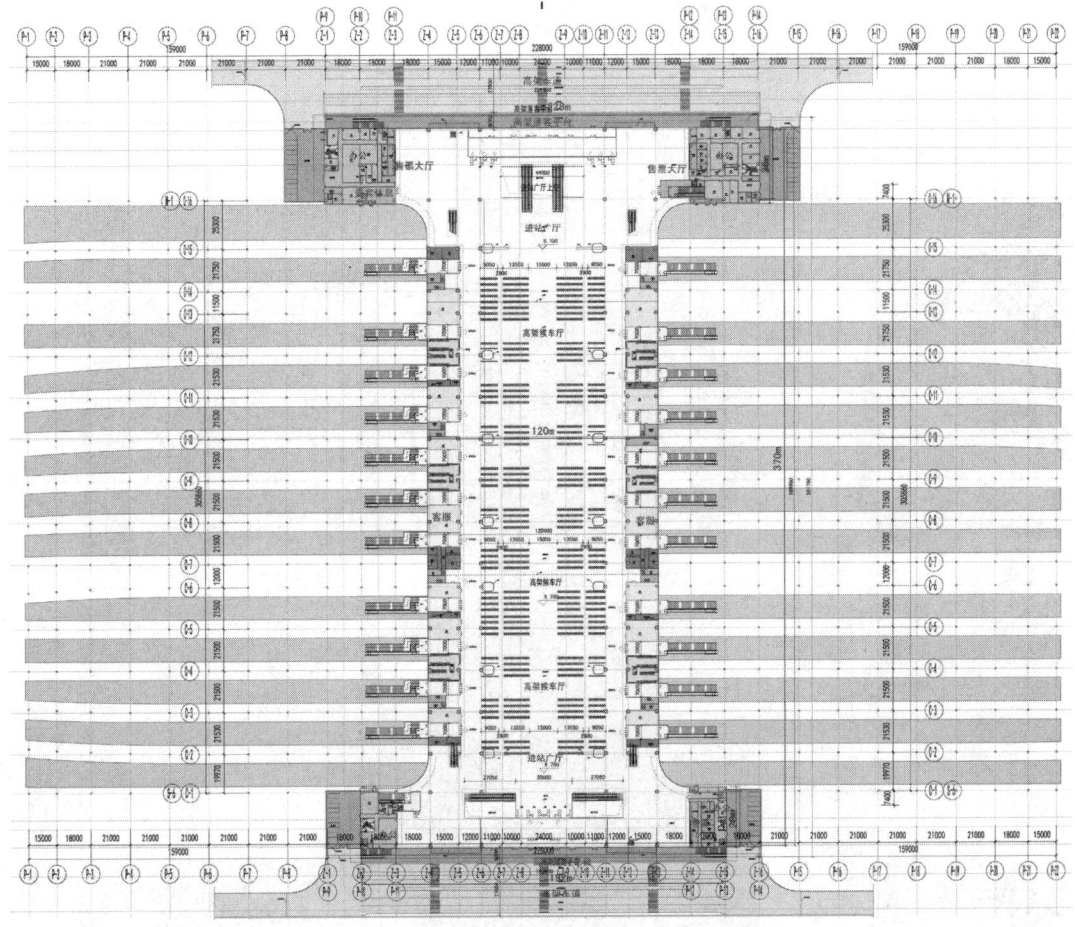

图 2-57　旅客服务层平面图（单位：mm）

（3）站台层（标高 0.00 m）：铁路旅客进站层、南北站房，形式及功能基本对称；北站房东西向面宽 228 m，南北向进深 36 m；南站房东西向面宽 192 m，南北向进深 28 m。南北站房的进站大厅轴线宽 88 m，在中央布置，大厅两侧分别为售票厅、贵宾室、办公设备用房层。站台层平面图如图 2-58 所示。

（4）办公及设备夹层（标高 4.5 m）：在南北站房上的夹层主要为设备用房，另外，在轨行区上方设置了马道。其平面图如图 2-59 所示。

（5）出站层（标高 –10.5 m）：南北联系通道两侧为出站厅，南北两端设置设备用房、售票及补票厅。在设备用房外侧为出租车蓄车场及社会车蓄车场。南北联系通道北侧为地铁换乘厅。大厅南北侧设置贯通地面、高架垂直交通设施。其平面图如图 2-60 所示。

（6）地下夹层（标高 –5.5 m）：站房南北两端在地下夹层设置了与地下层和地面层沟通的自动扶梯，夹层与南北广场的地下一层接平。北广场地下一层为公交车场和商业，能够实现国铁、地铁、公交最方便的换乘。南广场地下一层为商业。其平面图如图 2-61 所示。

（7）地下二层（标高：1 号线站台 –15.95 m）：地铁 1 号线站台层，地铁 2 号线换乘站厅层。

（8）地下三层（标高：2 号线站台 –22.45 m）：地铁 2 号线站台层。

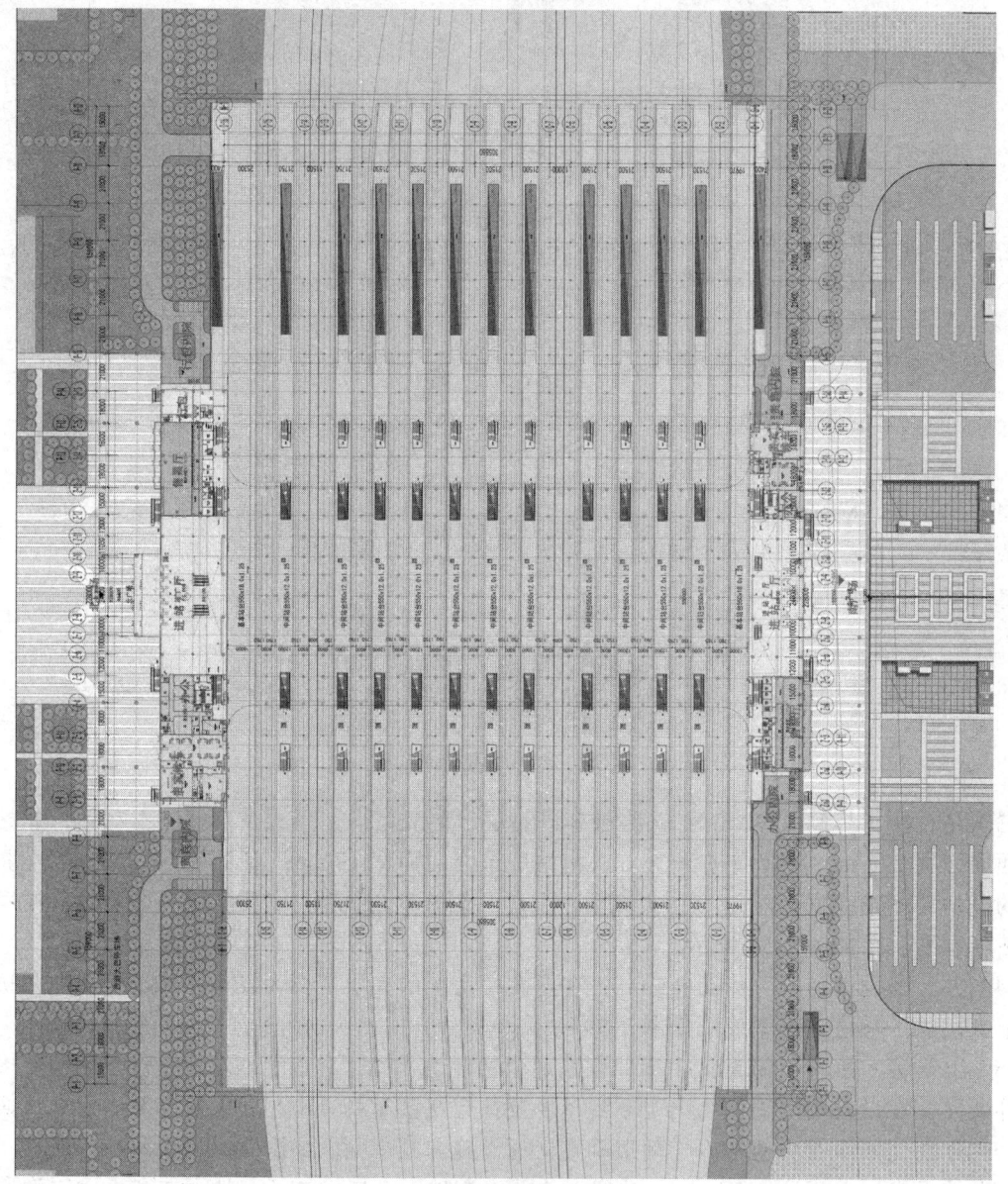

图 2-58 站台层平面图（单位：mm）

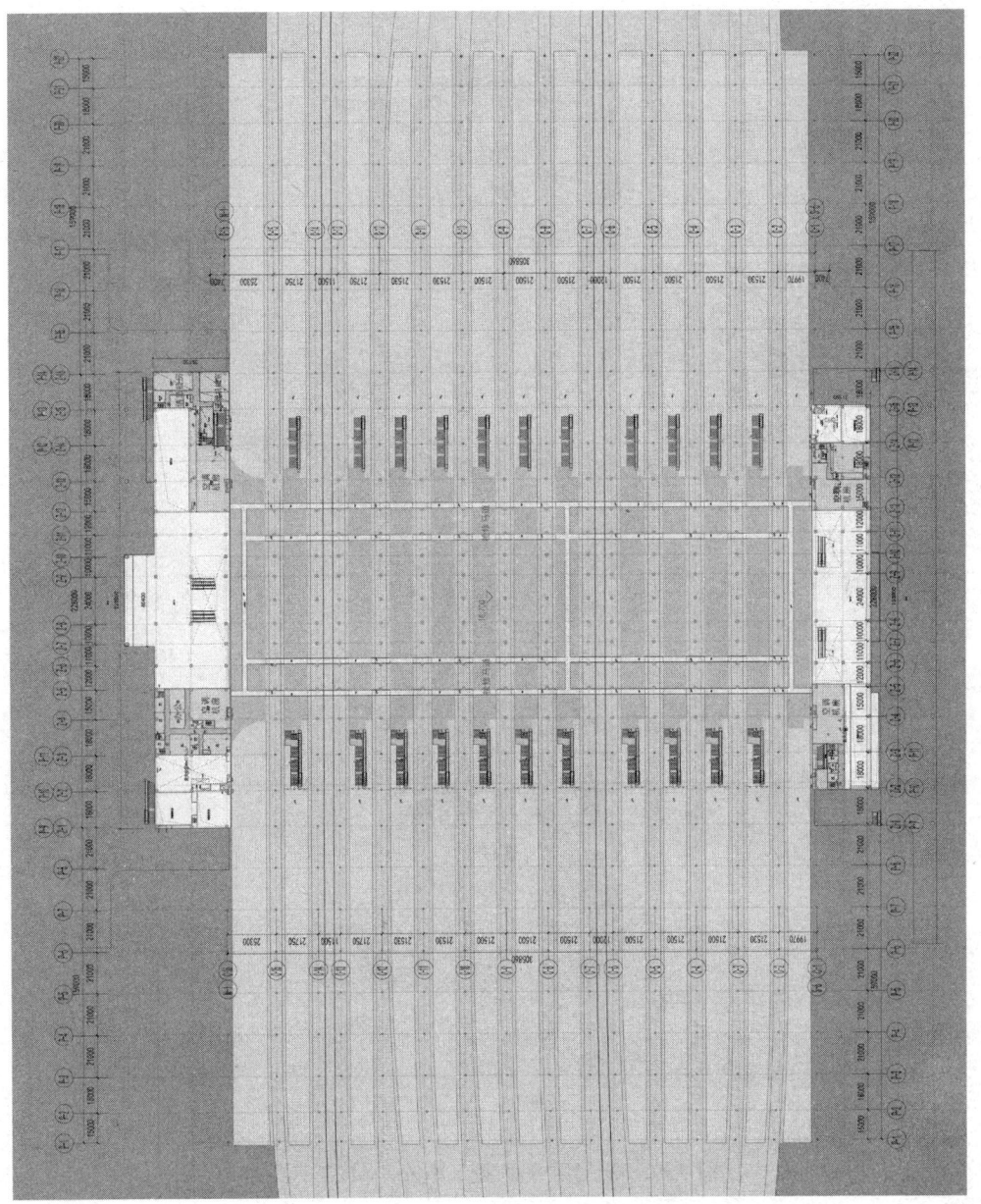

图 2-59 办公及设备夹层平面图(单位:mm)

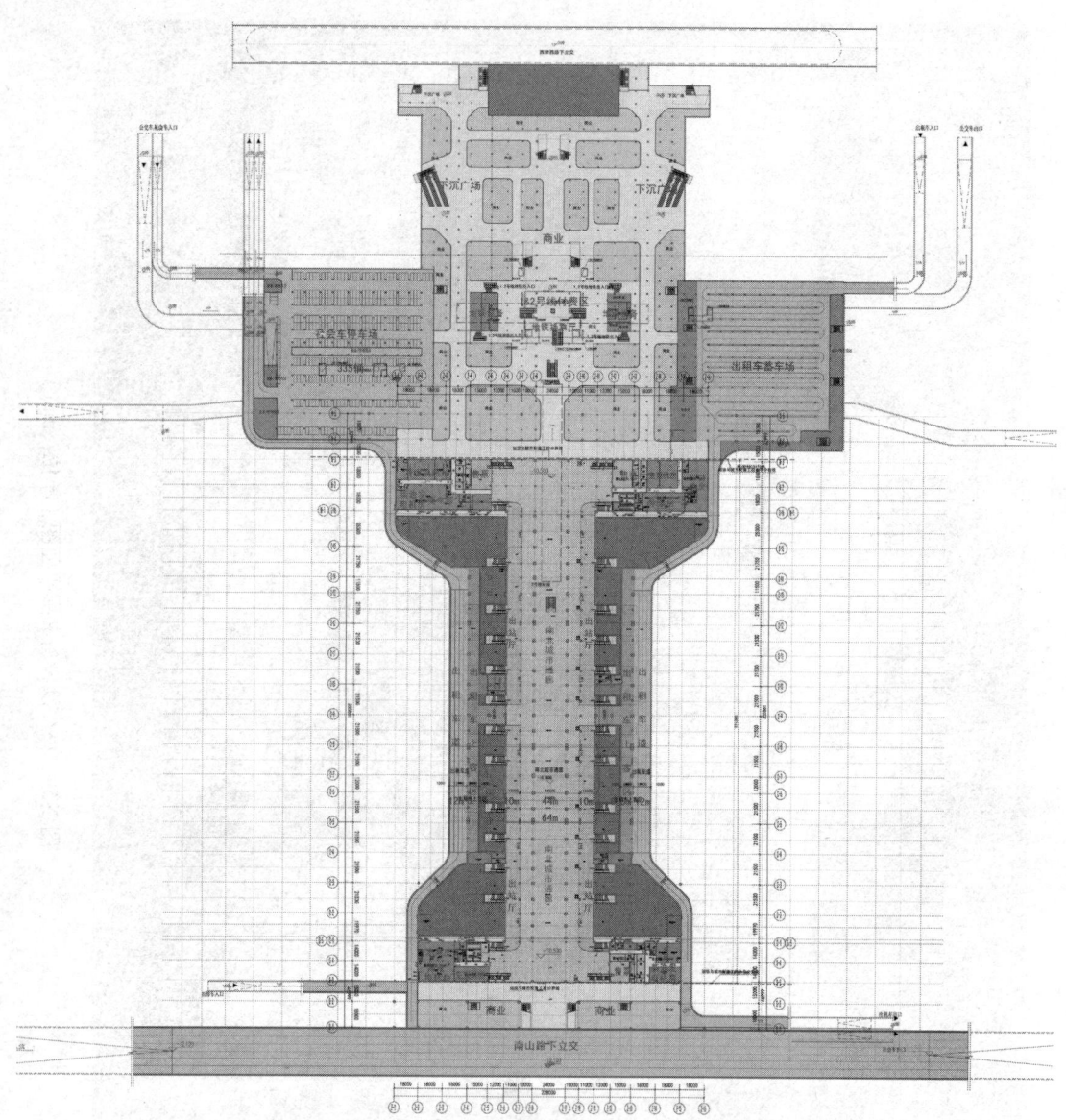

图 2-60 出站层平面图（单位：mm）

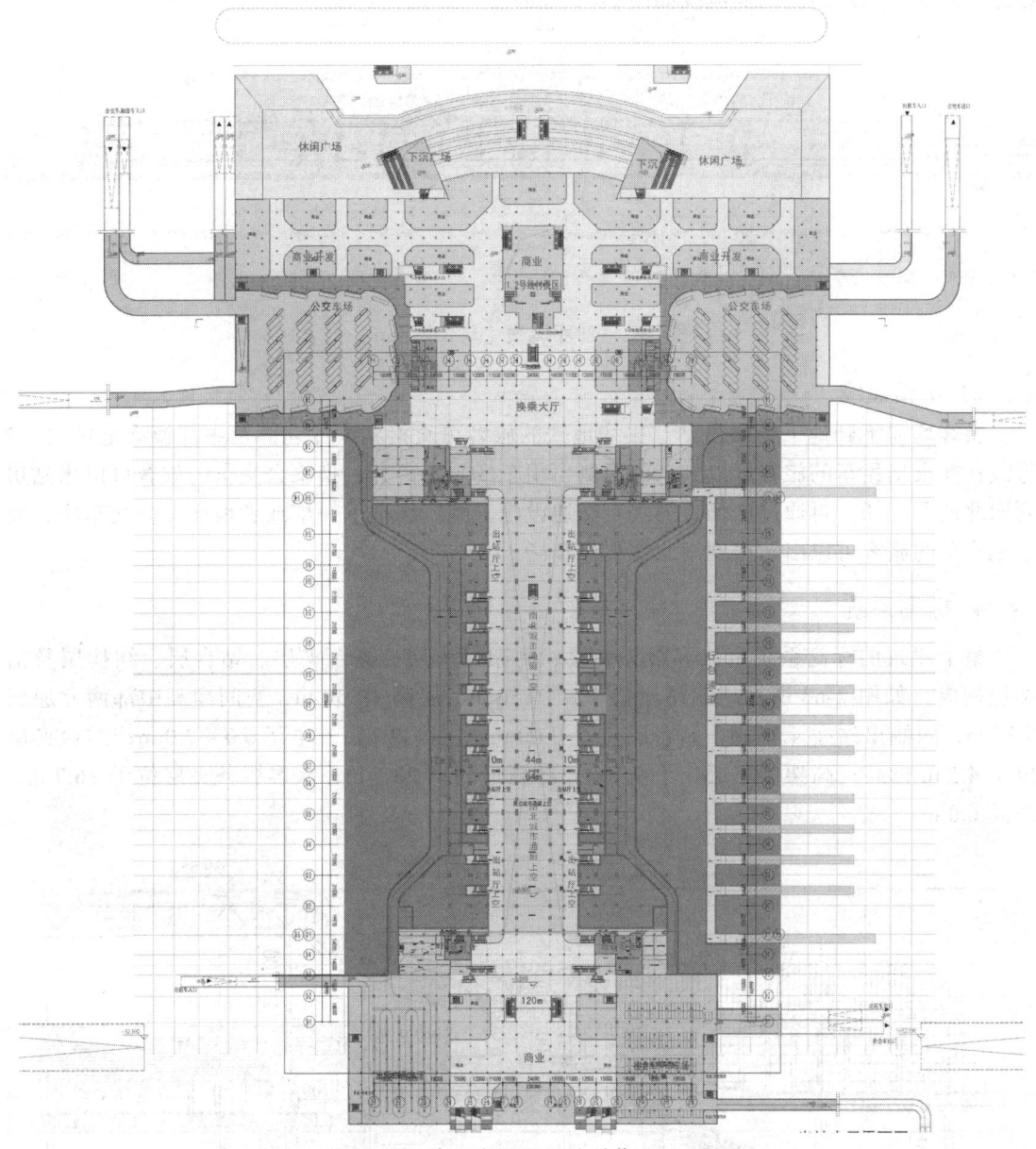

图 2-61 地下夹层平面（单位：mm）

3. 客流组织

1）进站流线

兰州西站采用上进的流线组织方式，根据旅客进站所采用交通方式的不同，建立多方向、多层面的立体进站模式，旅客可以从不同的标高层面进站。乘出租车和小汽车来的旅客可以直接上到高架层进站；乘公交车、大巴车来的旅客通过地面层南北进站厅进站；乘地铁来的旅客可以通过南北侧垂直交通上至高架进站；步行来的旅客可以从广场上的进站广厅直接上至高架层进站。站房南北侧设置多组贯通地下、地面、高架的垂直交通设置，满足各层面旅客进站需要。兰州西站剖面流线如图 2-62 所示。

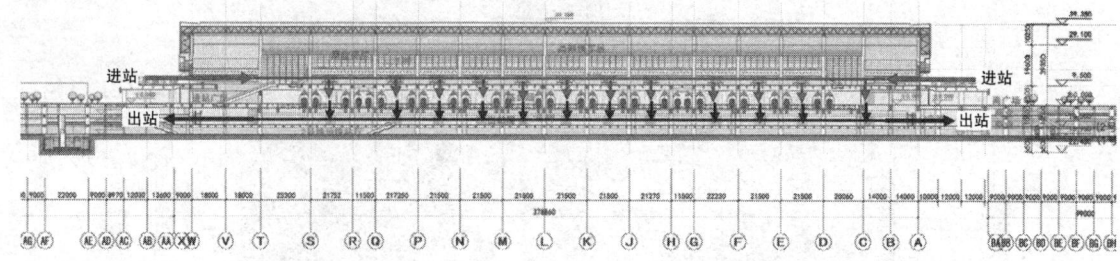

图 2-62　剖面流线（单位：mm）

2）出站流线

旅客均需下到地下一层出站。去往地铁的旅客可直接到大厅北侧及中部换乘地铁 1、2 号线；换乘出租车的旅客可以到东西两侧出租车场乘车离开；换乘公交车的旅客可以出站房到南北地下广场，再通过广场上的垂直交通设施上到广场地下一层或者地面层公交车场；换乘私家车的旅客可以出站房到南北地下停车场。

4. 标高系统

整个建筑的标高系统由旅客服务夹层、高架候车层、站台夹层、站台层、结构层及出站层构成，如图 2-63 所示。出站层位于 –10.50 m，层高 10.50 m，空间净高中部南北通廊 5.75 m，两侧出站厅 4.75 m；站台层位于 0.00 m，层高 9.7 m，净高 6.0~7.0 m；站台夹层位于 4.5 m 标高；高架候车层位于 9.7 m，净高最高点 23.5 m；旅客服务夹层位于 16.7 m，净高 6.0 m。

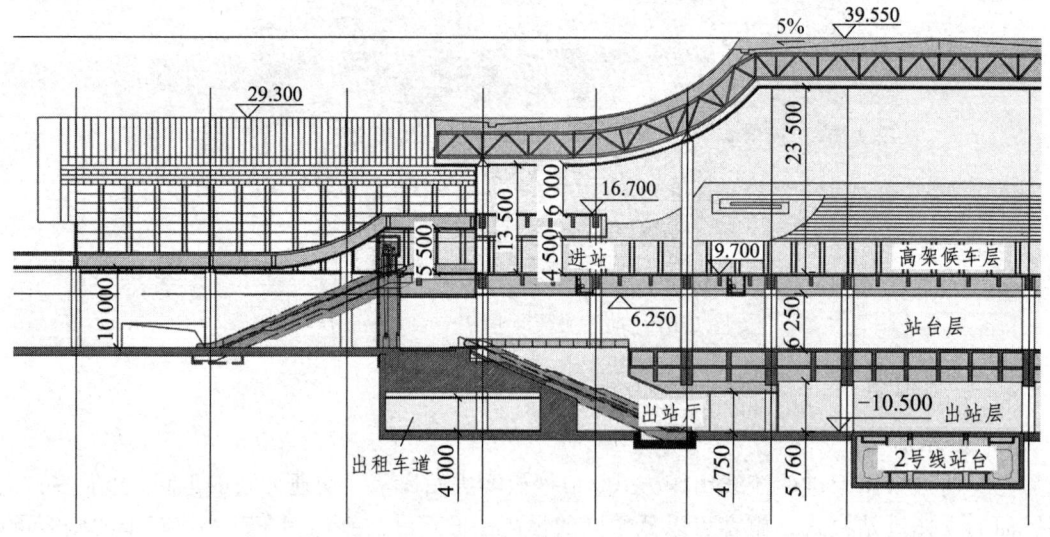

图 2-63　标高图（单位：m）

5. 建筑造型及立面

1）结构选型

主站房屋盖采用钢结构体系，顺轨方向的主要跨距为 27 m、66 m、27 m。垂直于轨道方向的跨距基本以 20~32 m 跨为主，跨距适中，整体受力均匀、造价经济；雨棚结构采用 20~32 m 跨的钢结构，用材经济，造型美观。

2）建筑材料

（1）建筑体形简洁大气，其外立面采用浅黄色石材，局部采用双层中空白玻璃幕墙，具有耐久性好、施工方便、环保节能的特点。屋顶天窗采用直立锁边铝合金屋盖系统。楼地面为磨光花岗石板。

（2）屋顶部分。屋顶由钢桁架和金属直立锁边屋面系统、半透明聚碳酸酯屋顶材料和金属遮阳构件组成，造价经济合理，耐久性好，维护方便。

（3）外立面。外立面采用浅黄色石材和金属材料，局部采用双层中空白玻璃幕墙，具有耐久性好、施工方便、环保节能的特点。

（4）高架桥。东西两侧的高架桥、落客平台均使用清水混凝土，外立面饰以灰白色石材。

（5）玻璃幕墙。玻璃幕墙采用可开启的双层隔热玻璃，既确保了大厅朝向城市的通透性，也注重环保和能源节约。

（6）站台雨棚。侧翼无站台柱雨棚顶部由半透明聚碳酸酯屋顶材料和条状白色金属板构成，吸音效果好，室内光线明亮。在对应于铁轨线上的部分开设带状开口，有利于列车排气排烟。

（7）室内材料。室内装饰主要采用白色金属饰面板，形成具有韵律感的室内空间效果。其他装饰材料均采用木色和白色等浅色调，为旅客营造了一个光线柔和、景致宜人的候车环境。

3）建筑造型及立意

（1）地域性特征——黄河丝路。

丝绸之路是历史上横贯欧亚大陆的贸易交通线，也是中国、印度、希腊三种主要文化的交汇桥梁。兰州古称金城，是汉唐时期古丝绸之路上的重镇，也是联系西域少数民族的重要都会和纽带。

方案充分传达出兰州城市山水交融的美丽意境，也仿佛飘动的丝绸，充分展现了兰州西站"黄河丝路"的地域特征。

（2）文化性特征——飞天甘肃。

由于甘肃位于古丝绸之路上敦煌和长安之间，从文化及地理学的角度讲，应是中原文化和西域文化衔接与过渡的重要区域，其建筑风格兼有中原传统文化和西域风情两者的特色。

同时，甘肃地处中国西部要冲，随着新欧亚大陆桥的开通，特别是西部大开发战略的实施，重新构筑起现代丝绸之路，甘肃作为我国东西合作交流的重要通道，正发挥着承东启西、联南济北的重要作用。甘肃人民正在奋力开拓，再创甘肃历史辉煌。

为此，本设计着眼于未来，以中原传统建筑的三段式为原型，并通过现代造型手法将丝路飞天文化中流动、飘逸、浪漫和积极进取的性格注入到兰州西站的塑造中，充分表达出"飞天甘肃"屹然崛起的气势。

兰州西站的正透视图和鸟瞰图如图2-64、图2-65所示。

图 2-64　正透视图

图 2-65　鸟瞰图

4) 室内空间设计

室内空间同样强调理性的结构之美，将采光顶与钢结构的形态有机结合。位于中庭候车厅内可以一览无余，中庭四周设有旅客服务及办公夹层，屋顶的天窗和百叶在室内投下带图样的光斑。

旅客服务夹层的室内设计和建筑主体概念相统一，并突出建筑自身的结构美感，暴露结构，不强调过分的装饰性。旅客服务夹层面积约为 9 000 m^2，因此在室内设计中充分考虑到多种旅客服务业态的预留空间，功能大致包括小型商铺、餐饮、专卖店、商务VIP休息厅等。

候车大厅空间有两个比选方案，方案一突出整体的素雅格调（图 2-66），方案二强调浓郁的地方特色（图 2-67）。

图 2-66 候车大厅效果方案一

图 2-67 候车大厅效果方案二

Part 3 高铁客站的结构设计

3.1 高铁客站的结构设计要求

3.1.1 客站结构的选型

高铁客站与体育馆、会展中心等公共建筑不同，其独特的结构形式（如大多数高铁客站采用"建-桥"合一结构）、复杂的施工条件，决定了大跨度空间结构应用于铁路建筑时，会受较多制约，站房和雨棚屋盖体系的选型即是典型。站房、站台雨棚的结构形式涵盖了管桁架、网架、网壳、索拱、张弦梁及其组合形成的结构形式等多种大跨度结构体系，结构选型在大跨度屋盖的设计中尤为重要。

大跨度结构的选型涉及建筑、结构、力学、美学、经济学、施工方法等多个方面，通常要考虑以下因素：

1）结构的功能适应性

结构选型应首先考虑结构形式对建筑功能的适应性，选取不同的结构形式，建筑物所能取得的结构使用空间大小不同。候车室的主要功能是给旅客提供宽敞、舒适的候车空间，雨棚的主要功能是遮雨和形成通透、流畅的站台环境，结构选型首先应该保证这些使用功能的实现。目前，高铁客站中普遍采用的大跨度屋盖、无站台柱雨棚设计即是对功能适用性的诠释。

2）结构的受力合理性

结构受力的合理性是指结构体系传力明确、结构抗风抗震安全、应力分布合理、破坏机理合理等，用于大型铁路站房、雨棚结构设计时，还要注意结构超长带来的温度缝设置以及雨棚结构体系防连续倒塌等问题。

各种结构体系有各自的受力特征：网架结构整体刚度大、稳定性好、安全储备高；网壳结构杆件内力分布较均匀，可以充分发挥材料的强度，并具有丰富的建筑造型；管桁架具有截面各向等强度、承载力高、抗扭刚度大等特点。结构选型要综合比较各种结构体系的优劣，并综合考虑经济、美观、施工可行等因素，选择最合理的方案。

3）结构的经济有效性

大跨度结构的经济指标指结构的全寿命周期费用，不仅包括结构的建造成本，如用钢、结构安装等费用，还包括维护成本和改造成本。在有些客站中，结构的经济指标还包括预期灾害损失和加固费用。结构选型应该综合考虑这些经济指标，并选出最为经济有效的方案。

4）结构的施工可行性

选择结构形式要结合结构施工工艺因素考虑工程的具体施工条件，不同的施工工艺材料消耗、劳动力、工期、造价等技术经济指标均不相同。同时，大型枢纽客站施工往往涉及下穿的地铁施工或既有运营铁路，钢结构施工吊装施工空间有限、材料运输受到场地影响、工期紧张等因素都应该在结构选型时考虑。

5）结构的美学效应

结构的美学效应是指建筑视觉美和结构技术美的和谐统一。近几年在高铁客站屋盖结构选型上，有许多用结构来体现建筑视觉美的案例，如：武汉站站房采用拱支双向网壳体系，站房中部最大拱跨为116 m，矢高为45 m，外形似飞翔的黄鹤，切合了"千年鹤归"的寓意；西安北站站房屋盖由11个4坡的坡屋面单元体形成折板网格结构，体现了"唐风汉韵"的文化内涵等。

3.1.2 结构总体设计要求

1. 一般要求

高铁客站结构主要由站房结构和站台雨棚结构构成，每部分结构均包括基础部分、主体结构部分和楼、屋盖结构部分。当前在高铁设计中，考虑到交通枢纽综合布局的经济和高效性，高铁客站往往与地铁、地面交通等融为一体，此时在客站结构布局中需要考虑地铁和高铁承载结构与站房结构的结构协调和受力协调。这给站房结构的基础和主体结构部分设计带来了难度。随着高架车站（即高架候车）越来越多，站房结构还应考虑列车轨道与站房的衔接结构，常见的有"桥-建"分离和桥-建合一两种方式。

根据《高速铁路设计规范》（TB 10621），高速铁路客站建筑应遵循安全、便捷、舒适、高效的原则，并符合下列规定：

（1）总体布局应与城市规划整体协调，并宜考虑对铁路站场及毗邻地区特定范围内的土地实施综合开发的需求，集约利用土地资源。

（2）车站建筑设计应与站区内其他交通设施协调布局，有机衔接。大型、特大型车站应提升枢纽的一体化水平，突出对外交通与城市公共交通之间的优先换乘，构建便捷、安全、高效的综合交通枢纽。

（3）车站建筑规模宜根据客流需求、站场规模、规划用地、与其他交通设施衔接方式以及综合开发需求等因素综合确定。其中不同交通方式间换乘和疏解所需的空间和为旅客服务的商业空间应考虑充分，初期不能一次建成的应留有发展余地。

（4）车站建筑设计标准宜根据车站类型、规模以及不同空间的功能要求和运营养护成本等因素确定，并注重提高性价比。

（5）车站建筑应根据站场和周边环境情况，经技术经济比选后采用技术先进、工艺成熟、安全稳妥、可实施性好的方案。

（6）车站建筑宜体现地域特色、民族特色和适当风貌，并应注重城市文脉的延续。

（7）车站建筑设计应采取节地、节能、节水、节材和保护环境措施。

2. 站房结构总体布局要求

一般地，站房建筑自下向上主要由以下几部分组成：

（1）地铁层。地铁与上部结构可以共用支承构件，也可以在结构上完全独立。

（2）地下一层。一般设置为换乘大厅和出站口，旅客可以在此零距离换乘其他交通工具或直接出站。对有些站房，此层位于地面。

（3）站台层（承轨层）。列车在此层穿过站房。对有些站房，如换乘大厅和出站口位于地面，则此层要高于地面。

（4）高架层（候车大厅）。候车大厅是旅客集散的主要区域，进站口也设在此层。通过高架车道，旅客可直达此层。另外，许多站房在高架层上另设局部高架夹层，用于生产和商业。

（5）屋面层。屋面层是整个建筑的最大亮点与显著标志，上覆金属屋面或采光屋面。

图 3-1 所示为北京南站房的结构立体布局。

图 3-1 北京南站的立体布局模式

站房内部按功能可分为公共区、设备区和办公区。公共区应由候车、集散、售票、公共通道和商业服务等功能区域组成，也可根据需要设置行包功能区。

站房规模应根据高峰小时发送量和最高聚集人数等综合确定。通过设施的规模应按高峰小时发送量计算确定，等候设施的规模应按最高聚集人数计算确定。中小型站房的建筑面积应按高峰小时发送量 $3\sim4\ m^2$/人计算确定。大型、特大型站的车站建筑面积宜综合考虑客流需求、站场规模、站房形式、与城市交通的换乘条件等多种因素。

站房通行设施的最大通过能力宜按表 3-1 选用。安检仪、自动检票机等设备的通过能力应与进出站流线上的其他设施设备的通过能力相匹配。

表 3-1　车站各部分最大通过能力

部位名称		每小时通过人数/人
每米宽楼梯	下行	2 800
	上行	2 500
	双向混行	2 200
每米宽通道	单向	3 500
	双向混行	2 800
每米宽自动扶梯	0.5 m/s	4 500

旅客进出站流线设计应清晰明确、流畅无障碍。进站流线中宜设置不经候车流程的便捷通道（绿色通道）。

站房应设置人工售票窗口、主动售票机、取票机和公安制证用房。自动售票机和取票机的布点应结合进站流线在公共区设置。独立售票厅的规模、人工售票窗口数量应结合电话、网络售票和火车票代售点的情况确定。站房进站厅应设置车票实名验证、安全检查等所需空间。

站房主要公共区应空间开敞、通透，空间高度应根据建筑节能、维修保养等因素综合确定，并提高空间的利用率。站房主要公共区及雨棚宜注重结构构件自身的美观，减少二次装饰装修。公共区装修应简洁、明快、实用、耐久。

站房及雨棚应考虑设置屋面、外幕墙、高大空间吊顶等部位的检修维护设施。站房及雨棚屋面雨水设计应合理选用暴雨设计重现期、暴雨强度等参数，金属屋面应设置溢流系统。

车站建筑应进行绿色建筑设计，建筑规模在 20 000 m² 及以上的车站，其评价等级不应低于《绿色铁路客站评价标准》TB/T 10429 规定的一星级。

3. 站台雨棚总体设计要求

站台上宜少设影响通行的建筑物和结构柱，站台铺面应采用耐磨、防滑材料。站台雨棚的长宽高及结构形式应根据车站规模、站型、气候特点、站台和股道尺度等因素综合确定。其中小型车站宜采用站台立柱雨棚，沿海地区宜采用钢筋混凝土结构。

线间立柱建筑物宜采取相应的保护、防撞措施。线间立柱的雨棚、天桥等跨线设施抗震设防类别应划为重点设防类。雨棚、天桥风荷载的基本风压值宜取 100 年重现期的基本风压值。

3.1.3　站房结构的设计要求

高铁客站结构体系的选型和计算、设计，不仅关系到客站的安全性，而且关系到客站的经济性，应在保证安全的前提下，尽可能追求经济合理的结构体系。根据《高速铁路设计规范》（TB 10621）及《铁路旅客车站建筑设计规范》（GB 50226）的要求，高铁客站结构设计时需考虑以下方面：

（1）高架站房结构宜与高速铁路正线桥梁结构分离。高架车站桥梁结构除满足使用功能要求外，应与高架车站设计协调，道岔区桥梁结构应满足道岔对结构的相对变形和变位的要求。

（2）配备检修、维护设备的站房及站台结构应计算检修、维护设备的正常使用荷载（包括动力效应）。

（3）高架站房结构与铁路桥梁结构形成桥-建合一结构体系时，承轨层及以下部位结构设计应同时满足铁路桥梁与民用建筑相关设计标准的要求，上部结构应满足民用建筑相关设计标准的要求。抗震设防烈度 8 度及以上地区的桥-建合一结构体系的承轨层梁、柱构件应设定适当的抗震性能目标，进行抗震性能化设计。

（4）高架站房及邻近高速铁路的建筑物风荷载的基本风压值宜取 100 年重现期的基本风压值。体型复杂的大型站房宜进行风洞试验确定设计风荷载。站房轻型金属围护结构已进行抗风揭试验。

（5）高架站房和最高聚集人数为 6 000 人及以上的大型站房结构，抗震设防类别应划为重点设防，结构安全等级应为一级。

（6）高架站房结构耐久性设计应符合主体结构和使用期间不更换的结构构件，应按设计使用年限为 100 年的要求进行耐久性设计；使用期间可更换且不影响运营的次要结构构件，可按设计使用年限 50 年的要求进行耐久性设计；临时性结构宜根据其使用性质和结构特点确定使用年限。

线正下式车站站房与铁路桥梁结构分离设置时，桥梁应在预埋件、防排雨水、边界围合、减震、防雷接地等方面与站房进行协调设计。

站房与城市轨道交通、市政配套工程的结合部位，应在结构体系布置和荷载传递等方面进行协调设计。站房、雨棚、天桥与接触网共用结构体系时，应与站场、接触网在布置、荷载、构造等方面进行协调设计。

3.2 高铁客站的大跨度空间结构体系

3.2.1 站房大跨度空间结构的分类

近年来，我国空间结构蓬勃发展，建筑造型新颖、形式和种类繁多而独特，按传统的空间结构形式和分类方法，即将空间结构划分为薄壳结构、网架结构、网壳结构、悬索结构和膜结构共五类。

采用按板壳单元、梁单元、杆单元、索单元和膜单元共五种单元组成来区分各种形式的空间结构可避免传统分类方法的局限性，具有鲜明的开拓性，如表 3-2 所示，其中双层薄壳、多面体空间框架结构、索穹顶-网壳、张弦气肋梁和预应力装配弓式结构是近年来首次提出的新形式。

表 3-2 空间结构按单元组成分类

单元名称	空间结构名称
板壳单元	薄壳结构、折板结构、波形拱壳结构、带肋薄壳、带肋折板、双层薄壳、悬挂薄壳
梁单元	单层网壳、空腹网架、空腹网壳、树状结构、多面体空间框架结构、空腹夹层板、组合网壳、张弦梁结构、弦支网壳、索穹顶-网壳、张弦气肋梁
杆单元	网架结构、立体桁架、双层网壳、局部双层网壳、预应力网架（壳）斜拉网架（壳）、张弦立体桁架、预应力装配弓式结构、组合网架
索单元	悬索结构、索网结构、张拉整体结构、悬索-桁架结构、索桁结构、拉索网架、索穹顶结构
膜单元	气囊式膜结构、气承式膜结构、刚性支承膜结构、柔性支承膜结构

空间结构按单元组成分类具有如下特性：

（1）由于板壳单元、梁单元和杆单元可认为是刚性单元，索单元和膜单元可认为是柔性单元，因此各种具体形式的空间结构又可归属为由刚性单元组成的刚性空间结构，由柔性单元组成的柔性空间结构和由刚、柔性单元杂交组合而成的刚柔性组合空间结构三大类空间结构。

（2）空间结构按基本单元组成分类具有鲜明的直观性、实用性、包容性和开放性四大特点，它不仅可确知各种形式空间结构的组成，而且可初步框定利用哪些计算方法和程序进行结构分析；它不仅可包络当前所有各种形式的空间结构，而且也可包容、囊括今后开发和创造的新型空间结构。

铁路的提速和高速铁路与城际铁路的快速发展，一大批大跨度、大柱网的大型高铁客站建筑在国内大量兴建。大型铁道客站是集铁路、城市轨道交通、公交、出租车、社会车等多种交通方式于一体的综合交通枢纽，地上建筑与地下建筑结合、房屋建筑与桥梁建筑合一，结构复杂，且层数多，上部形态各异的大跨度空间结构与下部结构有机结合，协同工作，这也是大型客站建设设计与施工中应特别关注的科技问题。

近年来，我国已建成有代表性的高铁客站主站房屋盖结构工程见表 3-3，其结构形式有梁系结构、立体桁架结构、拱结构、张弦梁（拱）结构、单层与多层网壳结构、张弦网壳结构、网架结构以及各种组合的空间结构，跨度大、结构形体新颖，为所在城市建设一地标式建筑。例如 2009 年年底建成通车的新武汉站主站房，平面尺寸为 188 m×260 m，采用拱与网壳组合的空间结构屋盖，结构主体由间距为 65 m 的三跨（36 m+116 m+36 m）大拱、拱上 V 型支撑、变厚度双层网壳组成（图 3-2）。再如天津新西站主站房屋盖，平面尺寸为 114 m×400 m，采用了变高度变宽度矩形截面钢管两向斜交斜放单层柱面网壳结构，两端自由悬挑跨度为 16 m（图 3-3）。

表 3-3　具有代表性的高铁客站主站房屋盖结构工程

序号	工程名称	结构形式	平面形状及尺寸
1	上海南站	梁系结构	扁圆锥形直径 294 m，内压环直径 26 m，内柱（18 根）环直径 150 m，外柱（36 根）环直径 226 m
2	北京南站	梁与立体桁架系结构	椭圆 190 m×350 m×2.0 m（中跨）×3.0 m（两侧），矢高 40 m
3	新武汉站	拱与网壳结构	（36＋116＋36）m×（4×65）m，矢高 59 m
4	广州新站	张弦梁（拱）与张弦网壳结构	222 m×468 m，内部柱网 32 m×68 m
5	天津新西站	单层网壳结构	114 m×400 m，矢高 37 m
6	成都东站	平面与立体桁架结构	（27＋150＋27）m×380 m×（4~6.5）m
7	西安北站	网架结构	150.5 m×480 m
8	杭州东站	立体桁架结构	285 m×516 m×（3.5~4.4）m

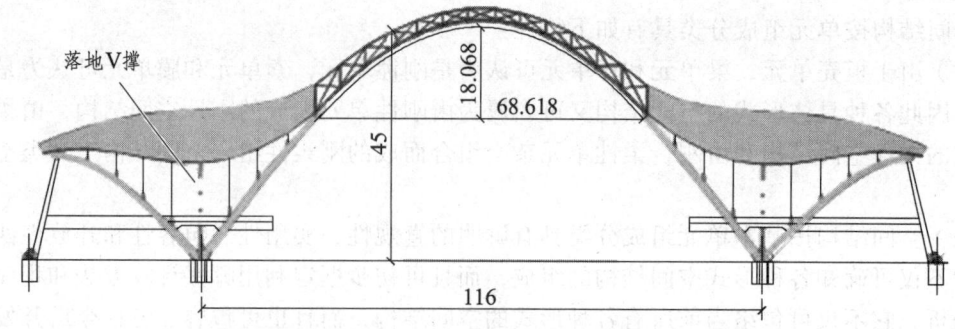

图 3-2 新武汉站结构剖面图

图 3-3 天津新西站内景

为方便旅客，体现以人为本的新理念，新建高铁客站站台大都采用无站台柱雨棚，雨棚横向跨度要求不小于 21.5 m，支承柱可设在两股铁道中间。因此，形态各异的大、中、小跨度空间结构都可适用于站台雨棚屋盖结构。表 3-4 给出具有代表性的高铁客站无站台柱雨棚结构工程。北京南站雨棚采用了具有特色的悬垂工字梁结构，结构主体主要是最大跨度（顺轨向）达 66 m 的悬垂工字梁系，为抵抗风吸力，设反向斜拉索，支承在间距（横轨向）41.2 m 的 A 字型柱上（图 3-4）。深圳北站雨棚采用一种新型的弦支柱面网壳，这是一种单元尺寸为 14.0 m×21.5 m 的多跨多波连续的单环弦支圆柱面单层网壳结构，支承在四角锥柱帽斜杆的上端，柱网尺寸为顺轨向 28 m、横轨向 43 m（图 3-5）。

表 3-4 具有代表性的高铁客站无站台柱雨棚结构工程

序号	工程名称	结构形式	平面形状及尺寸
1	北京北站雨棚	张弦立体桁架	118 m×680 m
2	北京南站雨棚	悬垂工字梁结构	两块月牙形平面 126.6 m×322.6 m
3	天津站雨棚	张弦梁（拱）结构	横轨向 48.5 m+2×41 m+42 m+39.5 m，顺轨向柱距 18~24 m，矢高 4.5 m
4	武汉新站雨棚	双层网壳结构	两块曲边四边形平面 144 m×358 m
5	广州新站雨棚	张弦梁（拱）结构	顺轨向柱距 32 m，横轨向柱距 50~58 m，总覆盖面积 140 000 m²
6	深圳北站雨棚	弦支网壳结构	顺轨向柱距 28 m，横轨向柱距 43 m，总覆盖面积 68 000 m²
7	青岛站雨棚	单层网壳结构	（44+39×2）m×472 m

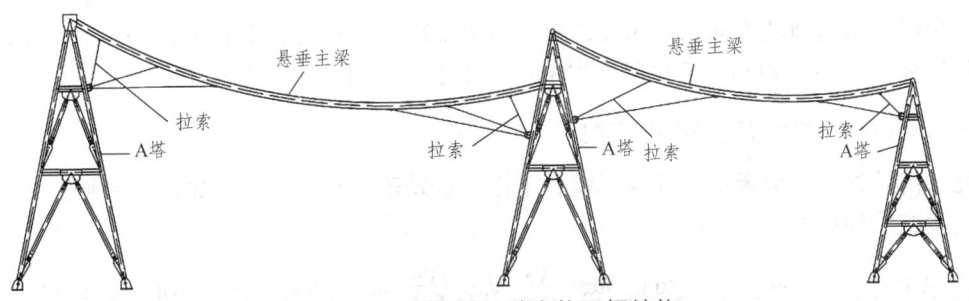

图 3-4　北京南站无站台柱雨棚结构

图 3-5　深圳北站无站台柱雨棚结构局部剖面图

3.2.2　高铁客站中的大跨度空间结构

1. 兰州西站的大跨度空间结构

站房主体结构由下到上为轨道层结构、高架层结构、高架夹层结构及屋面结构，共三层。铁路主站房东西两侧为站台雨棚，两侧站台雨棚关于中部站台对称布置。站房和雨棚的剖面示意图如图 3-6 所示。

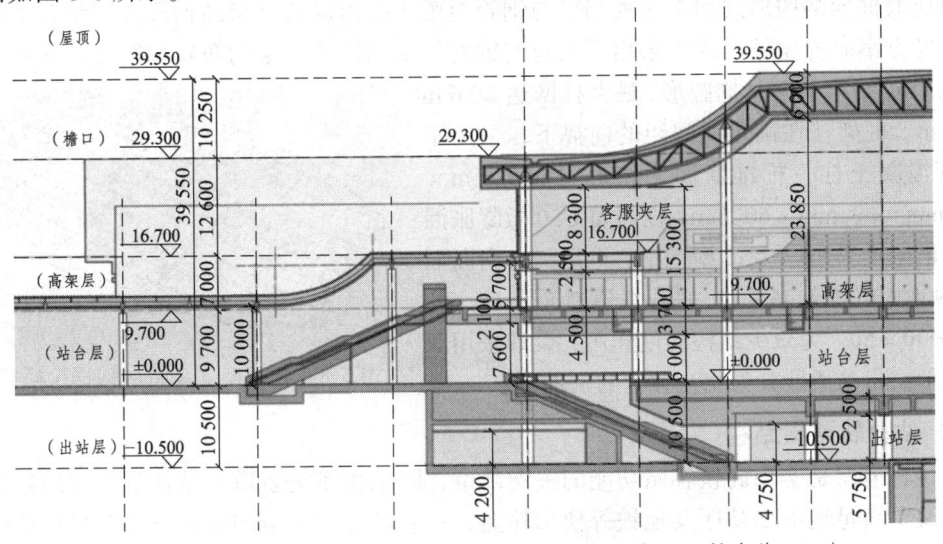

图 3-6　站房及雨棚剖面图（局部）（单位：高程为 m，其余为 mm）

站房屋盖结构横轨方向长 370 m，顺轨向宽 228 m，屋盖呈几字形，矢高 10.8 m，屋盖最高建筑标高为 39.550 m。站房屋盖主结构采用正交空间管桁架结构体系。

2. 北京南站的大跨度空间结构

北京南站站房汲取天坛的建筑元素，采用三重跌落式椭圆造型，建筑效果别具一格，其站房及雨棚结构如图 3-7 所示。

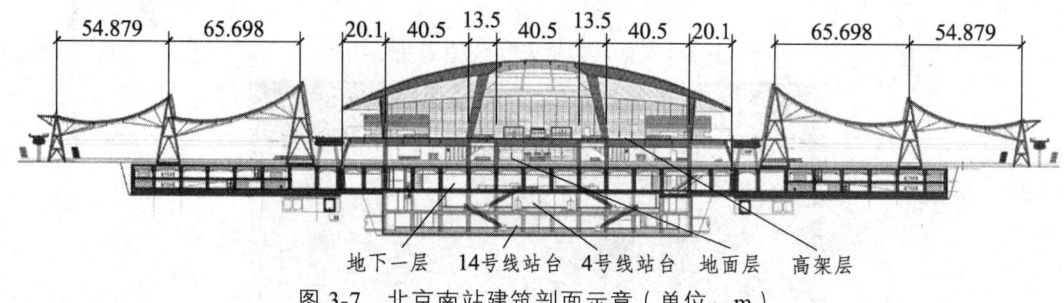

图 3-7 北京南站建筑剖面示意（单位：m）

1）站房结构

主站房屋面平面呈椭圆形，椭圆长轴为 350 m、短轴为 190 m，屋面结构高度为 40 m；基本柱网横向为三跨，跨度为 40.5 m + 67.5 m + 40.50 m，两侧各悬挑 19 m；纵向柱距为 20.6 m，共 17 榀横向刚架。通过方案比较研究，屋盖采用实腹结构与空腹结构相结合的结构体系，即中间跨为实腹梁，两侧采用桁架结构。其中实腹梁高为 2 m，桁架高为 3 m。

2）高架候车层结构

高架候车层结构位于站台层正上方，为实现无站台柱的效果，结构柱设置在列车轨道间。应根据建筑功能需要和柱距大小，并结合工程的具体情况，确定合理的楼盖结构形式，在满足结构安全的前提下，注意其经济性。

对高架候车层研究了多种结构形式：预应力混凝土框架结构形式、钢桁架梁与钢管混凝土柱组成的框架结构形式和实腹式钢梁与钢管混凝土柱组成的框架结构形式。结合工程实际情况，经方案研究比较，最终采用了大跨度钢框架结构形式，结构布置如图 3-8 所示。结构层高 9.5 m，结构平面呈椭圆形，最大柱网达 20.6 m × 40.5 m。框架柱在满足线间距的前提下，采用矩形钢管混凝土柱，标准断面为箱形 1 600 mm × 1 200 mm × 60 mm × 60 mm，柱内灌 C50 微膨胀混凝土。框架梁采用焊接 H 型钢梁，顺股道方向断面为 H2 900 × 1 000 × 45 × 75，垂直股道断面为 H1 600 × 800 × 30 × 50。为减少结构温度作用，设计采用双支柱的形式将高架层分为相互独立的三部分。

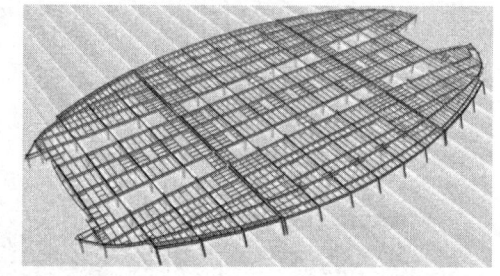

图 3-8 北京南站高架层钢框架模型示意

3）站台轨道层结构

站台轨道层是实现高铁客站功能的关键部位，既承担车场轨道、站台、上部高架候车室荷载，又要满足地下出站厅及地铁等使用功能，在满足结构安全的前提下，应尽可能满足建筑使用功能的要求，采用合理的结构形式。

站台轨道层位于地面层，总长约 400 m，总宽约 348 m。通过设置变形缝，结构被分成 3 个区共 9 个结构单元，其中Ⅱ-2 区的桥-建合一结构最为典型。作为上部结构的基础以及列车荷载的直接承受结构，轨道层的纵横向刚度直接影响整个站房结构的受力性能。为了增加站房结构整体性且满足列车通过要求，Ⅱ-2 区结构顺轨向采用（2×10.5+11×13.5+2×10.5）m 连续刚架，垂直轨道方向采用 6×20.6 m 连续刚架结构，形成纵向长 192 m、横向长 125 m 的整体空间框架结构体系，结构模型如图 3-9 所示。

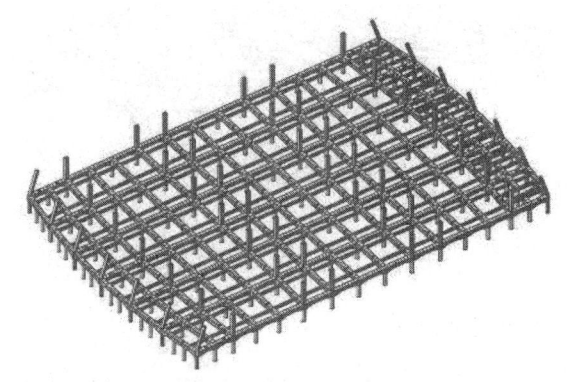

图 3-9　Ⅱ-2 区轨道层结构与上下结构柱结构模型

4）对大跨度楼盖振动及舒适度的控制

大跨度楼盖结构在其自振频率与旅客步行频率接近时，人行激励振动的影响可能较大；同时，作为桥建合一结构，列车荷载引起的振动也不可忽视。两种振动不仅影响结构受力，而且影响到大跨度楼盖竖向振动舒适度。由于高架候车层作为旅客的主要候车场所，其舒适度问题应严格控制。

在人行激振下，北京南站高架候车层 40.5 m 跨主梁的最大竖向位移值为 88.75 mm，小于 101 mm 的限值；最大应力值为 181.6 MPa，小于 295 MPa 的限值；满足要求。列车荷载引起的振动分析表明，其 40.5 m 跨的主梁振幅很小，满足结构的振动安全性要求。

参照《城市人行天桥与人行地道技术规范》（CJJ 69—95）中的规定，天桥上部结构竖向自振频率不应小于 3Hz，而北京南站 40.5 m 跨楼盖第一模态竖向振动频率只有 2.3 Hz，不能满足。但是，楼盖振动对人的舒适度影响主要体现在其振动峰值加速度方面，参照国际相关标准，高铁客站的振动峰值加速度限值应小于 0.015g。即使候车大厅内人数超过 100 人同时按 2.3 Hz 的同一激振频率激振时，40.5 m 主梁的跨中竖向加速度幅值接近或略超过 0.015g。考虑实际中所有人完全按同一频率行走的可能性太小，因此可认为满足舒适度要求。至于列车荷载，引起振动的加速度幅值远小于 0.015g 的限值，满足舒适性的要求。

5）站台雨棚结构

无站台柱雨棚将结构柱设置在线路中间，采用大跨度空间结构覆盖整个车场，能提供开敞的空间，给人以视觉享受。因此，站台雨棚的空间结构设计和主站房建筑外观同样重要。

结合雨棚的形状曲线，顺轨道方向布置向下悬垂的工字钢梁，悬垂曲线为圆弧形。工字钢间距约 6.8 m，最大跨度约 66 m，截面尺寸为 600 mm×350 mm×10 mm×20 mm。当雨棚受到向下荷载作用时，工字钢梁像悬索一样承担荷载。当雨棚受到向上荷载作用时，工字钢梁以拱的形态来承担荷载。为了使工字钢梁能最有效地发挥其拱形作用，在工字钢梁和 A 型框架柱之间安装了斜拉索，将每根工字钢梁分成 12 段，以减小计算长度，确保其在拱平面内的稳定性。以如图 3-10 所示 D、E 悬垂梁为例，其特征屈曲分析结果表明，施加斜拉索后，悬垂梁有效长度系数减少至 0.165，构件稳定性满足要求。

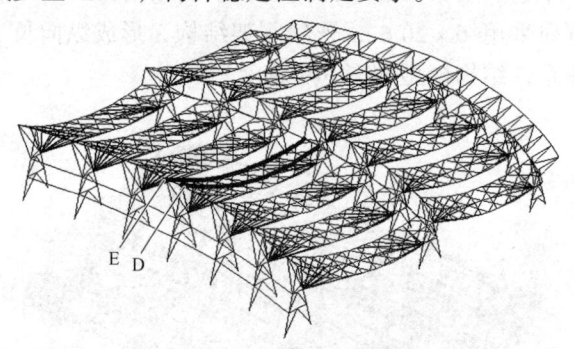

图 3-10　特征屈曲分析结果

3. 新武汉站的大跨度空间结构

1）站房屋盖结构

根据"千年鹤归"的黄鹤文化寓意，武汉站屋面形状形似飞翔的黄鹤，屋盖结构采用拱支网壳结构体系（图 3-11）。站房屋盖结构为双向正交桁架组成的双层网壳，中央站房支承结构由五榀主拱、半拱型曲梁和斜立柱组成，网壳与拱之间以 V 撑连接。五榀拱间距 64.5 m，站房中心最大拱跨 116 m，矢高 45 m；前后端部拱跨 81.4 m，矢高 44.2 m。中央站房屋盖与支撑结构组成"W"形断面（图 3-12），它壳状的几何外形保证了其刚度，以抵抗整体弯曲。屋面网壳与主拱、半拱型曲梁组成了"拱-壳"组合体系。

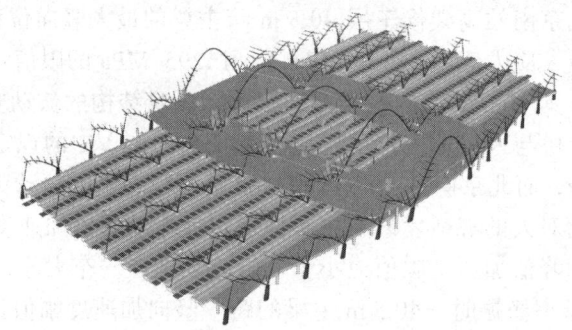

图 3-11　武汉站屋盖结构体系示意

2）站台轨道层结构

武汉站站台轨道层位于地面以上 10.250 m 标高处，是一个高架的桥-建合一结构。为了使通行列车对结构的振动影响降到最低，设计时尽量使站房、雨棚支座坐落在桥墩上，桥墩为直径 5.3～6.0 m 的钢筋混凝土柱，桥墩刚度可以保证其对上部结构的嵌固（图 3-13）。根据建筑造型，桥梁柱网轴线采用平行复制弧线，而不是同心圆弧线的布置方式，以此简化结构类型，便于杆件的标准化生产。桥梁跨度顺轨向为 5×36 m+34 m+48 m+34 m+5×36 m，横轨向为 21.5 m。

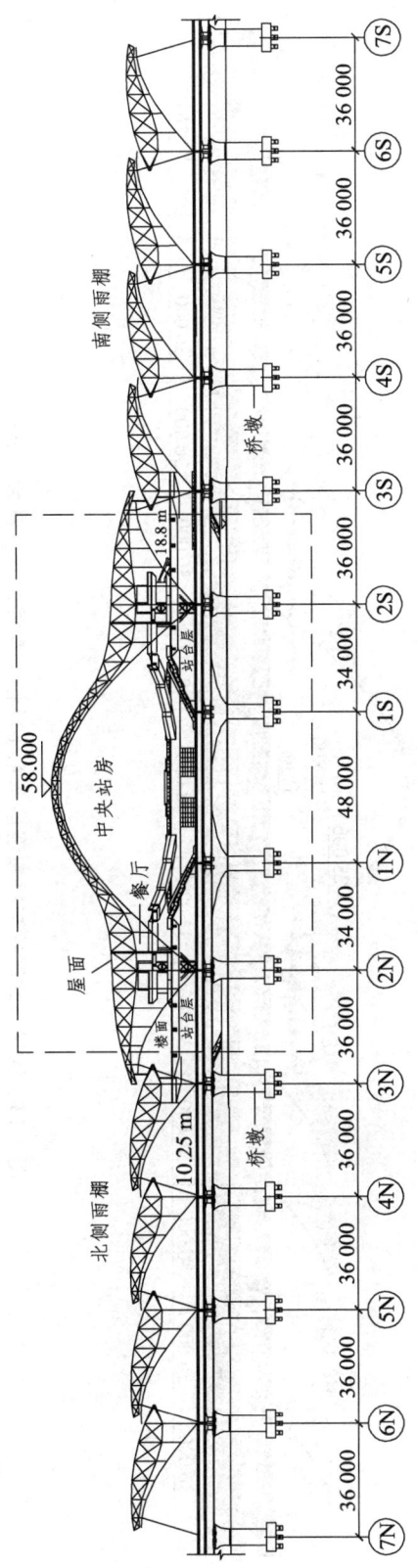

图 3-12 武汉站顺轨向剖面示意(矩形虚线框表示中央站房范围)(单位:高程为 m,其余为 mm)

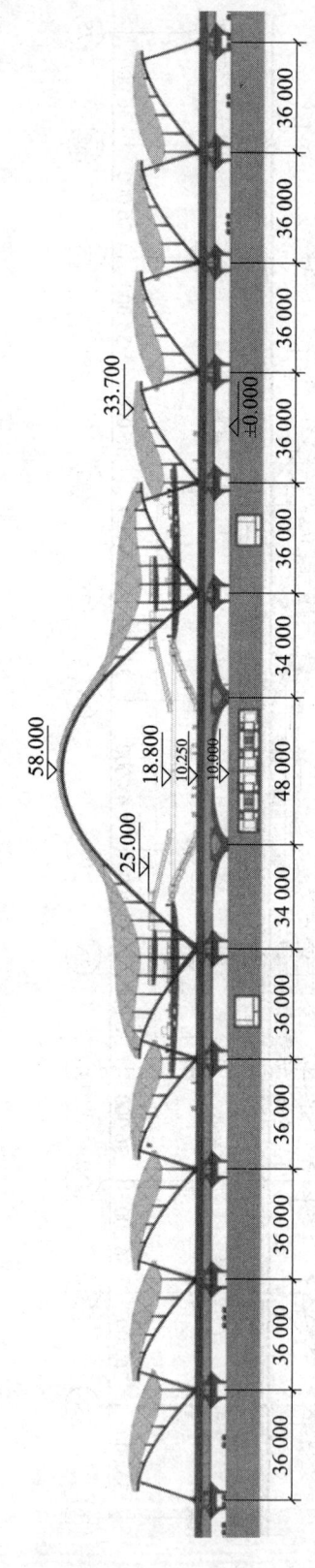

图 3-13 武汉站站房柱与桥墩连接示意（单位：高程为 m，其余为 mm）

3）站台雨棚结构

武汉站雨棚结构为异型单元式树枝状支撑网壳结构体系（图 3-14），异型单元式树枝状结构单元由半拱曲型梁、斜立柱及 V 撑组成。曲梁跨越跨度 36 m，沿横轨向间距 64.5 m。半拱型曲梁与相邻支撑单元的斜立柱共用一个桥墩。在斜立柱中上部位，斜立柱穿过雨棚屋面结构，沿轨道方向，每片雨棚及中央站房屋面之间不传递屋面温度应力，每片结构单元与相邻单元间自然构成结构伸缩缝。

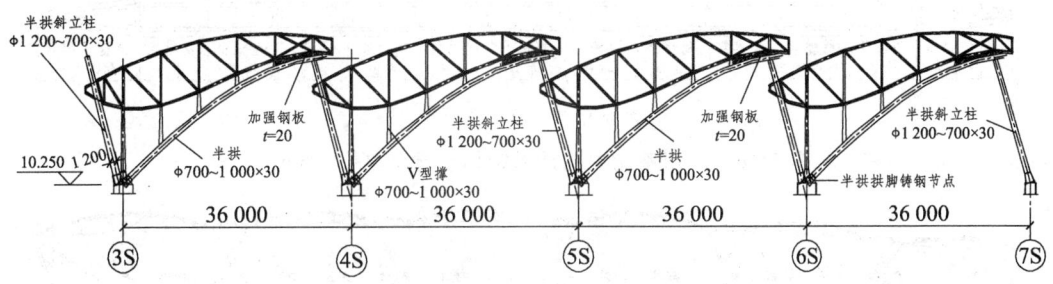

图 3-14 武汉站雨棚结构横轨剖面图（单位：高程为 m，其余为 mm）

4. 广州南站的大跨度空间结构

1）站房屋盖结构

广州南站主站房屋盖由于建筑造型复杂、柱网尺寸大，采用了索壳结构和索拱（张弦梁）结构组成的复杂空间结构体系，以结构美体现了轻盈简洁的"南国芭蕉"建筑形态。索壳结构和索拱结构均为自平衡结构体系，自重轻，能跨越较大跨度。站房中央采光带跨度为 34～60 m，悬挑檐口跨度达 100 m 左右，采用索壳结构体系，网格边长约为 3～4 m（图 3-15）。屋盖其余部分采用索拱（局部为张弦梁）结构，跨度为约 68～100 m。

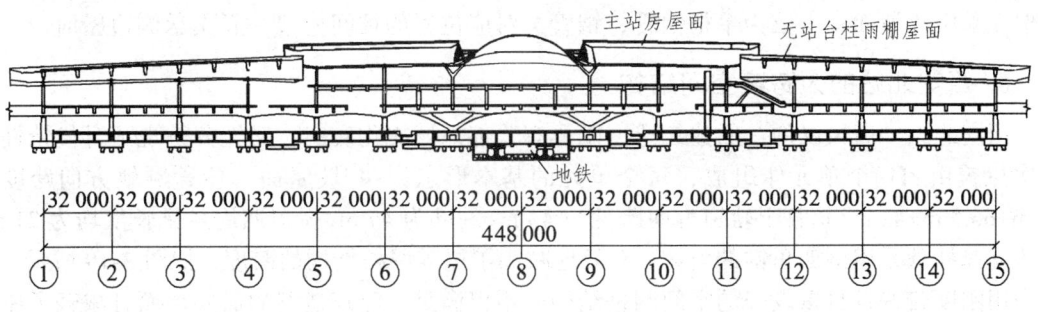

图 3-15 广州南站顺轨向剖面示意（单位：mm）

2）站台雨棚结构

广州南站雨棚主要结构形式为索拱，单榀索拱跨度约为 50～68 m，支撑在站台的 Y 型柱上。Y 型柱沿纵向柱距为 32 m，通过梯形桁架连接示。拱间距为 16 m，每个拱包括两根直径 650 mm 的钢管，如图 3-16 所示。沿垂直于轨道方向，拱的高跨比逐渐降低，结构形式也由索拱逐渐变化为张弦梁，如图 3-17 所示。

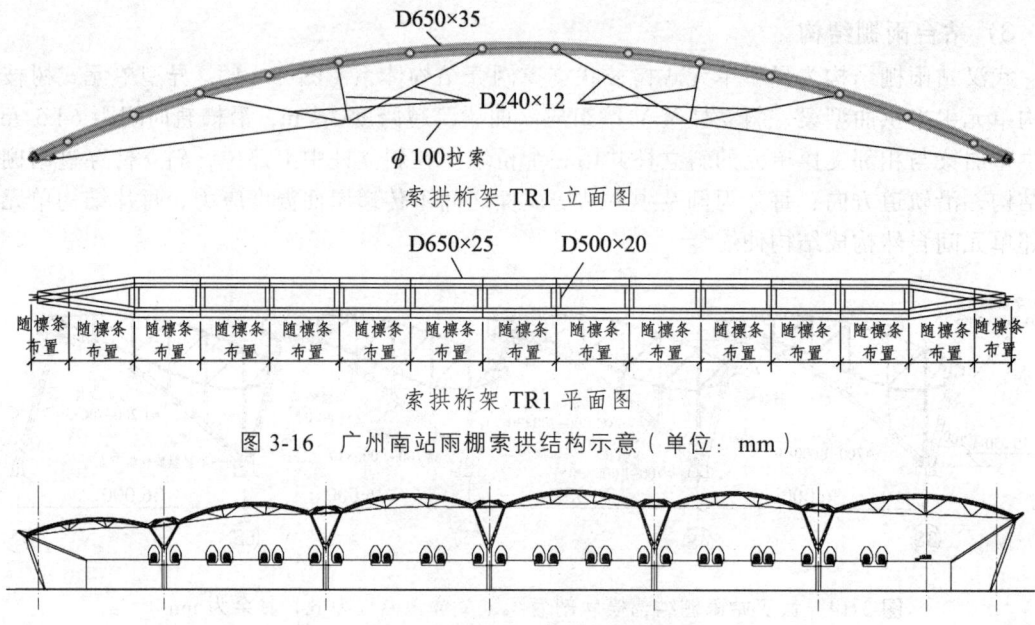

图 3-16 广州南站雨棚索拱结构示意（单位：mm）

图 3-17 广州南站雨棚钢结构剖面图

5. 上海虹桥站的大跨度空间结构

为实现"平直方正厚重"的建筑形态（图 3-18），站房屋盖结构采用大跨的三角形立体桁架与钢管混凝土柱刚性连接，同时有效地提高了上部结构的侧向刚度。屋面结构分上下两层，中间高，两侧低。中央屋面结构标高 40.0 m，两侧屋面标高 30.0 m。中央屋面层结构为 4.2 m 高的空间三角桁架，横向跨度为 72.0 m。两侧屋面层结构采用 1.4 m×1.4 m 钢管混凝土柱与高度为 3.0 m 的钢桁架组成的框架体系，框架横向跨度为 45.0 m，纵向跨度为 43.0 m + 46.0 m、局部为 12.0 m。屋盖高差部分做成巨型桁架，巨型桁架的上弦为三角形管桁架，管桁架支承中央屋面；下弦为单根钢管，钢管与对应位置的柱间桁架一起支承侧边屋面。

6. 西安北站的大跨度空间结构

西安北站"唐风汉韵"的建筑造型既具有浓郁地域文化底蕴，又充分体现了时代精神。站房屋盖由 11 个单元体组成，每个单元的基本形态为 4 坡屋面。屋盖顺轨方向跨度为 42 m+66.5 m+42 m，垂直于轨道方向跨度为 43 m、局部为 47 m；屋盖四周悬挑长度均为 21 m。屋盖支撑柱顶采用倒四角锥的斜撑，有效地减小了屋盖网格结构的跨度，如图 3-19 所示。屋盖采用刚度较好且自重较轻的空间网格结构，不仅满足了建筑造型的需要，而且减轻了屋盖双向大跨度悬挑引起的水平和竖向地震作用对下部结构影响，取得了较好的经济效益。

7. 杭州东站的大跨度空间结构

屋盖采用双向正交管桁架组成的空间格构与格构柱的板柱结构体系拟合建筑外形，实现了建筑主体圆润流畅的"钱塘潮涌"建筑造型（图 3-20）。屋盖平面尺寸顺轨向为 285 m，垂直于轨道方向为 516 m。在顺轨方向，屋盖结构正面最外侧部分最大跨度约 118 m，其余部分最大跨度约 84 m，钢管桁架的结构高度从跨中区域的 3.5 ~ 4.4 m 逐渐变为两侧端部的 7.2 m 左右。在垂直于轨道方向，屋盖结构跨度为 43 ~ 68 m。

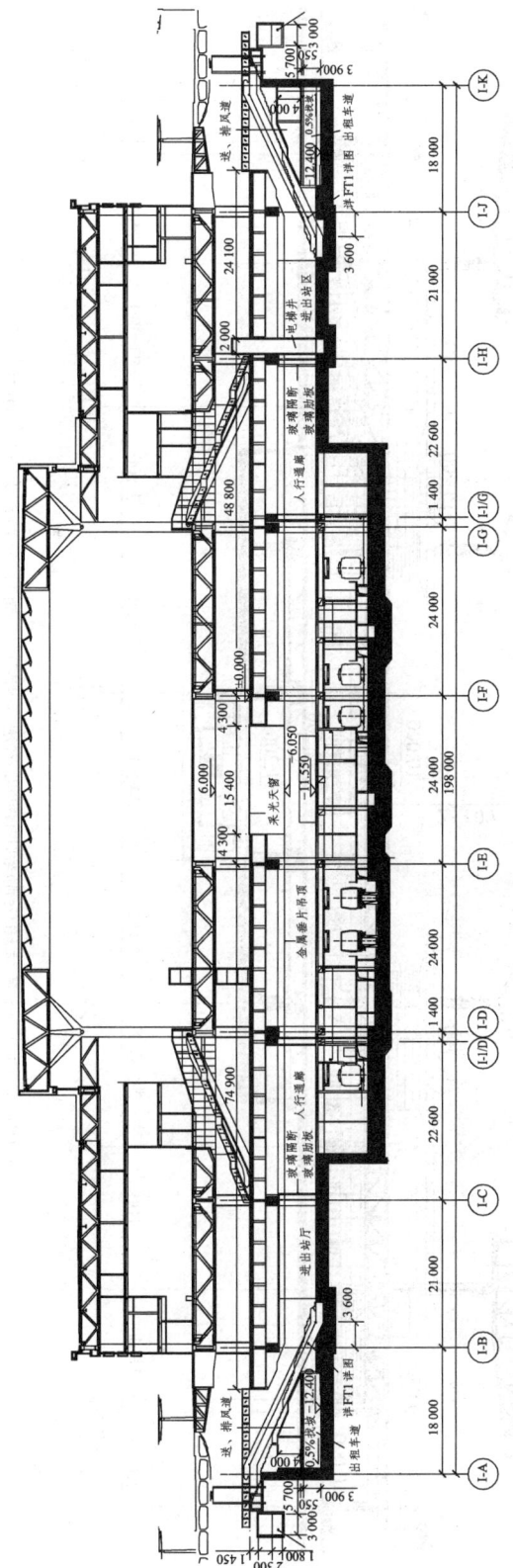

图 3-18　上海虹桥站顺轨向剖面示意（单位：高程为 m，其余为 mm）

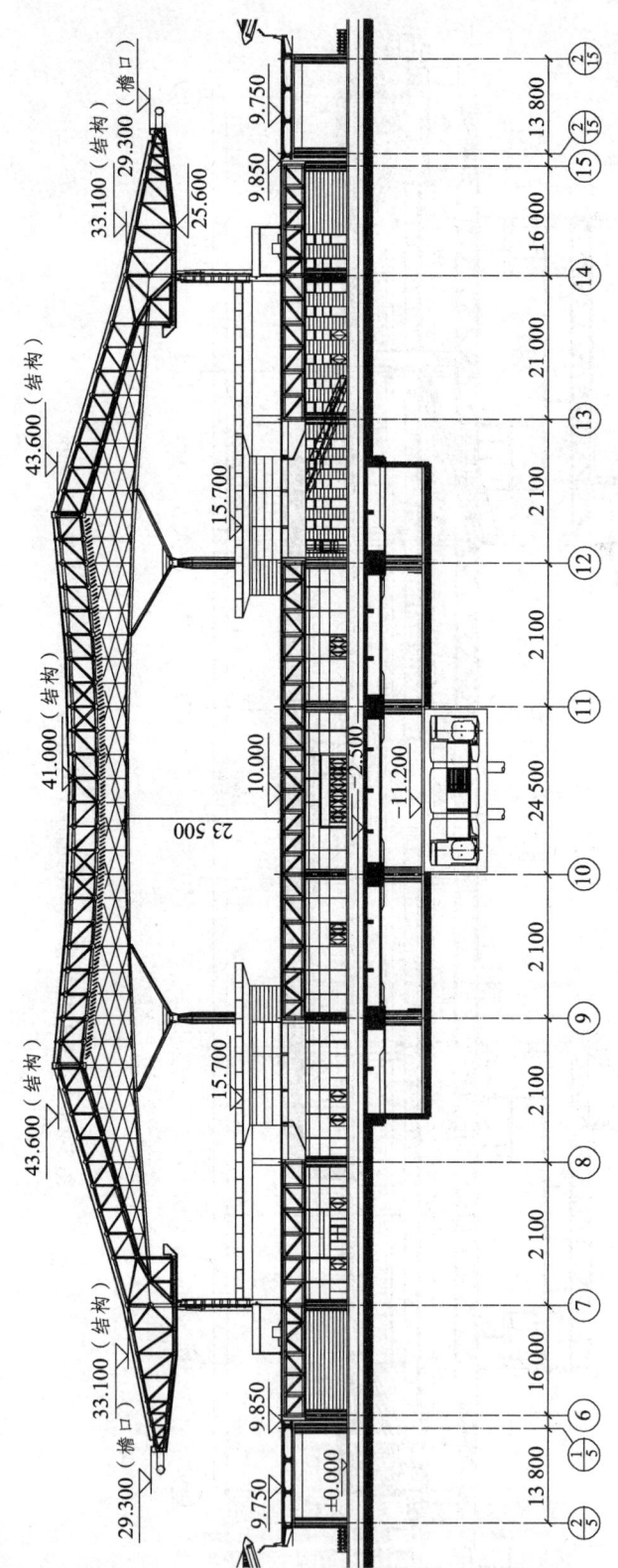

图 3-19 西安北站屋盖结构顺轨向剖面示意（单位：高程为 m，其余为 mm）

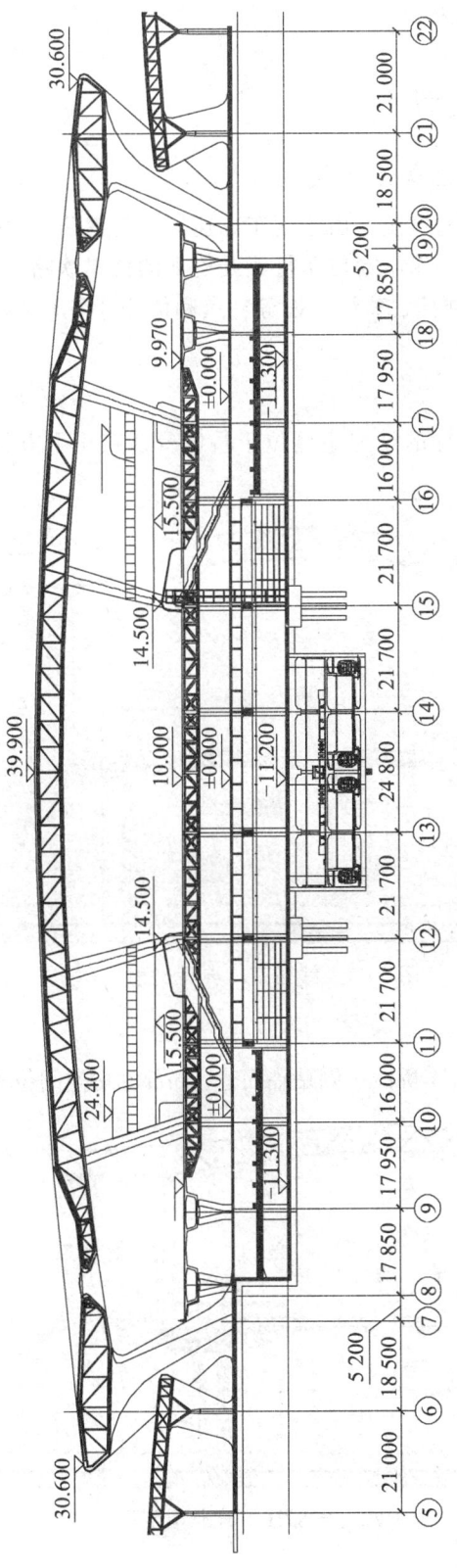

图 3-20 杭州东站结构顺轨向剖面示意（单位：高程为 m，其余为 mm）

3.3 高架车站设计

3.3.1 高架车站的类型

1. 依据站台与站房的位置关系分类

随着城际铁路、客运专线的建设，由于列车高速运行对铁路线路平顺度的要求，大量线路路基以桥代路，相应产生了到发站台位于桥梁结构上的桥式铁路客运站，高架车站具有体量简洁、功能紧凑、旅客流线便捷、节约用地等特点和优势。按车站站台与站房的位置关系，桥式车站主要有以下几种。

1）线正下式

这种形式的车站包含候车厅的站房主体位于桥体及线路正下方，其典型剖面如图 3-21 所示。

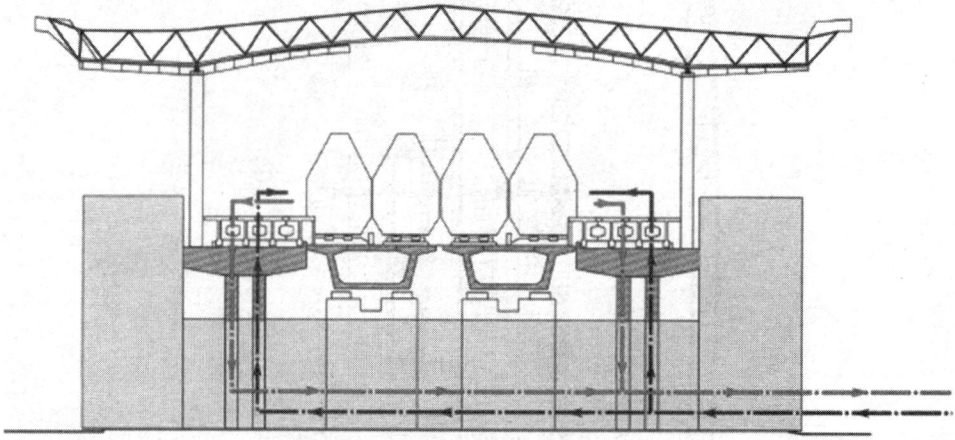

图 3-21 线正下式典型剖面

2）局部线下式

这种形式的车站站房主体位于桥体一侧贴临而建，局部站房空间位于桥下，如图 3-22 所示。

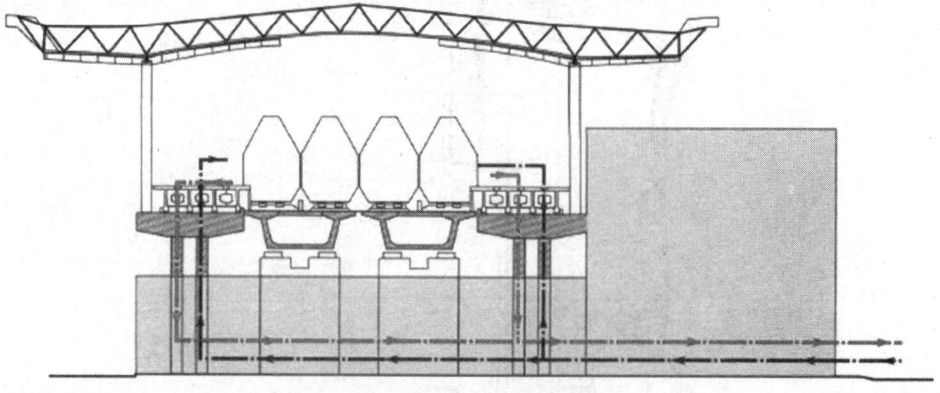

图 3-22 局部线下式典型剖面

3）线侧下式

这种形式的车站站房主体位于桥体一侧并分开较大距离，仅进出站通道布置于桥下，如图 3-23 所示。

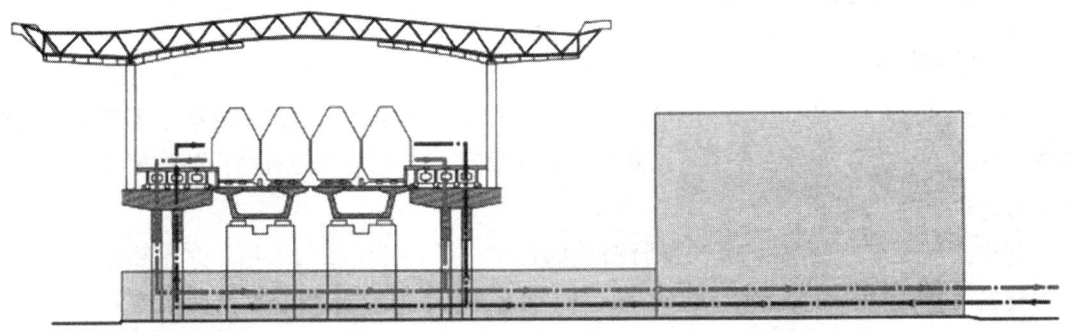

图 3-23　线侧下式典型剖面

4）线正上式

这种形式的车站站房主体位于桥体上方，桥下空间布置出站通道及停车场等辅助功能，一般应用于大型、特大型车站，北京南站、新武汉站等均为典型代表。

2. 依据站台与站房的力学关系分类

高铁车站依据站房与站台桥梁之间的力学传递关系，可分为桥-建合一和桥-建分离两种类型。

1）桥-建分离结构体系

"桥-建"分离的站房属于较为传统的高架车站结构体系，站台桥梁和站房结构在受力上不发生相互关联，仅从构造上保证车站客流能够从站房候车区达到站台桥梁上即可。前述线正下式、局部线下式、线侧下式、线正上式四种类型均可作为"桥-建"分离体系。这种结构体系由桥梁和房建两个专业各自独立完成结构设计，传力明确，站房与轨道互不影响，同时减少了各专业之间的相互冲突和衔接，降低各专业之间配合的难度。但是由于承轨结构与房建结构分开，桥梁的墩柱占了很大的空间，限制了站房柱网布置，使得各站房结构的跨度较大；站房结构与承轨结构的分离，造成站房的整体性较差，抗震能力较弱，适合于抗震设防烈度较低的地区。

2）桥-建合一结构体系

桥-建合一的高架车站结构体系是轨道桥梁和站房建筑两种结构类型相结合，在受力上连成一个有机的整体，是"轨道-站房"一体化布局的一种结构形式。车站中桥梁和站房结构共有基础，形成了整体空间结构体系，因此桥-建合一结构体系在设计中需将桥梁与站房结构受力体系结合考虑，结构设计、施工难度大；但是站房建筑的部分竖向承力构件与桥墩一并考虑，柱网布置灵活，节省了站房空间，为综合型枢纽地下空间的综合利用

（如与地铁的结合）提供了便利。当前，桥-建合一结构在大型综合性枢纽中使用较广，如上海虹桥站、新武汉站、北京南站等。桥-建合一结构体系基本均为线正上式布置。

3.3.2 桥-建合一结构体系

1. 体系特点

通常桥-建合一结构体系有两种类型：一种为车站上部站房建筑结构支撑于下部高速铁路桥梁的桥墩上，另一种为站台层（承轨层）的轨道梁支承于站房建筑结构的框架梁或框架柱上（有时也称为"建-桥"合一）。

新建武汉火车站横向由 10 座平行布置的桥梁组成，各桥之间采用站台梁连接，上部的站房建筑与下部的桥梁共同以铁路桥梁桥墩作为基础，铁路桥梁的桥墩同时为火车站站房的受力柱，站房建筑支撑固结于桥墩上，与梁体设置结构缝分开。京张高铁清河站主站房地下一至二层为钢筋混凝土结构，采用刚度大的桥墩作为地上一层的承轨结构，各桥墩之间完全独立，列车轨道梁通过支座在桥墩顶部连接，钢筋混凝土站台板结构支撑在桥墩盖梁上，高架候车厅钢管混凝土柱下插在桥墩柱上，结构从下到上形成"钢筋混凝土框架—承轨层桥墩—钢管混凝土柱钢框架—大跨度钢桁架屋盖"的桥-建合一的复杂高层结构，如图 3-24 所示。

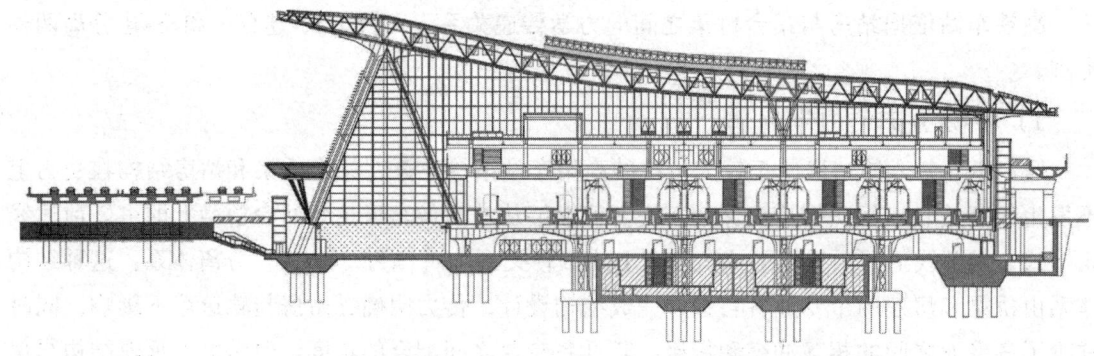

图 3-24　新建武汉火车站桥-建合一结构体系布置

兰州西站的轨道层高架桥梁为桥-建合一结构体系，站台轨道层结构采用现浇钢筋混凝土柱+预应力混凝土梁板的框架结构体系（正线处采用独立框架式桥梁结构，在两侧设置结构缝与到发线轨道层结构分开）。图 3-25 所示为桥-建合一结构体系图。轨道层结构平行于轨道线路方向长度为 66 m，柱网跨度分别为（11+10+24+10+11 m），两侧与站场挡墙相连接，该方向不设缝。垂直于轨道线路方向结构长度为 306 m，主要柱网尺寸为 10～11.5 m，在该方向端部处设缝与南、北站房分开，同时结合正线线路位置共设置 6 条平行于股道方向的变形缝，使两正线各自位于独立的结构单元内。

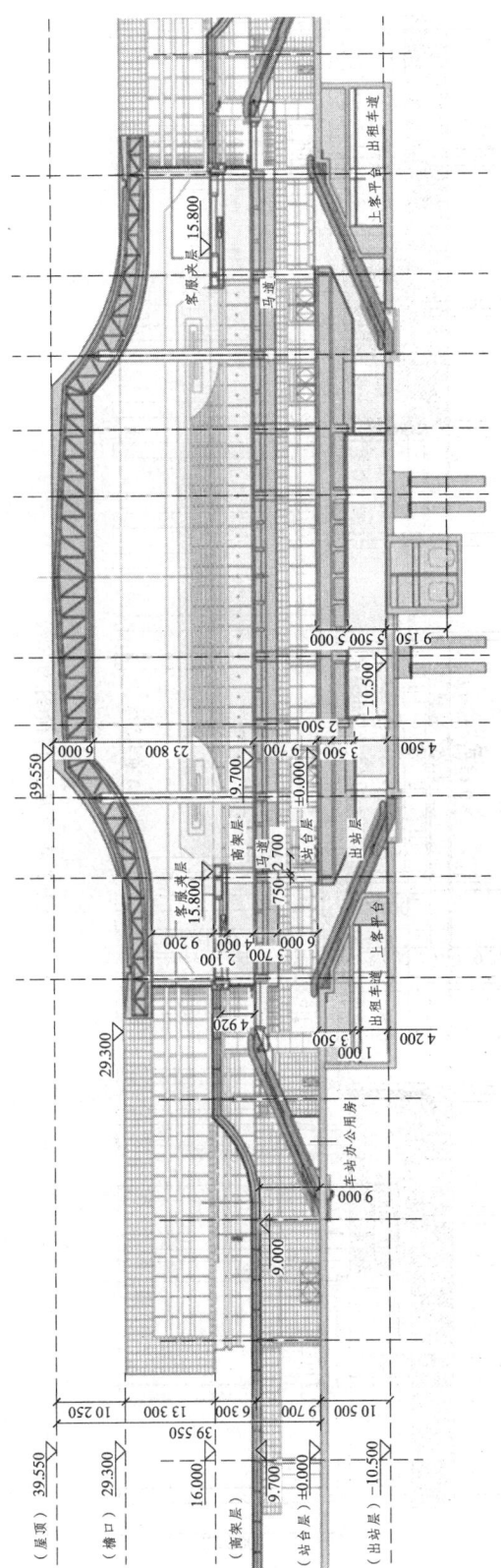

(a) 横剖面图

109

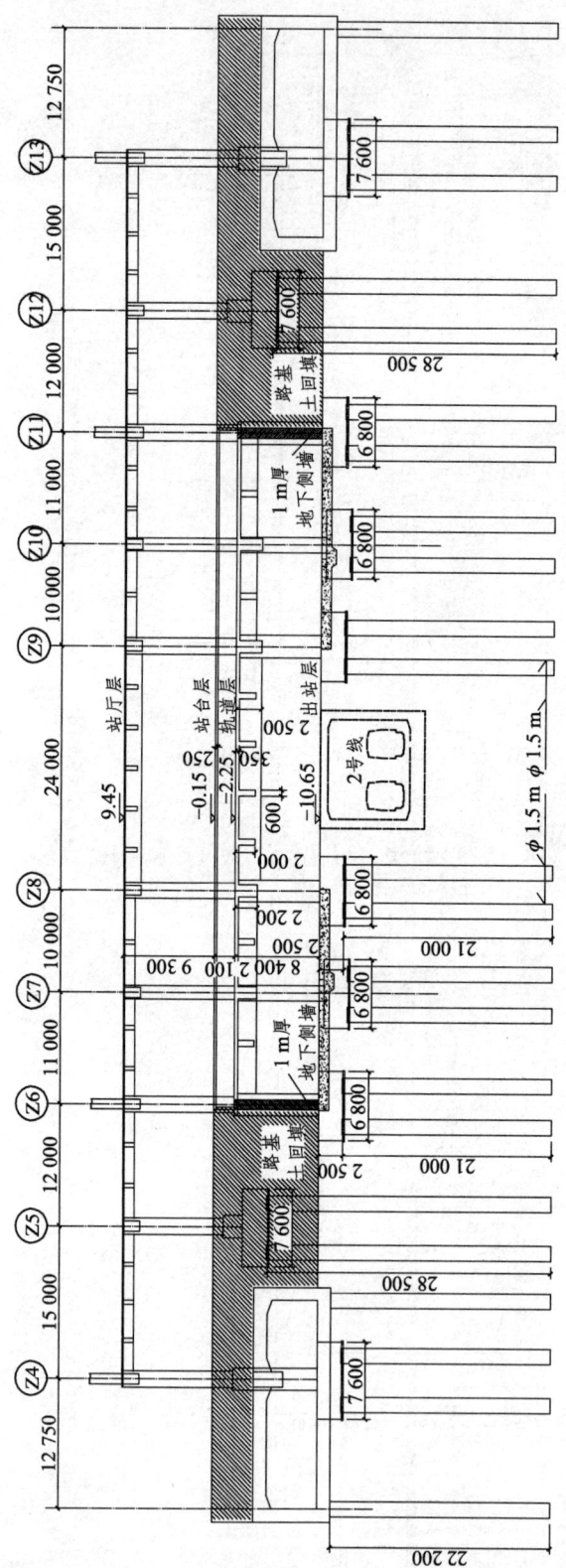

(b) 轨道层结构横剖面图

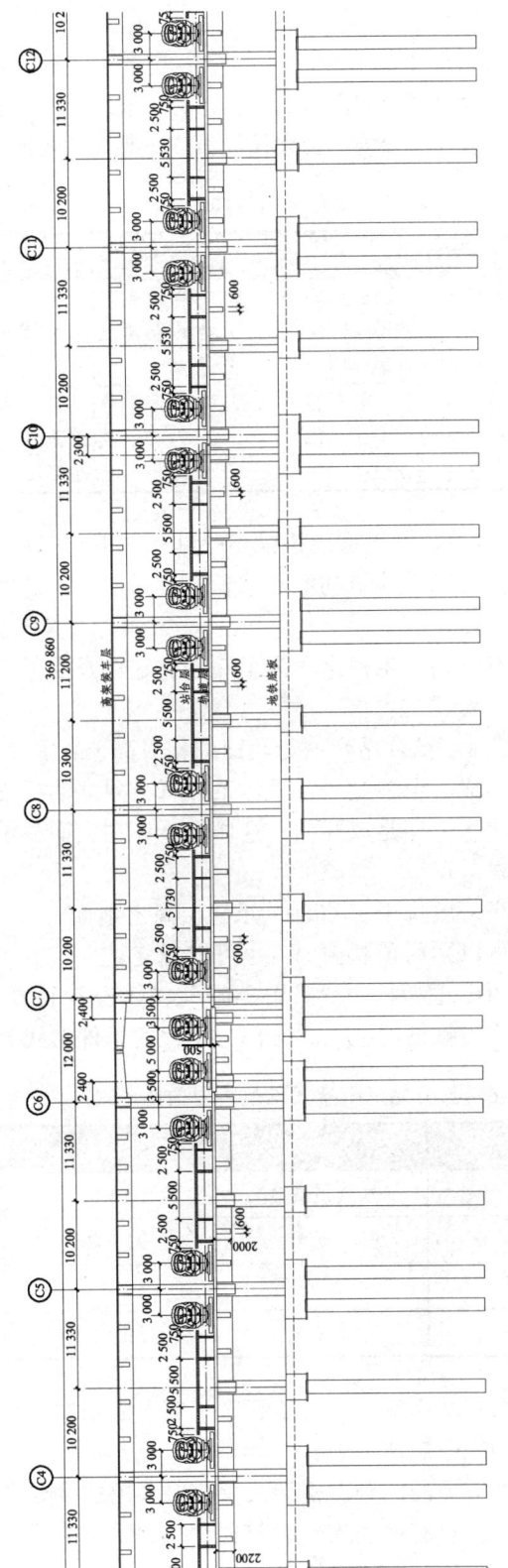

(c) 轨道层结构纵剖面示意

图 3-25 兰州西站桥-建合一结构体系（单位：高程为 m，其余为 mm）

2. 站台层结构体系分类

站台层需要直接承受列车运行产生的荷载,对有些桥-建合一结构,还需要承受雨棚结构的重量,是整个站房结构中荷载最为复杂的部分之一,它与一般房建结构有诸多不同。按照结构形式的区别,站台层的结构体系可以分为"桥梁式"和"框架式"两种,具体区别见表3-5。

表3-5 站台层结构体系

结构体系	主要特征	典型工程
桥梁式	先形成桥梁结构(梁、墩柱、基础),桥梁结构层作为承轨层成型以后,再以桥墩或梁为基础,在其上建立建筑结构,桥梁结构成为其上建筑结构的支承点	武汉站、广州南站
框架式	用建筑构件取代桥梁构件来直接承受列车动荷载作用,承轨层的轨道梁作为建筑结构的一部分,支承于建筑构件(框架梁、框架柱)上	南京南站、郑州东站、天津西站、北京南站、哈大客专沈阳站

与常规桥梁不同,桥梁式桥-建合一轨道层桥梁一般具有以下特征:

(1)主跨一般跨越地铁,同时结合建筑功能需求,一般采取较大跨度跨越,结构采用连续结构。

(2)桥墩及基础为上部所有结构的生根点,为了满足稳定性及受力要求,需采用较大尺寸。

(3)站台荷载直接落于桥梁上,结合站台面与轨面的相对高差,桥梁一般采用槽形截面。

(4)顺轨向的每一列桥墩形成一个独立的桥梁体系;每个独立的桥梁体系在横轨方向仅有站台结构连接,但这种连接在水平向是放开的,这样就不存在大面积承轨层的收缩变形和温度应力问题。

(5)换乘大厅和出站口标高一般位于±0.000,承轨层高出地面。

在这种结构形式中,桥梁可以采用预制构件,也可以现浇。

在框架式桥-建合一承轨层中,框架柱一般采用(圆形、矩形)钢管混凝土或钢骨混凝土。轨道梁采用钢骨混凝土梁或预应力钢筋混凝土梁,部分工程的构件形式见表3-6。

表3-6 部分站房框架式承轨层的构件形式

站房	柱	梁	顺轨跨度/m	横轨跨度/m
北京南站	钢管混凝土	加腋混凝土	13.5	20.6
天津西站	钢管混凝土	钢骨混凝土	21~24	21.5
郑州东站	钢骨混凝土	预应力混凝土	20~30	14.8~22
南京南站	钢骨混凝土	钢骨混凝土	21~24	10.75

为了减少正线列车运行对结构的影响,正线轨行区一般不采用框架结构而是采用传统的桥梁结构,且与框架式承轨结构完全脱离。

为了解决混凝土收缩及温度应力的问题,框架式承轨层采用的主要做法为设置永久缝,如天津西站将承轨层分为5部分;也有些利用正线与到发线的脱离关系自然将承轨层断为若干温度段。

"桥梁式"和"框架式"承轨层并无本质上的不同，都能较好地体现桥-建合一的建筑特点，在实际工程中可根据实际情况灵活选用。二者的区别主要表现在：

（1）"桥梁式"中主要利用桥梁结构跨越能力大的优势，因此跨度较大，比如武汉站达到36 m，而"框架式"的顺轨跨度一般在20 m左右。

（2）在有些情况下，上部高架层的支承柱与承轨层的支承柱在平面上并不完全对应，此时需要承轨层的水平构件承担上部高架层的支承柱。在这种情况下，具有较大水平构件的"梁桥式"更具优势。

3. 高架层结构的体系设计

高架层结构位于站台层之上，为了尽量增大旅客通道的宽度，高架层的支承结构一般不能布置在站台区，而只能布置在轨行区，且应尽量与承轨层支承柱的位置对应，所以其位置必然受制于铁路线路的布置。这种限制体现在两个方面：一是根据铁路线路的特点，在横轨方向，支承轨道梁的桥墩或框架柱的间距一般为21.5 m，顺轨向间距一般为21~36 m，这两个间距自然也是高架层柱网的基本尺寸；二是由于高架层的支承柱位于相邻两列火车之间，其横轨方向的宽度必然受限于列车运行时要求的最小净空距离，即存在"限界"问题。

在结构体系的选择上，由于轨道层需要视觉通透，并且有火车在其上行驶，因此横轨、顺轨方向均不可能设置剪力墙或支撑，框架-剪力墙、框架-中心支撑等结构形式对高架层均不合适。因此，框架结构体系是最为适宜的形式。对于这种大跨框架结构，柱采用钢管、型钢、钢骨混凝土、（圆形、矩形）钢管混凝土，梁为型钢、桁架或组合梁，板为组合楼板。

组合结构由于良好的受力特性，在高架层的竖向构件中得到了广泛的应用。水平构件可以采用 H 型钢梁、箱形钢梁或桁架；在某些情况下，采用钢-混凝土组合梁也能取得不错的效果。

由于平面尺寸巨大，高架层结构也存在划分温度区段的问题。目前，国内建成的大型站房一般将一个温度区段的尺寸控制在100 m左右，如武汉站的高架层划分为7个温度区段，每个区段为90 m左右。分缝的方法可以采用双柱（如天津西站），也可以采取温度缝一侧梁设置滑动支座的方式（如武汉站和郑州东站）。

4. 桥-建合一结构设计要点

桥-建合一客站结构是一种涉及建筑结构和桥梁结构的跨学科结构形式。因为荷载特点和结构形式的不同，桥梁结构规范、建筑结构规范对它的规定和指导不同。

1）结构布置

桥-建合一体系不是简单地将桥梁结构（或承轨层结构）与框架结构、大跨结构进行简单叠加。应该在充分研究和掌握桥梁结构（或承轨层结构）和大跨建筑结构基本特点的基础上，通过对不同结构方案的比选和论证，寻求满足实际工程需要的桥-建合一整体结构体系和结构形式，并对其进行优化设计（包括合理的柱网、结构布置、桥梁结构与房建结构的连接传力关系等）。

2）结构设计标准确定

桥-建合一结构既非单纯的桥梁结构也非单纯的建筑结构，其设计应综合考虑结构在列车运行及公共建筑两个角色上不同的使用功能、荷载效应、受力特点、控制标准、耐久性以及不同的结构安全可靠性的要求。以不降低桥-建合一结构的安全度（可靠度指标）为前提，对结构设计中的有关基本原则、结构形式、材料要求、荷载作用及组合、结构分析、振动影响及分析控制、构件及节点设计、不同设计极限状态的控制标准等进行分析和论证，制定符合个体要求的设计方法。

例如在杭州东站桥-建合一结构设计中，桥梁结构的设计基准期和设计使用年限均为100年，站房结构的设计使用年限为50年，耐久性则为100年，为了提高站房结构的设计使用年限，在站房结构设计中，从桥-建合一结构整体要求出发，依照《工程结构可靠性设计统一标准》（GB 50153）对部分荷载做了适当的调整，混凝土结构按耐久性为100年进行设计，通过控制构件应力和提高维护要求等措施提高钢结构的使用年限和耐久性。上海虹桥桥-建合一结构设计原则确定为建筑物结构整体建模计算分析，考虑各种特殊复杂的荷载作用和荷载组合工况，轨道附近受列车动载影响较大的构件采用铁路桥梁容许应力法进行设计，执行铁道系统的规范；其他构件和上部结构设计采用房屋建筑结构以概率理论为基础的极限状态设计法，执行房屋建筑系统的规范。

在桥-建合一结构的构件设计中，通常需根据结构传力路径和特点，选择合适的设计规范。对主要承受交通荷载（列车）的构件及结构采用铁路桥梁相关规范进行设计，对直接承受建筑荷载的构件及结构采用建筑结构相关设计规范进行设计。一般地，对桥梁式体系，建筑结构部分按照建筑荷载计算和设计，需先将建筑部分按照建筑规范的最不利荷载组合后传递至桥梁，与桥梁结构的荷载按照最不利组合后按照桥梁结构规范进行设计；对框架式体系，将桥梁部分按照桥梁规范的最不利组合后传递至建筑，与建筑结构的最不利组合再组合后按照建筑规范进行设计。对桥梁式体系，基础需要按桥梁规范设计；而框架式体系则应按照建筑规范进行设计。

3）结构分析计算

由于桥-建合一结构构造和传力的复杂性，应根据结构的实际受力特点，从基本的结构原理和计算力学角度出发，主要考虑以下内容：

（1）需根据结构整体设计原则选择适合桥-建合一结构的有限元计算分析程序及有关分析参数。应采用整体模型与局部模型相结合的方法，考察各构件在整体模型及局部模型下、不同荷载作用下反应的差异，重点需考虑承轨层结构与上部房建结构的相互作用问题。

（2）根据结构受力和体系特点，提出同时满足桥梁及房建规范要求的荷载取值及荷载组合方式。考虑到需涉及桥、建两类设计规范，一般不能简单地进行建筑和桥梁荷载的叠加式组合，应根据桥-建合一结构一体化的特点，进行适宜的荷载组合方式研究和优化，保证结构设计安全性和经济性的统一。

（3）高速列车的通过给桥-建合一结构带来的振动是影响客站运营舒适性、安全性和耐久性的主要因素。结构振动涉及列车速度、车辆重量、承轨层轨道的特性、承轨层的结构形式与跨度、桥梁支座类型、站房结构类型以及建筑的室内外空间和材料等诸多因素。需要根据"桥建"合一的特点，研究高速列车通过时引起的结构的振动、安全性和振动舒适性等结构特殊性能，给出定性与定量的研究成果。

新武汉站在设计中，由于车站建筑功能需求和公共空间综合利用的需求，武汉站采用桥建合一的组合体系，它不仅仅是建筑结构，同时也是桥梁结构，然而，《铁路桥涵设计规范》（TB 10002—2017）、《铁路桥涵混凝土结构设计规范》（TB 10092—2017）（以下简称为铁路桥涵设计规范）和《混凝土结构设计规范》（GB 50010—2010）（以下简称结构设计规范），采用的是两种完全不同的设计方法，因此必须要有一种综合的计算评判体系供桥梁结构和建筑结构共同遵守。结合武汉站桥-建合一体系的受力特点，站台层以上部分受力明确，屋顶雨棚主要承受风荷载，候车厅层主要承受人群、设备荷载，这部分的计算按照结构设计规范进行设计。但对于站台层，既要承受列车活载、站台上人群活载以及其他二期恒载，又要承受结构柱传下来的站房荷载以及候车厅层荷载，受力异常复杂，设计中需要把各种类型的荷载放到一种计算体系中去分析。铁路桥涵设计规范荷载取值均按照 1.0 的系数进行检算，而结构设计规范对各种类型荷载的取值系数均不一样，并按极限状态法进行检算。考虑到站台层主要承受铁路荷载，因此采用铁路桥涵设计规范，对+候车层结构柱荷载系数的取值沿用了铁路桥涵设计规范的做法，即采用房建结构柱力的标准值，按照 1.0 的系数和桥梁上其他相关荷载进行组合，再按照铁路桥涵设计规范进行相关检算。

通过桥-建合一结构整体计算模型的计算结果，得到站台层高层部位（+10.25 m）的各种房建结构柱的外力结果，将上述房建结构柱力的标准值按照 1.0 的系数和桥梁上其他相关荷载进行组合，再按照铁路桥涵设计规范对其进行检算。

高铁客站的消防设计

4.1 建筑防火设计

建筑防火，即建筑的防火措施。在建筑设计中应采取防火措施，以防火灾发生和减少火灾对生命财产的危害。建筑防火包括火灾前的预防和火灾时的措施两个方面：前者主要为确定耐火等级和耐火构造，控制可燃物数量及分隔易起火部位等；后者主要为进行防火分区，设置疏散设施及排烟、灭火设备等。

4.1.1 建筑防火的措施

1. 建筑耐火等级和材料选择

我国建筑按常用结构类型的耐火能力划分为四个耐火等级。建筑的耐火能力取决于构件的耐火极限和燃烧性能，在不同耐火等级中对二者分别作了规定。构件的耐火极限主要是指构件从受火的作用起，到被破坏（如失去支承能力等）为止的这段时间（按小时计）。构件的材料依燃烧性能的不同有燃烧体（如木材等）、难燃烧体（如沥青混凝土、刨花板）和非燃烧体（如砖、石、金属等）之分。

建筑物应根据其耐火等级来选定构件材料和构造方式。如一级耐火等级的承重墙、柱须选用耐火极限 3 h 的非燃烧体，梁须选用耐火极限 2 h 的非燃烧体，其钢筋保护层须厚 30 mm 以上。设计时须保证主体结构的耐火稳定性，以赢得足够的疏散时间，并使建筑物在火灾过后易于修复。隔墙和吊顶等应具有必要的耐火性能，内部装修和家具陈设应力求使用不燃或难燃材料，如采用经过防火处理的吊顶材料和地毯、窗帘等，以减少火灾发生和控制火势蔓延。

2. 防火间距

防火间距是指相邻两栋建筑物之间，保持适应火灾扑救、人员安全疏散和降低火灾时热辐射的必要间距。也就是指一幢建筑物起火，其相邻建筑物在热辐射的作用下，在一定时间内没有任何保护措施的情况下，也不会起火的最小安全距离。建筑防火间距一般为消防车能顺利通行的距离，一般为 7 m。

建筑耐火等级越低越易遭受火灾的蔓延，其防火间距应加大。一、二级耐火等级民用建筑物之间的防火间距不得小于 6 m，它们同三、四级耐火等级民用建筑物的防火距离分别为 7 m 和 9 m。高层建筑因火灾时疏散困难，云梯车需要较大工作半径，所以高层主体同一、二级耐火等级建筑物的防火距离不得小于 13 m，同三、四级耐火等级建筑物的防火距离不得小于 15 和 18 m。厂房内易燃物较多，防火间距应加大，如一、二级耐火等级厂房之间或它们和民用建筑物之间的防火距离不得小于 10 m，三、四级耐火等级厂房和其他建筑物的防火距离不得小于 12 m 和 14 m。生产或贮存易燃易爆物品的厂房或库房，应远离建筑物。

3. 防火分区

所谓防火分区，是指采用防火分隔措施划分出的、能在一定时间内防止火灾向同一建筑的其余部分蔓延的局部区域（空间单元）。在建筑物内采用划分防火分区这一措施，可以在建筑物一旦发生火灾时，有效地把火势控制在一定的范围内，减少火灾损失，同时可以为人员安全疏散、消防扑救提供有利条件。

防火分区按照防止火灾向防火分区以外扩大蔓延的功能可分为两类：其一是竖向防火分区，用以防止多层或高层建筑物层与层之间竖向发生火灾蔓延；其二是水平防火分区，用以防止火灾在水平方向扩大蔓延。

1）竖向防火分区

竖向防火分区是指用耐火性能较好的楼板及窗间墙（含窗下墙），在建筑物的垂直方向对每个楼层进行的防火分隔，如图 4-1（a）所示。

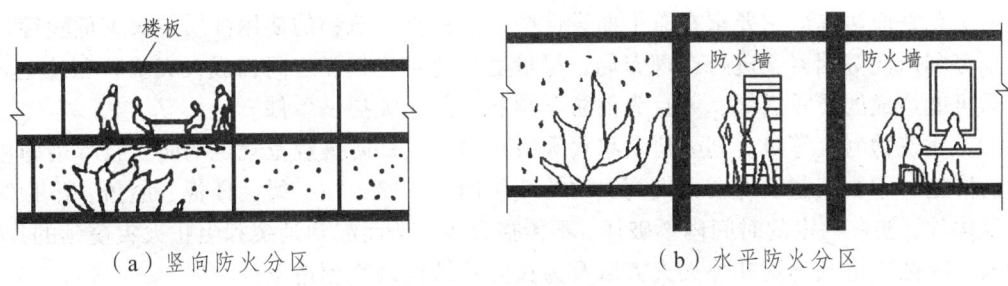

图 4-1 防火分区示意

2）水平防火分区

水平防火分区是指用防火墙或防火门、防火卷帘等防火分隔物将各楼层在水平方向分隔出的防火区域。它可以阻止火灾在楼层的水平方向蔓延。防火分区应用防火墙分隔。如确有困难时，可采用防火卷帘加冷却水幕或闭式喷水系统，或采用防火分隔水幕分隔，如图 4-1（b）所示。

从防火的角度看，防火分区划分得越小，越有利于保证建筑物的防火安全。但如果划分得过小，则势必会影响建筑物的使用功能，这样做显然是行不通的。防火分区面积大小的确定应考虑建筑物的使用性质、重要性、火灾危险性、建筑物高度、消防扑救能力以及火灾蔓延的速度等因素。

4. 安全疏散和通风排烟

为减少火灾伤亡，建筑设计要考虑安全疏散。公共建筑的安全出口一般不能少于两个，影剧院、体育馆等观众密集的场所，要经过计算设置更多的出口。楼层的安全出口为楼梯，开敞的楼梯间易导致烟火蔓延，妨碍疏散，封闭的楼梯间能阻挡烟气，利于疏散。防烟楼梯间因设有前室，更有利于疏散。高层建筑须设封闭的或防烟的楼梯间，楼梯间应布置有两个疏散方向。超高层建筑应增设暂时安全区或避难层，还可设屋顶直升机场，从空中疏散。疏散通路上应设紧急照明、疏散方向指示灯和安全出口灯。

建筑物火灾时产生大量浓烟，不仅妨碍疏散还会使人中毒甚至死亡。楼梯井、电梯井和管道井具有"烟囱效应"，起排烟作用，地下建筑的烟则很难排出。因此，高层或地下建筑的走道、楼梯间及消防电梯前室等，应按情况安排自然排烟或机械排烟设施。

5. 报警系统和灭火装置

一般建筑起火后约 10~15 min 开始蔓延，可通过电话等人工报警和使用消火栓灭火。在大型公共建筑、高层建筑、地下建筑以及起火危险性大的厂房、库房内，还应设置自动报警装置和自动灭火装置。前者的探测器有感温、感烟和感光等多种类型；后者主要为自动喷水设备，不宜用水灭火的部位可采用二氧化碳、干粉或卤代烷等自动灭火设备。设有自动报警装置和自动灭火装置的建筑应设消防控制中心，对报警、疏散、灭火、排烟及防火门窗、消防电梯、紧急照明等进行控制和指挥。

4.1.2 建筑防火设计的主要内容

（1）总平面防火。它要求在总平面设计中，应根据建筑物的使用性质、火灾危险性、地形、地势和风向等因素，进行合理布局，尽量避免建筑物相互之间构成火灾威胁和发生火灾爆炸后可能造成的严重后果，并且为消防车顺利扑救火灾提供条件。

（2）建筑物耐火等级。划分建筑耐火等级是建筑设计防火规范规定的防火技术措施中最基本的措施。它要求建筑物在火灾高温的持续作用下，墙、柱、梁、楼板、屋盖、吊顶等基本建筑构件，能在一定的时间内不破坏、不传播火灾，从而起到延缓和阻止火灾蔓延的作用，并为人员疏散、抢救物资和扑灭火灾以及为火灾后结构修复创造条件。

（3）防火分区和防火分隔。在建筑物中采用耐火性较好的分隔构件将建筑物空间分隔成若干区域，一旦某一区域起火，则会把火灾控制在这一局部区域之中，防止火灾扩大蔓延。

（4）防烟分区。对于某些建筑物，需用挡烟构件（挡烟梁、挡烟垂壁、隔墙）划分防烟分区，将烟气控制在一定范围内，以便用排烟设施将其排出，保证人员安全疏散和便于消防扑救工作顺利进行。

（5）室内装修防火。在防火设计中应根据建筑物性质、规模，对建筑物的不同装修部位，采用燃烧性能符合要求的装修材料。要求室内装修材料尽量做到不燃或难燃化，减少火灾的发生和降低蔓延速度。

（6）安全疏散。建筑物发生火灾时，为避免建筑物内人员由于火烧、烟熏中毒和房屋倒塌而遭到伤害，必须尽快撤离；室内的物资财富也要尽快抢救出去，以减少火灾损失。为此要求建筑物应有完善的安全疏散设施，为安全疏散创造良好的条件。

（7）工业建筑防爆。在一些工业建筑中，使用和产生的可燃气体、可燃蒸气、可燃粉尘等物质能够与空气形成爆炸危险性的混合物，遇到火源就能引起爆炸。这种爆炸能够在瞬间以机械功的形式释放出巨大的能量，使建筑物、生产设备遭到毁坏，造成人员伤亡。对于上述有爆炸危险的工业建筑，为了防止爆炸事故的发生，减少爆炸事故造成的损失，要从建筑平面与空间布置、建筑构造和建筑设施方面采取防火防爆措施。

4.1.3 高铁客站防火设计的难点

大型铁路站房通常具有综合性的功能，需要宽阔的、开放性的流动空间。其建筑空间大、各空间相互连通，客流量大，人员密度高，人流流线设计要求高，因而对消防设计提出了新的挑战。

1）防火、防烟分区划分问题

大型铁路站房建筑设计理念要求公共空间区域相互贯通，视线通透，流线通达，因而一般采用进出站、候车功能大空间设计，利用玻璃幕墙分隔部分功能区。若按防火规范要求划分防火分区，将大空间划分为小于 3 000 m² 的小空间将不便使用，而且将玻璃隔墙作为防火分隔往往难以达到防火墙的要求。个别防火分区与室外空间相贯通，防火分隔位置难以界定。划分相应防烟分区时，防烟分区面积将超出规范 500 m² 的划分标准。

2）安全疏散策略制定问题

作为现代化的高铁客站综合体，其功能空间大，人员疏散距离长度往往超过规范要求，疏散时间的控制缺乏依据。此外，站房宽阔开放的候车空间对于设置简明完善的疏散标志指示灯或是指示牌提出了较高要求。因而在火灾发生时，通常需要通过模拟分析，综合设计更为合理的消防应急疏散指示系统，从听觉、视觉等感观上引导人们避开烟雾，正确逃生。

3）大空间灭火设施设置问题

由于大型铁路站房的候车大厅、站台层等区域多为大空间设计，而现行的国家标准《自动喷水灭火系统设计规范》（GB 50084）对大空间场所（超过 12m 的非仓库类高大净空场所）的喷淋系统设置未作出明确规定。因此，需要通过系统的分析计算，科学合理地解决大空间灭火设施设置问题。

4.1.4 高铁客站防火设计的要点

1. 防火等级

1）站房结构

根据《铁路旅客车站建筑设计规范》（GB 50226），高铁客站的站房及地道、天桥的耐火等级均不应低于二级。车站站台雨棚的耐火等级不应低于二级。有站台柱雨棚采用钢结构时可采用无防火保护的金属构件。无站台柱雨棚采用钢结构时，距轨面 12 m 以上可采用无防火保护的金属构件。

2）其他建筑

（1）通信枢纽的各种通信机械室及消防控制室、调度中心（所）和车站的信号机械室与通信机械室、信息技术中心（含行车、调度、票务）的主机房、网络传输室、操作间、介质库及消防控制室、车辆安全防范预警系统机房和电气化铁路牵引供电远动系统控制站机房、区间通信、信号共用的中继站等房屋建筑，应采用耐火极限不低于 2.0 h 的隔墙和 1.5 h 的楼板与其他房间隔开，室门及与其他房间相连的门应采用乙级防火门。

（2）牵引变电所主控制室、互感器室、电容器室与变压器室、10 kV及以上变电所控制室、高压配电室等房屋建筑应采用耐火极限不低于2.0 h的隔墙和1.5 h的楼板与其他房间隔开，室门及与其他房间相连的门应采用甲级防火门。

（3）通信机械室、信号机机械室、信息技术中心机房、电气化铁路牵引供电远动系统控制站、车辆安全防范预警系统机房和10 kV及以上变、配电所、牵引变电所（分区所、开闭所、自耦变压器所）的电缆井应采用耐火极限不低于1.0 h的围护结构，设在房间的检查门应采用乙级防火门或防火卷帘。其他建筑内电缆井和井壁上设置的检查门的防火要求，应符合现行国家标准《建筑设计防火规范》（GB 50016）的有关规定。

2. 防火分区

铁路旅客车站的候车区及集散厅符合下列条件时，其每个防火分区最大允许建筑面积可扩大到10 000 m²：

（1）设置在首层、单层高架层，或有一半直接对外疏散出口且采用室内封闭楼梯间的二层。

（2）设有自动喷水灭火系统、排烟设施和火灾自动报警系统。

（3）内部装修设计符合现行国家标准《建筑内部装修设计防火规范》（GB 50222）的有关规定。

旅客车站内的集散厅、售票厅和候车区域不得设置娱乐场所。中型及以上车站可分散设置为旅客服务的无明火作业餐饮、商品零售点，但其建筑面积不应大于100 m²，并应采用耐火极限1.0 h的防火隔墙和屋顶，同时还应设置火灾自动报警、自动喷水灭火系统。

当候车区（室）位于旅客车站建筑顶层，且室内地面与集散厅地面高度不大于10 m时，其建筑高度虽大于24 m，其防火设计仍可按现行国家标准《建筑设计防火规范》（GB 50016）的规定执行。

综合型站房内非铁路用房应与旅客车站用房严格划分防火分区。

在无可燃材料装修情况下，最高聚集人数在4 000人及以上的大型站的进站广厅防火分区面积可适当放宽，但不宜大于4 000 m²；特大型站的进站广厅防火分区面积不得大于5 000 m²。

特大型、大型和中型站内的集散厅、候车区（室）、售票厅和办公区、设备区、行李与包裹库，应分别设置防火分区。集散厅、候车区（室）、售票厅不应与行李及包裹库上下组合布置。

3. 其他要求

旅客用安全疏散口及每跑楼梯净宽度，应根据人流计算，并不得小于1.6 m。旅客用安全疏散口通路净宽度不得小于3 m。

利用检票口作为安全疏散口，应符合现行的国家标准《建筑设计防火规范》（GB 50016）中关于安全疏散口的规定。

疏散安全出口、走道和楼梯的净宽度除应符合现行国家标准《建筑设计防火规范》（GB 50016）的有关规定外，站房楼梯的净宽度不得小于1.6 m，安全出口和走道净宽度不得小于3 m。

4.2 消防设施设计

4.2.1 建筑消防设施的分类

根据《消防法》第七十三条，消防设施是指火灾自动报警系统、自动灭火系统、消火栓系统、防烟排烟系统以及应急广播和应急照明、安全疏散设施等。

建筑消防设施归纳起来共有以下几类：

（1）建筑防火及安全疏散设施，包括防火门、防火卷帘、电动防火阀、应急照明、疏散指示标志等。

（2）消防给水设施，包括消防水池、水箱或增压设施、消防水泵及水泵控制柜、水泵接合器、室内消火栓、室外消火栓、消防卷盘、消火栓启泵按钮、消防水炮等。

（3）防烟、排烟设施，包括送风机、排烟机、排烟阀、排烟窗等。

（4）电气与通信系统，包括消防配电、自备发电机组、储油设施、消防电话、应急广播等。

（5）自动喷水灭火系统，包括水池、水箱和增压设施、消防水泵及水泵控制柜、报警阀组、控制信号阀、水流指示器、喷头、末端试水装置等。

（6）火灾自动报警系统，包括火灾报警探测器、手动报警按钮、警报装置、火灾报警控制器、CRT 图形显示器、火灾显示盘、消防联动控制设备等。

（7）气体灭火系统，包括灭火剂储存容器、驱动装置、紧急启动、停止装置，声光报警装置、选择阀、喷嘴、气体灭火控制盘等。

（8）低、高、中倍数泡沫灭火系统，包括水池、水泵、泡沫消防泵及泵控制柜、泡沫液储罐、比例混合器、泡沫发生器、泡沫喷头等。

（9）蒸汽灭火系统，有固定式和半固定式两种类型，主要包括蒸汽源、蒸汽管线、接口短管、控制阀门、蒸汽喷枪等。

（10）移动式灭火器材，包括手提式和推车式灭火器等。

（11）消防电梯，主要指电梯轿厢内消防电话、首层按钮控制、联动控制功能部分。

（12）其他灭火系统，如干粉灭火系统、卤代烷灭火系统等。

4.2.2 客站消防设施的设计要求

1. 消火栓布置

高铁客站站台消火栓的设置应符合国家现行标准《铁路工程设计防火规范》（TB 10063—2016）的规定。

（1）中型及以下旅客车站和其他中间站、越行站，应在基本站台两端设置消火栓，当管网压力及流量满足要求时，其中一座宜设于基本站台的信号楼附近。

（2）客货共线铁路大型旅客车站、客运专线铁路旅客车站（特大型站除外）基本站台应设置消火栓，其间距不宜大于 50 m，其他站台的两端应各设置一座消火栓，无基本站台的客运专线铁路旅客车站应选定一个站台，并应按基本站台的标准设置消火栓。

（3）特大型旅客车站各站台均应设置消火栓，消火栓间距不应大于 100 m。

（4）建筑面积大于 500m² 的地下包裹库，应设置自动喷水灭火器；建筑面积大于 300 m² 且独立设置的行李或包裹库，应设置室内消火栓。

2. 灭火设施

（1）特大型旅客车站，应设置消防水带（口径 65 mm、长度 25 m）8 条、水枪（口径 19 mm）4 支，消防器材箱设置在基本站台。

（2）大型旅客车站，应设置消防水带（口径 65 mm、长度 25 m）6 条、水枪（口径 19 mm）3 支，消防器材箱设置在基本站台。

（3）中型及以下旅客车站和其他中间站、越行站，应设置消防水带（口径 65 mm、长度 25 m）4 条、水枪（口径 19 mm）2 支，消防器材箱设置在基本站台。

3. 其他要求

特大型、大型站的贵宾候车室和综合机房、票据库、配电室，应设置火灾自动报警系统，并配套设置消防控制室。

客运专线铁路旅客车站和客货共线铁路中型及以上旅客车站客运服务系统设备机房，应设置气体灭火系统。

旅客车站站房的室内消防管网应设消防水泵接合器，其数量应根据室内消防用水量计算确定。

旅客车站消防安全标志和站房内采用的装修材料应分别符合现行国家标准《消防安全标志设置要求》（GB 15630）和《建筑内部装修设计防火规范》（GB 50222）的有关规定。

4.3 客站消防设计实例

4.3.1 南京站站房的消防设计

1. 工程概况

南京站站房工程由主站房和西配楼组成。主站房建筑面积为 36 503 m²，建筑屋顶檐口标高为 27.09~33.50 m，并与地铁工程有衔接，主要结构类型为钢筋混凝土框架+斜拉索轻钢屋盖结构，按一类高层建筑设计；西配楼建筑面积为 5 007 m²，地下 1 层、地面 4 层，地下层为水泵房、空调主机房和电力专业变电所设备用房，1 层为商场，2 层以上为食堂和办公用房，按 2 类高层建筑设计。

主站房地下 1 层，为地下出站厅和地下行包库；地上 3 层（局部 5 层），为行包库、售票厅、候车室及商业服务用房。其中 2 层广厅及 3 层候车室为高大空间范围，面积有 10 000 余平方米。整个主站房共分成 19 个防火分区，除 1 层软席候车室所在防火分区、2 层广厅及 3 层候车室共为一个防火分区外，其余每个防火分区不大于 2 000 m²；地下出站厅和地下行包库各划分为 2 个防火分区，西配楼地下为 2 个防火分区。地上根据楼层各自为 1 个防火分区。

2. 水系消防灭火系统

以水为灭火剂的消防灭火系统仍是各种类型建筑（除不能用水扑救的建筑或部位）消防设施的首选。本站房采用的水系消防灭火系统包括消火栓灭火系统、自动喷水灭火系统、消防水炮自动灭火系统和水喷雾自动灭火系统。

1) 消火栓系统

消火栓灭火系统是最常用的一种灭火系统。本工程室内消火栓设计流量为 30 L/s，水枪充实水柱不小于 10 m。室内消火栓的布置保证同层有两支水枪的充实水柱同时到达室内任何部位。1 层以下消火栓栓口压力大于 50 m 水柱，采用减压型消火栓，阀后压力为 0.30 MPa。屋顶设置 20 m^3 消防及生活合用水箱，其中储存消防水量 18 m^3。室内消火栓系统管路呈环状布置，发生火灾时，可由远距离消防按钮启动主泵，并设置有 2 套墙壁式消防水泵接合器。

2) 自动喷水灭火系统

自动喷水灭火系统是世界上公认最为有效的自救灭火设施。本工程采用湿式自动喷水灭火系统，主站房共设置有 4 组湿式报警阀，西配楼设有 1 组湿式报警阀。设计火灾危险级如下：行包库为仓库危险 I 级，作用面积内开放的喷头数为 12 只，喷头最低工作压力为 0.34 MPa。其他为中危险 I 级，喷水强度为 6 L/(min·m^2)，作用面积为 160 m^2，设计流量为 21 L/s。

根据使用场所的不同，整个自动喷水灭火系统采用两种类型的喷头。行包库及地下行包库的火灾蔓延迅速，不易扑救，因此采用了快速响应早期抑制（ES-FR）的大流量直立型喷头，其流量系数 K=200，动作温度为 74 °C（最高环境温度为 49 °C）；站房其他区域采用标准喷头。整个主站房自动喷水灭火系统设置消防水泵接合器 5 套，均采用墙壁式。

3) 消防水炮自动灭火系统

本工程主站房的 2 层广厅及 3 层普通候车室属高大空间、大体积建筑，其净空高度皆大于闭式自动喷水灭火系统设置的限高，普通的室内消火栓系统不能够保护高空间区域。针对此高大空间的特征，设计时采用了当前较先进的固定远程数控消防水炮自动灭火系统，其特点是：保护距离远、保护面积大、设置点少，便于建筑的整体美观和安装维修；与火灾探测器以及火灾安全监控系统配合使用，可以在火灾早期自动报警，并自动控制消防水炮扫描着火点，进行空间定位，自动定位灭火，做到"早发现早扑救"；在灭火过程中仅对火灾区域喷水灭火，减少对无火灾区域的影响。经专家论证会的论证和消防部门的审查，同意设计单位提出采用消防水炮自动灭火系统应用于主站房的高大空间区域。

在开放设计时，《固定消防炮灭火系统设计规范》（GB 50338—2003）还没有颁布，只有该设计规范的报批稿，设计方通过参考"报批稿"和了解消防炮的特点和工作性质，参考国内外已采用的工程，结合本工程的特点进行了设计。消防水炮自动灭火系统的设计流量为 40 L/s，水炮工作压力为 0.8 MPa，流量为 20 L/s，射程为 50 m，垂直旋转角度为 −85°~+60°，水平旋转角度为 ±90°。消防水炮系统管路呈环状布置，炮体设在站房大空间区域前后外墙上部，共设有 12 套，能保证两门水炮的水射流同时到达被保护区域的任一部位。系统设置有 3 套墙壁式消防水泵接合器。

站房所采用的固定远控消防水炮系统的主要组成部分为：水源、消防泵组、管道、阀门、数控消防水炮、水流指示器，以及控制部分的定位器、控制主机、解码器、控制盘等部件。其系统的工作方式有自动和手动两种。在自动工作方式下，控制主机接收到火灾报警系统的火警信号后，向解码器发出控制指令，驱动消防炮扫描着火点，确定火点后，调整消防炮的仰角指向着火点，并提醒值班人员确认；值班人员确认后，系统自动开启相应电动阀定点喷水灭火，或值班人员手动开启相应电动阀定点喷水灭火；前端水流指示器及水泵压力继电器的反馈信号均在控制室操作台上显示，警报结束后，自动（手动）关闭消防水泵及相应电动阀。在手动工作方式下，一种情况是值班人员在控制室通过监控系统发现着火点，操作控制盘控制消防炮对准着火点，启动消防水泵和消防电动阀喷水灭火；另一种情况是现场人员发现着火点，按下报警按钮，控制室接到报警信号，由值班人员操作消防炮对准着火点，启动消防水泵和消防电动阀喷水灭火。

4）水喷雾自动灭火系统

站房空调冷热源采用直燃机和热水锅炉，燃料为天然气。经过南京市公安消防局建筑工程消防设计的审核并结合本项目消防主审人的咨询意见，采用水喷雾自动灭火系统。水喷雾自动灭火系统的设计喷雾强度为 $9 L/(min·m^2)$，仅对热水锅炉和直燃机组外表面进行喷雾冷却保护；自控方式为燃气报警器和火灾信号同时动作后，启动喷雾系统；手动控制为消防控制中心远距离启动水喷雾系统；应急操作为现场打开手动开关使系统运行。水喷雾系统设计流量为 44 L/s，供水压力为 0.32 MPa；系统加压泵与行包库自喷系统合用。

3. 气体消防灭火系统

本工程按相关规范和工艺要求对铁路分局级的票务中心设置气体灭火装置。设置范围包括：售票机房、电源室、MDF 间（通信及网络机柜）、车站总控室、服务器机柜室等。

气体灭火系统的灭火剂选用了七氟丙烷（HFC-227ea），采用无管网自动灭火系统，不设专用气瓶间，可结合现场情况灵活安装。七氟丙烷是无色、无味的气体，具有清洁、低毒、电绝缘性好、灭火效率高的特点，特别是它不破坏大气臭氧层，是目前为止研究开发很成功的一种洁净气体灭火剂。作为一种新型灭火剂，它第一个获得美国 UL 检测认可，通过美国 FMRC 检测，符合美国 NFPA 2001 标准，率先被列入 ISO 14250 国际标准。目前七氟丙烷（HFC-227ea）自动灭火系统被世界上很多国家和地区广泛使用。

本工程采用的气体自动灭火系统具有自动、电气手动和应急手动启动等三种启动控制方式。

4. 干粉灭火器的配置

本工程统一采用灭火级别为 5A/7B 的手提式磷酸铵盐干粉灭火器（MF3），具体设置点数按该区域计算单元的危险等级和面积计算确定。

4.3.2 天津站的火灾报警系统（FAS）

1. FAS 系统的组网形式

火灾报警系统（FAS）作为枢纽的核心系统之一，与枢纽内的风、水、电及 BAS、SCADA 系统一起构成一个整体，为枢纽的安全运营提供严格保障。FAS 系统具有绝对的优先权。当发生火灾时，枢纽内的设备均执行该系统发出的运作命令，进入火灾工况，从而保证枢纽运营的安全性。

天津站交通枢纽的 FAS 系统实行两级管理、三级控制，在天津站后广场设枢纽火灾控制中心（主控级），在各二级节点（主广场及海河东路地道、副广场、35 kV 变电站等）设控制室（分控级）。

FAS 系统通信传输网络为独立的光纤环网，各分控级至主控级的通信光纤由通信专业提供。通信专业在交通枢纽两条通信光缆中为 FAS 系统分别提供独立光纤，组成双环拓扑结构的对等式环网，控制中心与各二级节点的 FAS 主机及工作站均为网络上的一个节点。另外，由于天津站交通枢纽设置的综合监控系统在控制中心和各二级节点间设有传输通道，各二级节点 FAS 系统可以通过工作站上传信息至各二级节点的综合监控系统，利用综合监控系统的传输通道组网。

2. FAS 系统的设备设置

天津站交通枢纽的 FAS 系统设备分为控制室设备和现场设备。

1) 控制室设备

控制室设置火灾报警控制器、消防专用电话总机等报警与控制设备。

2) 现场设备

现场设备设置包括烟感及温感探测器的设置、感温电缆的设置、手动报警器的设置、火警电话挂机及火警电话插孔的设置、声光报警器的设置、细水雾灭火系统的监控等六大部分。

（1）烟感及温感探测器的设置。在设备房（细水雾自动灭火用房除外）、办公用房、值班室、会议室、工具材料库房、公共通道等处设置烟感探测器；在出租车通道设置温感探测器；在细水雾保护房间设置烟感和温感两种探测器。

（2）感温电缆的设置。在变电所电缆夹层、电缆通道、站台板下等电缆密集区设置线型感温探测器（不可恢复型），对电缆进行保护；在电扶梯内缠绕感温电缆，对电扶梯进行保护。

（3）手动报警器的设置。每个防火分区应至少设置一个手动火灾报警按钮。从一个防火分区内的任何位置到最邻近的一个手动火灾报警按钮的距离不应大于 30 m。手动报警按钮宜设置在公共活动场所的出入口处。消火栓箱处均配置消火栓报警按钮，消火栓按钮直接启动消防泵。手动火灾报警按钮应设置在明显的和便于操作的部位。

当安装在墙上时，其底边距地面高度宜为 1.3~1.5 m，且应有明显的标志。

（4）火警电话挂机及火警电话插孔的设置。该工程设一套独立的消防专用电话网络，在枢纽综合控制室设一台消防电话总机，在大厅、走道等场所设置电话插孔（和手报按钮同设）；在消防泵房、变电所、低压配电室、大系统风机房等与消防联动控制有关的机房设置消防电话挂机。

（5）声光报警器的设置。该工程在设备房间通道、细水雾保护区外侧设置声光报警器。

（6）细水雾灭火系统的监控。根据细水雾保护区的设置位置，分区设置细水雾灭火控制器，负责对细水雾灭火系统进行监控。细水雾保护房间内均设有接线端子箱，通过控制电缆与细水雾灭火控制器相连接细水雾灭火保护区内设有警铃，屋外设有声光报警器，门外设有急启急停按钮和喷雾指示灯，细水雾保护区外墙设有压力开关和电动阀（由枢纽细水雾专业设置）。

3. FAS 系统联动控制

系统在确认火灾后，即发出火灾声光报警、火灾信息显示、火灾打印记录等，同时还将进入消防联动模式，即对消防设备进行监控。FAS 系统通过数据接口向综合监控的 BAS 系统发出预先设定的消防联动模式信号，命令 BAS 进入相应的灾害运行模式。在系统的优先级别的设置上，按有关规范的要求，FAS 系统发出的指令具有最高优先权。

1）切断非消防电源

该工程非消防负荷主要包括三级负荷用电设备，正常照明等设备。对于三级负荷设备，当发生火灾时，FAS 系统可以切断低压配电室全部三级负荷设备。对于正常照明系统，为了尽量减少停电面积，根据不同的防火分区，分回路切断各个配电室的正常照明回路。

2）专用防排烟风机

专用防排烟风机，FAS 系统对其进行控制，接收反馈信号，并在控制室内 IBP 盘上设置手动直接启动专用消防防排烟风机的联动启、停功能。对于双工况通风风机，FAS 系统与 BAS 系统通过软件实现联动控制。

3）应急照明监控

当发生火灾时，FAS 系统可根据火灾发生的部位，控制现场应急照明配电箱，强启应急照明系统，并接收反馈信号。

4）消防水系统

FAS 系统控制消火栓泵的启停，并接收其反馈信号，接收消火栓按钮的报警信号以及消防泵的运行状态。在控制室内 IBP 盘上设置直接控制消火栓泵的启、停功能。FAS 系统接收水喷淋系统水流指示器、信号阀、报警阀压力开关的报警信号，控制喷淋泵的启停并接收其反馈信号。在控制室内 IBP 盘上设置直接控制喷淋泵启、停功能。

5）防火卷帘门

FAS 系统通过现场模块对防火卷帘门进行控制。疏散通道上的防火卷帘门控制程序如下：感烟探测器动作后，防火卷帘下降至地面 1.8 m；感温探测器动作后，防火卷帘门下降到底，并接收反馈信号；用作防火分隔的防火卷帘门的控制程序为火灾探测器动作后，卷帘门下降到底，并接收其反馈信号。

6）细水雾自动灭火系统

应注意及时接收细水雾灭火系统的各种状态及细水雾喷放等信息，并控制细水雾灭火系统的启动。细水雾灭火系统保护房间的防火阀，由 BAS 负责关闭。

7）消防广播

该工程中的消防广播与公共广播（由枢纽通信专业设置）共用一套系统。当发生灾害时，FAS 系统向广播系统发出强制转换为消防广播的联动启动功能。

4. FAS 系统与相关专业接口

1）与电力专业接口

电力专业供给 FAS 系统电源，电源要求为两路独立的 220 V 交流电，电源末端自动切换，接口以双电源切换箱接线端子为界；切断非消防电源，以低压开关柜及配电箱接线端子为界。FAS 系统提供 DC24 V 直流控制电源，低压开关柜及配电箱向 FAS 系统提供无源干接点动作反馈信号；强启应急照明以应急照明配电箱接线端子为界。FAS 系统提供 DC24 V 直流控制电源，应急照明配电箱向 FAS 系统提供无源干接点动作反馈信号。EPS 漏电报警以控制箱接线端子为界，漏电报警回路应分回路向 FAS 系统提供无源干接点信号。

2) 与通信专业接口

天津站交通枢纽 FAS 系统网络为独立的光纤网络，连接主控级与各分控级的通信光纤由通信专业提供，接口在通信机械光纤配线架上，由 FAS 系统报警控制器到光纤配线架的光纤由 FAS 系统承包商负责。

3) 与 BAS 系统接口

该接口以枢纽综合控制室火灾报警控制器接线端子为界。FAS 火灾报警控制器提供 1 个 RS-485 接口，并提供接线端子排。

4) 与细水雾灭火系统接口

该接口以细水雾控制柜、电动阀与压力开关接线端子为界。FAS 系统提供 DC24 V 直流控制电源，细水雾系统各设备向 FAS 系统提供无源干接点动作反馈信号。

5) 与防火卷帘接口

该接口在防火卷帘控制箱的接线端子上。FAS 系统提供 DC24 V 直流控制电源，防火卷帘门控制箱向 FAS 系统提供无源干接点动作反馈信号。

6) 与防烟、排烟设备的接口

FAS 与专用防排烟风机的接口在电控柜（箱）接线端子上。FAS 系统提供 DC24 V 直流控制电源，防排烟风机控制箱向 FAS 系统提供无源干接点动作反馈信号。

7) 与水消防专业的接口

消防电动蝶阀：以电动蝶阀控制箱的接线端子为界。消防水泵：以水泵控制箱的接线端子为界。FAS 系统提供 DC24 V 直流控制电源，各种消防水泵及相关设备向 FAS 系统提供无源干接点动作反馈信号。

8) 与综合监控的接口

FAS 图文终端通过以太网交换器和综合监控接口连接。FAS 系统提供 1 个 RJ-45 通信接口。

9) 与智能疏散系统的接口

该接口以枢纽综合控制室火灾报警控制器接线端子为界。FAS 系统向智能疏散系统提供一个 RS-232 通信接口，智能疏散系统负责二次编程，并完成相应联动功能。

10) 与门禁系统的接口

该接口在枢纽控制室门禁系统主机的接线端子排下口，为硬线接口，FAS 系统提供 DC24 V 直流控制电源，门禁系统向 FAS 系统提供无源干接点动作反馈信号。

11) 与广播系统的接口

该接口在广播主机柜接线端子排下口，FAS 系统提供 DC24 V 直流控制电源。

12) 与电伴热系统的接口

该接口在电伴热控制箱接线端子排下口,电伴热系统应向FAS系统提供系统故障、失电故障报警的无源干接点信号。

13) 与IBP盘的接口

该接口在IBP盘接线端子排下口,IBP盘应能向FAS系统提供消火栓泵、喷淋泵、细水雾泵、水幕泵、各个专用防排烟风机的启动、停止及各种反馈信号,FAS系统负责电缆敷设及接线。

5. 防火分区火灾报警逻辑

如图4-2所示,当发生火灾时,相应防火分区的火灾探测器动作,并发出信息,专业人员收到信息后到火灾现场予以确认并按手动报警按钮。此时,模块箱采集到相应的信号,并传送到火灾报警控制器,火灾报警控制器经过运算分析,通过RS-485传指令给综合监控BAS系统的IBP盘(综合后备盘)的PLC,BAS系统根据着火区域启动相应的环控模式。

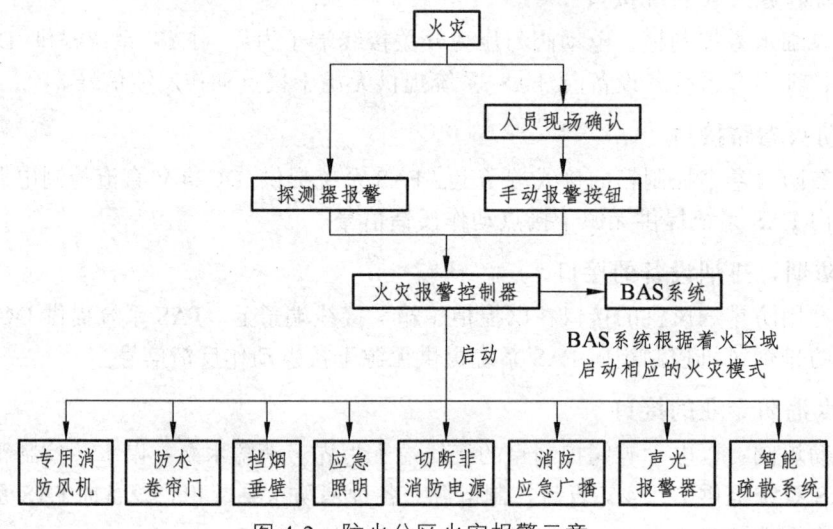

图4-2 防火分区火灾报警示意

4.3.3 兰州西站的消防设计

1. 建筑专业消防设计

1) 工程概况

新建宝鸡至兰州铁路客运专线兰州西站按特大型旅客车站设计,抗震设防烈度为8度。建筑结构安全等级为一级,设计基准期50年,结构设计耐久年限100年。建筑主体结构主要由预应力钢筋混凝土框架结构和钢结构屋盖组成。整体客运建筑主要分为高架候车进站层、地面站场层、地下出站层。高架层标高9.70 m,布置开敞式候车大厅、进站检票楼扶梯、旅客服务及办公、信号用房;地面站场层南北两侧站房均布置有进站广厅、基本站台、售票大厅、出站厅、贵宾厅以及部分设备办公用房;地下出站层标高-10.50 m,设置出站厅、城市通廊、出租及社会车辆接驳区,预留地铁售票接驳厅、设备办公用房等。

2）设计依据及标准

（1）设计依据。站房建筑专业消防设计主要依据《建筑设计防火规范》（GB 50016—2006）、《铁路工程设计防火规范》（TB 10063—2007）、《建筑内部装修设计防火规范》（GB 50229—95）（2001 修订版）等规范。

（2）耐火等级。根据《铁路工程设计防火规范》（TB 10063—2007）中第 6.1.3 条：当候车区（室）位于旅客车站建筑顶层，且室内地面与广厅地面高度不大于 10 m 时，其防火设计认可按现行国家标准《建筑设计防火规范》（GB 50016）的规定执行。兰州西站站房建筑高度虽大于 24 m，但主要候车区位于车站建筑顶层（地上二层），且室内地面（9.700 m）与集散厅地面（±0.000 m）高度差不大于 10 m，因而兰州西站站房建筑防火分区可参照《建筑设计防火规范》（GB 50016—2006）执行。站房地上建筑耐火等级为二级、地下为一级、两侧雨棚为二级。主体结构（墙、楼板、疏散楼梯、屋面承重构件）按一级耐火等级设计。

（3）防火间距。站房主体建筑与周边高层建筑距离大于 9 m，符合规范中高层裙房与一、二级耐火等级建筑间距的规定。

（4）消防车道。由于在南北广场的靠近建筑外墙范围和站内的南北两个基本站台都可满足消防车的通行，所以消防车道可在南北站房分别形成环路。同时，消防车也可以由高架车道直达南北站房的高架落客平台，实现扑救。

3）防火分区

本工程防火分区主要由三部分构成：

（1）出站层及夹层防火分区。出站层办公管理用房及设备用房按小于 1 000 m² 的要求划分防火分区，南北城市通廊和出站厅为一个防火分区。除该分区需进行消防性能化研究外，出站层北侧共 6 个分区，南侧共 4 个防火分区，出站层夹层南、北两侧各 2 个防火分区。

（2）站台层及夹层防火分区。除进站广厅及面向广厅的旅客卫生间计入高架层所在的防火分区外，站台层及夹层的办公管理用房及设备用房等按不超过 5 000 m² 的规范要求划分防火分区。站台层北侧分为 4 个防火分区，南侧分为 2 个防火分区；站台层夹层的管理、设备用房均为单独的防火分区。

（3）高夹层及夹层防火分区。高架层及夹层的所有管理用房、设备用房、旅客服务用房、候车厅及位于站台层的进站广厅合计为一个防火分区，该分区将进行消防性能化专题研究。

4）防火分隔

本工程的防火分隔包括：

（1）本工程防火隔墙采用 200 mm 厚加气混凝土砌块，耐火极限 4 h，相邻的防火分区在防火隔墙上联系处采用甲级防火门或 3 h 特种复合防火卷帘。

（2）封闭楼梯间设乙级防火门。

（3）消防水泵房、空调机房、消防控制室及变电所房间设甲级防火门。

（4）所有管道井的隔墙采用 100 mm 厚加气混凝土砌块墙，耐火等级不低于 1 h，管道井门为丙级防火门。

（5）玻璃幕墙在相邻的防火分区处设为防火玻璃。

（6）地下一层地铁的进站口和付费区用防火卷帘在地铁站厅层单独隔开。

5）安全疏散

（1）候车室的疏散。由于兰州西站的最高聚集人数为10 000人，包括城际的候车人数和长途的候车人数。具体疏散宽度的计算结果如表4-1。

表4-1 主要候车室疏散宽度计算

位置	建筑面积/m²	候车人数/人	疏散宽度/（0.65 m/百人）	实际疏散宽度/m	结论
高架候车室	50 434	10 000	65	128.8	符合

（2）地下出站厅的疏散。地下出站厅的宽度按每0.90 m每小时通行1 400人计（《城市道路交通规划设计规范》第5.3.2条），总宽度为20 m（两侧），每小时通行能力31 100人。地下通道宽每侧宽55.5 m，通过15个出站楼梯与室外站台连通，故希望在消防上建议视为室外。

（3）地下南北通廊的疏散。南北通廊位于两个地下出站厅之间，受位置的制约没有直通室外的安全出口，故在与出站厅相邻的幕墙上设置安全门作为紧急出口，在紧急情况下借用出站地道的楼梯疏散。

2. 火灾自动报警系统

1）主要设计原则

设置FA系统，实现对整个站房火灾自动监测与报警及消防设备的联动控制，及时排除灾害，组织指挥抢险救援工作。FA系统设计按同一时间内发生一次火灾考虑。兰州西站按一级保护对象设计。火灾自动报警系统与建筑设备监控系统（BAS）、信息系统设通信接口。

2）系统构成

本设计在地面一层设消防控制室，作为火灾报警系统的控制指挥中心。FA系统采用集中式火灾自动报警系统，由集中火灾报警控制器、区域报警控制器、消防联动控制设备、各种火灾探测设备、手动火灾报警按钮、各类模块、火灾应急广播、消防专用电话、电源系统、接地系统及连接电缆组成。

高架层配合消防水炮的消防方案采用图像型火灾探测器实现定位探测及灭火。视频烟雾探测系统主机设置在消防控制室。

3）设备设置原则

（1）高架层等高大空间。高架层配合消防水炮的消防方案采用图像型火灾探测器实现定位探测及灭火。图像型火灾探测器安装在高架层，采集现场的视频图像，通过视频电缆传输到图像型火灾探测系统主机上，由主机上的管理软件对现场视频图像进行分析、识别，如果图像中某一区域的灰度变化、闪烁频率、颜色和运动模式等参数符合火焰或烟雾的特有特征，则管理软件做出火警判别，并发出火警报警信号。

（2）站房内设置火灾探测器及手动火灾报警按钮的原则。在办公房屋、公共区域设置感烟探测器或感温探测器。在通信信号机房、变电所、电力配电室等重要设备房间设置有气体灭火系统时，气体灭火房间内设置感烟探测器与感温探测器、控制盘等设备，气体灭火控制盘通过标准接口与区域报警控制器互联。在设有气体灭火系统的设备室外门边设置放气指示灯、紧急启停按钮及声光报警器等。在常开防火门、防火卷帘的两侧设置感烟、感温探测器、声光报警器。在各防火分区至少设置1个手动火灾报警按钮。从一个防火分区内的任何位置到最邻近的一个手动火灾报警按钮的距离不应大于30 m。在楼道等公共场所设防灾广播扬声器，当发生火灾时进行报警、通报火情及组织人员疏散。

4）火灾自动报警及消防联动控制要求

（1）消防控制室的控制设备应控制消防设备的启、停，并应显示其工作状态；消防水泵、防烟和排烟风机的启、停，除自动控制外，还应能手动直接控制；显示火灾报警、故障报警部位；显示保护对象的重点部位、疏散通道及消防设备所在位置的平面图等；显示系统供电电源的工作状态。

（2）消防控制室在确认火灾后，能切断有关部位的非消防电源，并接通警报装置及火灾应急照明灯和疏散标志灯。消防控制室在确认火灾后，能控制电梯全部停于首层，并接收其反馈信号。

（3）消防控制设备对自动喷水和水喷雾灭火系统应控制系统的启、停，显示消防水泵的工作、故障状态，显示水流指示器、报警阀、安全信号阀的工作状态。

（4）消防控制设备对常开防火门的控制，符合下列要求：门任一侧的火灾探测器报警后，防火门应自动关闭；防火门关闭信号应送到消防控制室；消防控制设备对防火卷帘的控制到位。

（5）疏散通道上的防火卷帘、防烟卷帘，按下列程序自动控制：感烟探测器动作后，卷帘下降至距地（楼）面1.5 m；感温探测器动作后，卷帘下降到底。

（6）用作防火分隔的防火卷帘，火灾探测器动作后，卷帘下降到底。感烟、感温火灾探测器的报警信号及防火卷帘的关闭信号送至消防控制室。

（7）火灾报警后，消防控制设备对防烟、排烟设施有下列控制、显示功能：停止有关部位的空调送风，关闭电动防火阀，并接收其反馈信号；启动有关部位的防烟和排烟风机、排烟阀等，并接收其反馈信号；控制挡烟垂壁等防烟设施。

5）气消控制要求

在设置气体灭火装置的10 kV配电及控制室、票务机房、通信机械室、信息机房等处设气体消防火灾自动报警系统。消防控制室对气体灭火系统的控制和显示具有以下功能：

（1）显示系统的手动、自动工作状态。

（2）在报警、喷射各阶段，控制室有相应的声、光警报信号，并能手动切除声响信号。

（3）在延时阶段，自动关闭防火门、窗，停止通风空调系统，关闭有关部位防火阀。

（4）显示气体灭火系统防护区的报警、喷放及防火门（帘）、通风空调等设备的状态。

6）火灾应急广播、消防专用电话

本设计在设备区、走道设置单独的火灾应急广播，在公共区利用客服广播系统，仅在消防控制室设置火灾应急广播播音及控制装置。

本设计设置1套消防专用电话系统，采用共电式专用电话系统，由设置于消防控制室的消防电话总机、设置于现场的消防专用电话分机、电话插孔构成。在消防控制室设置外线电话用于"119"火灾报警。

7）导体选择及敷设方式

本设计的火灾自动报警系统的传输线路应采用穿金属管、封闭式钢槽保护方式敷设。在站房各区域吊顶或底板下设置主槽道，各类探测器、模块等现场设备均以支路钢管敷设；FAS 与 BAS 信息系统采用共用弱电的电缆竖井方式；消防控制室在防静电活动地板下设置钢槽，敷设系统缆线。

3. 室内消防系统

1）站房消防设施设置概况

站房主要部位消防设施设置见表 4-2。

表 4-2 主要部位消防设施设置一览

序号	设置部位		净高	消防设施
1	地下出站层	出站厅（非采暖部位）	约 5.5 m	消火栓系统、干式自动喷水灭火系统、灭火器配置
2		南北城市通廊（非采暖部位）	约 5.5 m	消火栓系统、干式自动喷水灭火系统、灭火器配置
3		水泵房、暖通主机房、售票厅等		消火栓系统、湿式自动喷水灭火系统、灭火器配置
4		行包房		消火栓系统、湿式自动喷水灭火系统、灭火器配置
5		变电所		灭火器配置
6		柴油发电机房		水喷雾灭火系统、灭火器配置
7	站台层	通信、信号、信息、电力等电气用房		七氟丙烷柜式气体灭火系统、灭火器配置
8		办公用房、贵宾候车厅、售票厅等		消火栓系统、湿式自动喷水灭火系统、灭火器配置
9	高架层	高架层	约 15～25 m	消火栓系统、消防炮灭火系统、灭火器配置
10		高架层上夹层	约 9 m	消火栓系统、消防炮灭火系统、湿式自动喷水灭火系统、灭火器配置
11		旅客服务房、办公、设备用房		消火栓系统、湿式自动喷水灭火系统、灭火器配置
12	行包通道			消火栓系统、灭火器配置
13	落客平台			室外型消火栓

2）水消防系统

水源取自兰州西站供水系统。从基本站台列车上水环管上引出一根 DN150 进户管，为消防水池补水。本站站内水消防系统均由该消防水池供水。本工程属特大型旅客车站，按多层建筑进行消防给水系统设计。消防用水量见表 4-3。

表 4-3 消防用水量一览

序号	系统名称	用水量标准/(L/s)	持续喷水时间/h	一次灭火用水量/m³	备注
1	站房消火栓	20	2	144	消防水池供水（有效容积 526 m³）
2	行包房消火栓	20	3	216	
3	落客平台消火栓	20	2	144	
4	行包房水喷淋	43	2	310	
5	出站厅、南北城市通廊水喷淋（干式系统，格栅吊顶）	35	1	126	
6	其余部位水喷淋（格栅吊顶）	27	1	97	
7	柴油发电机组水喷雾	21	0.5	38	
8	消防炮	40	1	144	
9	合计	按同时启用消防设施累计		526（216+310）	

3）站房消火栓给水系统

(1) 主要设计参数。设计流量 20 L/s，竖管最小流量 15 L/s，每支水枪最小流量 5 L/s，4 只水枪同时出水。最不利点水枪充实水柱不小于 13 m。行包房消火栓持续喷水时间 3 h，其余部位 2 h。

(2) 系统。采用临时高压制。由消防水池、水泵、屋顶水箱联合供水，屋顶水箱设于高架层高架夹层上方消防水箱间内。消火栓按同层任何部位有两股充实水柱可同时到达的原则布置。栓口处动水压大于 50 m 时设置减压稳压型消火栓。管道呈环状布置，环管管径 DN150，尽可能敷设在有采暖房间吊顶内。

(3) 主要设备选型。消火栓箱选用薄型组合式消火栓箱，内设 DN65 消火栓一个、$\phi 19$ 水枪一支、25 m 长 DN65 消防水龙带一条、消防卷盘一个、消防紧急按钮及指示灯各一个、灭火器两具。消防水箱间内设置一只试验消火栓。站房室外设两套地下式消防水泵接合器，单只流量为 15 L/s。地下一层水泵房内设置有效容积为 526 m³ 的消防水池一座，分为可独立使用的两格，为钢筋混凝土制品。地下一层水泵房内设置 XBD8/30-125G/4 型消防主泵两台（Q=20 L/s，H=80 m，P=30 kW，一用一备）。高架层高架夹层上方水箱间内设有效容积为 18 m³ 的不锈钢消防水箱一座，为消火栓系统提供初期灭火用水。

(4) 控制及信号。火灾时启动消火栓箱内消防紧急按钮，信号传送至消防控制中心（显示火灾位置）及泵房内消火栓泵控制箱，启动消火栓泵，并反馈信号至消防控制中心及消火栓箱（指示灯亮），消火栓泵还可在消防控制中心遥控启动和在水泵房手动启动。

(5) 落客平台消火栓给水系统。设计流量 20 L/s，最不利点水枪充实水柱不小于 10 m，持续喷水时间 2 h，落客平台设置室外型消火栓，布设间距不大于 100 m，由兰州西站供水系统供水。

4）自动喷水灭火系统

(1) 设置部位。站房室内除气体消防保护的房间、小于 5 m² 的卫生间、不宜用水扑救的房间和净空高度大于 12 m 的场所以外,其余各处均按照全保护的原则设置喷头。钢屋架已经防火涂料处理,不再设喷头保护。防火卷帘选用特甲级,不再设喷头保护。净空高度大于 800 mm 的闷顶和技术夹层内有可燃物时,需设置喷头。地下出站厅、南北城市通廊等非采暖部位设置干式自喷系统。柴油发电机组设水喷雾喷头保护。

(2)主要设计参数。主要参数见表 4-4 所示。

表 4-4 主要设计参数一览

序号	系统名称	危险等级	喷水强度 /[L/(min·m²)]	作用面积 /m²	设计流量 /(L/s)	最不利点工作压力 /MPa	持续喷水时间 /h
1	行包房	仓库危险级Ⅱ级	10	200	43	0.05	2
2	地下出站厅、南北城市通廊	中危险级Ⅰ级(干式系统,格栅吊顶)	6	208	35	0.05	1
3	水泵房等净高 8~12 m 的场所	非仓库类高大净空场所	6	260	34	0.05	1
4	其余设置部位	中危险级Ⅰ级(格栅吊顶)	6	160	27	0.05	1
5	柴油发电机组	液体火灾	20	50	21	0.35	0.5

(3)系统。自动喷水灭火系统由消防水池、水泵、屋顶水箱联合供水,并设局部增压设施一套,以维持最不利喷头所需压力。设大流量低扬程(系统一)及小流量高扬程(系统二)两套系统,管道均呈枝环状结合布置。

(4)主要设备选型。依据明显而易于操作、便于检修、尽量靠近保护区域的布置原则,将报警阀组分散设置。每个报警阀控制喷头数湿式系统不大于 800 个,干式系统不大于 500 个。水流指示器和信号阀按每个防火分区设置。所有控制信号均传至消防中心。无吊顶的设备用房及吊顶内喷头采用直立型,其余各处采用隐蔽型或下垂型。干式系统采用直立型或干式下垂型喷头。喷头均采用玻璃球喷头,喷头动作温度为 68 ℃。喷淋管网设泄水阀并在管网末端设试验排水阀和专用排水立管。站房室外设 5 套地下式消防水泵接合器,其中 3 套供系统一使用,2 套供系统二使用。单只流量为 15 L/s。地下一层设水泵房内设 XBD8/40-150D/3 型系统一喷淋泵两台(Q=35~40~45 L/s,H=60 m,P=37 kW,一用一备)及 XBD10/30-125D/5 型系统二喷淋泵两台(Q=30 L/s,H=100 m,P=45 kW,一用一备),与站房消火栓系统合用 526 m³ 消防水池。设局部增压设施一套,包括 XBD1.6/1.1-LDW4/2 型稳压泵 2 台(Q=1 L/s,H=16 m,P=0.75 kW),气压罐 800×1 650(V=150L)1 只。以维持最不利喷头所需最低工作压力和喷水强度。

(5)控制及信号。发生火灾时喷头动作,由报警阀压力开关、水流指示器将火灾信号传至消防控制中心(显示火灾位置)及泵房内自喷加压泵控制箱,启动自喷加压泵,并反馈信号至消防控制中心。自喷加压泵也可在消防控制中心遥控启动和在水泵房内手动启动。本设计报警阀前后及水流指示器前所设置的阀门均为信号阀,阀门的开启状态传递至消防控制中心。

5）消防水炮

（1）设置部位。高架层上方设置固定消防炮（带雾化装置）灭火系统，保护区域为高架。

（2）主要设计参数。设计用水量为 40 L/s，每门炮流量为 20 L/s；射程 50 m，最不利点出口水压为 0.80 MPa。

（3）系统。采用稳高压制，由消防水池、消防主泵、消防稳压泵、稳压罐联合供水。管道呈环状布置，按防护区内任何部位均有两门消防炮水射流可同时到达的原则布置消防炮。DN200 环管沿站房大屋面吊顶内敷设。

（4）主要设备选型。水泵房内设有 XBD14/40-150D/7 型消防炮主泵二台（Q=40 L/s，H=140 m，P=90 kW，一用一备）、XBD15/50-65G'/7 型稳压泵二台（Q=5 L/s，H=150 m，P=18.5 kW，一用一备）、600 L 稳压罐一只。与站房消火栓系统合用 526 m^3 消防水池。

（5）控制及信号。当智能型红外探测组件采集到火灾信号后，启动水炮传动装置进行扫描，完成火源定位后，打开电动阀，信号同时传至消防控制中心（显示火灾位置）及水泵房，启动消防炮加压泵，并反馈信号至消防控制中心。消防炮加压泵还可在消防控制中心遥控启动。

6）气体灭火系统

（1）站房内信息机房、10 kV 变电所的配电及控制室（两处）、通信电源室、票务机房设置柜式全淹没七氟丙烷气体灭火系统。

（2）控制方式。防护区内的烟感、温感同时报警，经消防控制器确认火情后，声光报警和延时，控制系统发出启动电信号，送给对应的无管网装置，喷洒七氟丙烷气体灭火。在防护区外设有紧急启停按钮供紧急时使用。当自动启动、手动启动均失效时，可打开柜门实施机械应急操作启动灭火系统。

7）建筑灭火器配置

(1) 建筑灭火器尽量设置在组合式消防柜内，每处不少于 2 具。

(2) 旅客候车室、行李房按严重危险级 A 类火灾设计，最大保护距离 15 m。

(3) "四电用房"按中危险级 E 类（带电类）火灾设计，最大保护距离 20 m。

(4) 柴油发电机房按中危险级 B、E 类火灾设计，最大保护距离 12 m。

(5) 其余部位按中危险级 A 类火灾设计，最大保护距离 20 m。

(6) 各部位均设置手提式磷酸铵盐干粉灭火器。

高铁客站的设备设计

5.1 给水和排水设计

5.1.1 给排水设计的要求

随着我国高速铁路客运建设的突飞猛进，一座座集铁路、地铁、城市道路交通换乘功能于一体的现代化大型高铁站房不断涌现。给水排水设计作为站房机电设计中不可缺少的一环，也随着各地区、各类型站房的设计不断累积经验，不断充实发展。

随着社会经济的发展、生活水平的提高，人们的生活观念已发生了很大的变化。站房给排水系统设计也由原来的以满足使用为要求，逐步提高为安全性、功能性、舒适性、集约性等多方面并重为要求。

（1）安全性就是要保证给水水质，并进行防水质污染的设计，管道布置要求确保不会因漏水等问题导致安全事故或其他严重后果。

（2）功能性即系统要满足使用要求，供水可靠，排水通畅。

（3）舒适性是要使旅客在给排水系统的使用中不会产生厌恶感，如卫生间内空气洁净无异味，卫生洁具使用方便，洗手盆出水有合适水压与水温，管道排水减少噪声产生等。

（4）集约性是要做到节能、节水、节材，如加强中水和雨水的利用，使用节水型卫生器具，选用高效节能的水泵等，使站房设计满足低碳经济和绿色建筑的要求。

给排水设计的另一重要方面是对消防设备的设计。铁路站房为人员密集型场所，且多为面积大、高度高的高大空间场所，且其内不仅有供站房使用的相关配套系统，还有与行车安全相关的通信、信号设备，用电设备众多且分散布置，配电系统复杂，防火要求高，其消防设计关系重大。

水是天然灭火剂，资源丰富，易于获取和储存，其自身和在灭火过程中对生态环境没有危害作用，因此以水为灭火剂的消防灭火系统仍是铁路站房消防设施的首选。在站房的水灭火系统设计中，要根据站房不同使用功能和危险等级的场所，选择最合适的系统与设计参数。对人员密集的旅客候车厅、集散厅、商业服务场所和设备设施复杂的行包库、设备房间等区别对待，并注意消防系统设计中的细节问题，确保消防系统既要保障安全可靠，又要经济节约。

站房给排水设计应以站房的使用功能为中心，要有全局视野，不能局限在本专业内部。设计中不仅要满足本专业的系统要求，还应尽量减少对建筑的影响，如立管应布置在不影响美观的管井内、墙角边、柱边,消防水箱的设置不影响结构安全等。

5.1.2 规范要求

根据《铁路旅客车站建筑设计规范》(GB 50226),站房给水和排水设计应符合以下要求:

(1)旅客车站应设室内给水、排水系统。严寒地区的特大型、大型站内的盥洗间宜设热水供应设备。

(2)旅客生活用水定额及小时变化系数应符合表 5-1 的规定。

表 5-1 旅客生活用水定额及小时变化系数

建筑性质	生活用水定额(最高日)/[L/(d·人)]	小时变化系数
客货共线	15~20	3.0~2.0
客运专线	3~4	3.0~2.5

注:旅客计算人数和用水量计算应符合国家现行标准《铁路给水排水设计规范》(TB 10010)的有关规定。

(3)客货共线铁路旅客车站内宜按 1~2 L/(d·人)设置饮水供应设备,客运专线铁路旅客车站内宜按 0.2~0.4 L/(d·人)设置饮水供应设备。饮水供应时间内的小时变化系数宜取为 1。

(4)站房内公共场所的生活污水排水管径应比计算管径加大一级。

5.1.3 给排水系统设计

铁路车站给排水系统包括:给水系统、排水系统及中水系统。

1. 给水系统

1)站房用水量

站房用水量主要由站房旅客生活用水、工作人员办公用水、商业用水(含餐饮)、循环冷却系统补水、消防用水及未预见水量等组成。其中站房旅客生活用水按《铁路给水排水设计规范》(TB 10010—2008)中的方法计算。

2)水 源

铁路站房水源应安全、经济、方便。随着我国社会经济的不断发展及综合国力的持续加强,全国城镇自来水普及率不断提高,应优先采用城镇自来水为铁路车站供水。

如车站设列车上水系统,则站房生活生产用水系统可与列车上水系统合用,这样不但可以减少站房内生活水池及水泵的设置,并且可以减小市政引入管的长度,并降低系统的复杂性。

如车站无列车上水系统,则车站生产、生活系统应充分利用市政管网压力直接供水,在市政压力不能供给的部位,可选用变频调速供水。有条件的地区,水泵尽量从市政管网直接抽水(叠压供水)。

3)系统设计

站房生产、生活给水系统应与水消防系统各自独立设置,管道布置应依次满足安全卫生、简单可靠、检修方便、整齐美观等要求。系统分区应合理，并适当设置支管减压阀，以达到节能节水的目的。

4）热水与饮水

热水系统设计时考虑到旅客车站面积较大，热水用水点水量较小且分散，如采用集中热水供应系统，供回水管路会很长且经济上不合理。因此，通常在贵宾候车室、软席候车室、母婴候车室、老弱病残候车室等的卫生间分散设置电热水器的方式供应热水。

基于与热水系统相同的原因，饮用水系统也宜采用分散设置的方式，在候车室各饮水间设置过滤加热一体式电加热直饮水设备来供应热水。

2. 排水系统

1）污、废水系统

铁路站房污、废水系统的选择应根据排水性质、污染程度、排水位置等因素结合室外排水体质和有利于综合利用与处理要求确定。

站房室内污、废水系统通常采用合流制，但厨房餐饮油污水、水温超过 40 ℃ 的排水、用作中水原水的排水等需单独排出。站房内排水应尽可能采用重力排除，当无条件重力排水时，可采用压力排放。排水管道布置应距离短、转弯少、不穿越漏水会影响使用的场所上方。

排水系统设计的成败，很大程度上取决于通气系统的设置。由于铁路站房面积较大，部分位置的排水横管长度较长，如何设计好通气系统显得尤为重要。通气系统设计时应根据站房具体情况选用升顶通气、侧墙通气、环形通气等多种形式并相互结合。

需要注意的是根据《铁路旅客车站建筑设计规范》（GB 50226—2007，2011 年版）第 8.1.4 条的规定：站房内公共场所的生活污水排水管径应比计算管径加大一级。

2）雨水系统

铁路站房屋面雨水排水系统常用的有两种：半有压屋面雨水系统（87 型雨水斗）和压力流屋面雨水系统（虹吸）。面积较小的站房屋面宜采用 87 型雨水斗系统；而大型、特大型站房的屋面面积较大，且屋面下的候车厅雨水立管布置受限，因此宜采用虹吸雨水系统。

在溢流设施的设置上，87 型雨水斗系统宜设溢流口，其作用是预防雨水斗或管道堵塞时可紧急排水，非必要。而虹吸雨水系统应设置溢流设施，且应设置在溢流时雨水能通畅到达的场所。大型站房屋面一般采用金属屋面、水平金属长天沟且沟檐溢水会进入室内时，宜将溢流口设在天沟两端。如果屋面及天沟形式限制无法设置溢流口时，应采用溢流管道系统。

3. 中水系统

《建筑中水设计规范》（GB 50336—2002）总则中明确指出，缺水城市和缺水地区适合建设中水设施的工程项目，应按照当地有关规定配套建设中水设施。中水设施必须与主体工程同时设计，同时施工，同时使用。在铁路站房设计时，如站房位于缺水城市或地区，应按照当地要求设置中水回用系统。

铁路车站中水水源应按顺序推荐如下：卫生间洗脸盆、淋浴等的排水，空调循环冷却水排污水，空调系统冷凝水，厨房排水，冲厕排水。而中水的用途包括绿化用水、冲厕、道路清扫、车辆冲洗等。中水系统设计时应进行水量平衡计算。

某特大型车站站房内设置中水系统，中水水源取自站房室外西北侧化粪池出水，出水回用于站房室外绿化浇洒、道路清洗。中水处理工艺流程见图5-1。

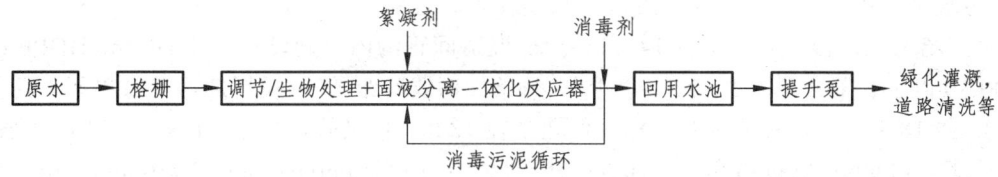

图 5-1 某特大型车站中水处理工艺流程

5.1.4 设计实例

1. 工程概况

郑州东站站房按5层布置，其中地上3层（候车层、站台层、转换层），地下两层（轨道交通站厅层、站台层），总建筑面积为41.2 hm²，共设站台16座，其中站房建筑面积15.0 hm²，站台雨棚面积7.8 hm²，地铁及桥下通道、停车场等建筑面积共16.4 hm²。车站设计年度用水量为3 500 m³/d，其中客车上水量717 m³/d。郑州东站立面效果如图5-2所示。

图 5-2 郑州东站立面

2. 卸污系统及选型设计

高速旅客列车均为密闭式厕所，密闭式厕所满足高速铁路运输密闭性、舒适性和洁净环保的要求，长途通过列车、立折列车均没有时间进入运用所进行卸污作业，要求在列车运行时刻表规定的短时间内在车站快速完成卸污作业，对卸污设施的建设提出了巨大的挑战。

目前国内外常用的卸污方式为固定式真空卸污，固定式真空卸污方式又分为储能罐式真空中心及凸轮泵机组两种方式。郑州东站卸污设计经过充分的理论分析、模拟计算，采用了储能罐式真空中心。

郑州东站京广场高架站台股道间设3排旅客列车卸污管道及接收单元（分别位于7~8、13~14、15~16股道间），高架站台股道间卸污管道沿32号桥墩下至出站层，汇集为2根干管铺设至真空中心。设计考虑同时对2列16编组高速列车进行卸污作业。根据《铁路污水处理工程设计规范》（TB 10079—2013）要求：立折列车卸污时间不应大于15 min，最大卸污量 $Q = 2 \times 16 \times 500 / (60 \times 0.8 \times 15)$ L/s = 22.23 L/s。卸污系统真空排量系数取5~7，则真空中心形成真空的设备抽吸空气的流量需达到400~560 m³/h。

设计真空卸污中心位于车站西南角地下室，选用 $V=6\,m^3$ 钢制真空罐 2 组（1 用 1 备），3 台 $Q=250\sim300\,m^3/h$、$P=5.5\,kW$ 真空泵（2 用 1 备），2 台 $Q=20\sim30\,m^3/h$、$H=10\,m$、$P=4\,kW$ 污水泵（1 用 1 备），$750\,m^3/h$ 除臭设备 1 套，控制系统 1 套。

京广场高架站台 7~8、13~14、15~16 股道间管沟内分别设置 3 条 DN160 HDPE 卸污管（PE80 以上，压力等级 1.0 MPa 以上），每条卸污线间距 25 m 设置卸污接收单元（真空卸污枪），共 18 套。卸污单元参数：标准作业半径 13 m；抽吸软管参数：DN50，PVC 加强衬，耐真空度 –80 kPa；电机功率：1.1 kW；外形尺寸：1 650 mm×675 mm×830 mm（长、宽、高）；卸污单元安装在管沟内，顶面露出地面高度≤350 mm；单元设置满足建筑限界要求。

郑州东站卸污系统通过真空泵的工作使真空罐和卸污管道内产生真空，当列车停靠到发线时打开卸污单元，将单元内的吸污软管与列车污物箱排污口连接，列车污物箱内的污物在真空作用下进入卸污管道，最终经过排污泵被排到站外厌氧化粪池。真空中心内设备机组控制系统采用 PLC 微机智能控制，无须人员值守。见图 5-3~图 5-6。

图 5-3 站台层上水、卸污单位元

图 5-4 真空罐

图 5-5 真空泵

图 5-6 排污泵

3. 给排水控制系统设计

郑州东站给排水自动控制系统的设计，按《铁路给水排水设计规范》（TB 10010—2008）要求以标准化、具备上网功能的功能终端作为系统的智能化节点，对车站给排水系统及设备运行实施实时监控；并以标准的通信网络作为自控系统所有数据和控制命令的传输通道，构成车站给排水设备既能分散独立控制运行又便于远程集成管理的给排水自动控制管理网络系统。

给排水自动控制系统主要由标准化的功能终端设备和标准化的网络传输通道组成。

（1）标准化功能终端主要由水泵和阀控制功能终端（泵阀远控箱）、水计量功能终端（远传流量计）、模拟量采集功能终端（液位/压力采集终端）和电计量功能终端（累计电量采集器）等四类终端组成。这四类终端均为标准化配置，以标准化功能终端取代传统的集中监控模式，降低了系统复杂性，提高了系统可靠性，有利于终端设备运营维护。

（2）标准化网络通道系采用标准化的通信网作为自控系统信息和控制命令的传输通道。通过标准化的通信线插座，可将上述各标准化功能终端挂到网上连成网络。经该网络系统授权可以对车站各种给排水设备进行远程监控、远程访问及远程日常管理。见图 5-7。

图 5-7　给水控制设备

4. 生活供水系统、贮水方式的优化

车站水源采用城市自来水，根据城市自来水公司提供的车站接管点处管网的水量（管径 DN300 西南、西北角各 1 处）、水压（0.28 MPa）资料，站房面积大（建筑面积 149 981 m²），用水点较多，车站供水方式采用分压供水。用水压力小于接管点处自来水管供水压力的用水点，采用自来水直供；用水压力大于或等于接管点处自来水管供水压力的用水点，采用加压供水（Q=144 m³/h、H = 75 m、P = 65.5 kW 变频调速供水设备 1 套）。为提高客车上水的安全可靠性，高架站台客车上水系统采用独立加压设备及供水管网（Q =450 m³/h、H = 50 m、P = 114 kW 变频调速供水设备 1 套，兼顾各站台消防用水）。

加压站（位于站房西南角地下室）室内贮水设备采用 2 组 300 m³ 食品级不锈钢水箱贮水，取代了常规设计采用的钢筋混凝土水池贮水，保证了供水水质安全可靠，见图 5-8。

图 5-8　变频供水设备及不锈钢水箱

5. 消防供水系统设计

1）站房室外消防系统

站房室外消防流量40 L/s，火灾延续时间2 h，采用低压消防，城市自来水直供，两路进水，环状供水，间距不大于120 m设置消火栓。

2）高架站台消防系统

高架站台消防流量20 L/s，火灾延续时间2 h，水枪充实水柱10 m，采用高压消防，由站台两端客车上水干管供水。

3）高架平台消防系统

高架平台消防流量20 L/s，火灾延续时间2 h，水枪充实水柱10 m，采用临时高压消防，由室内消防泵组提供两路进水，环状供水，间距不大于120 m设置消火栓，见图5-9。

图5-9 室内消防设备

6. 节水节能型客车上水系统设计

为适应高速铁路客站对旅客列车快速自动上水管理水平的更高要求，本设计积极推广节能节水型客车上水新技术，在郑州东站采用了"客车上水自动控制及管理系统"。该系统主要由电动控制上水单元、上水单元管理机、注水管接头以及相应的电气控制及管理系统等组成。

郑州东站京广场高架站台除正线以外的每2条到发线间管沟内设置1条DN200钢丝网骨架PE上水管，间距25 m设置1套电动控制上水单元，每排上水管设置17套电动控制上水单元、1套上水单元管理机。共设8排客车上水管。

电动控制上水单元参数：输入电压220 V AC，波动范围180~240 V AC；工作电压24 V；整机额定功率178 W；进水口水压静压>0.15 MPa；进水口径DN40；水管件螺纹接口标准11/2 in（1 in = 25.4 mm）；出水软管口径DN25；出水软管长度15 m；出管方式：出口朝上多方向进出管，工作范围达30 m；遥控距离>50 m；外形尺寸：底面长704 mm、顶面长1 790 mm、宽570 mm、总高721 mm；上水单元安装在管沟内，顶面露出地面高度≤350 mm。上水单元设置满足建筑限界要求。

上水单元管理机参数：工作电压单相220 V AC，波动范围180~240 V AC；整机额定功率50 W；使用网络RS-485；通信速率9 600 bit/s；遥控距离大于50 m；外形尺寸350 mm×200 mm×565 mm（长、宽、高）；上水单元管理机安装在管沟内，顶面露出地面高度≤350 mm。管理机设置满足建筑限界要求。

该系统上水方式除由人工采用特制气动式快速管接头（专利产品）与客车注水口对接外，其余作业均为自动化完成，具有无线遥控、自动计量显示、水满及定时自动关停、自动脱管、自动回管、余水自动收集及防冻等主要功能。上水系统监控中心为上述设备系统的集中监控与信息管理的工作平台。该平台通过上水现场信息采集系统及相应的网络传输系统，由中心计算机处理系统对股道间上水单元控制机的作业运行及相关状态信息进行实时记录、统计、显示以及监控，以完全实现对上水作业过程的电子信息化管理。

7. 直饮水系统应用

在郑州东站站房采用了先进的集中式直饮水系统，设置于给水加压站内，南、北候车室直饮水终端间设有直饮水水嘴。直饮水处理系统划分为两大部分，即前端的制水系统和后端的供水系统，这两个系统之间是松耦合关系，可独立工作。制水系统从自来水管网接入自来水，分别通过多介质过滤罐、活性炭过滤罐、软水罐、精滤罐后，再次增压打入RO反渗透系统，制成纯净水进入储水罐中。供水系统利用变频恒压设备，将水输送到各楼层候车室饮水点，供旅客饮用。为了保证水质，储水罐的出水口安装紫外线设备进行消毒。一般情况下，夜间制水系统进入维护状态，分批打开回水阀，在水中加入臭氧，对饮水管道和储水罐进行消毒处理，保证管道的干净，见图5-10。

图5-10　直饮水设备

5.2 采暖、通风和空调设计

5.2.1 设计内容及总体要求

1. 设计内容及原则

新型高铁客站暖通设计包括站房冷热源设计、空调末端设计、通风防排烟设计、环保节能及监控设计等，同时站房的设计应根据铁路旅客车站暖通空调设计专项审查指导原则进行。

（1）夏热冬冷地区及夏热冬暖地区的站房宜设置空气调节系统；其他地区客运专线站房

最热月平均温度≥24 ℃时可设空调，≤24 ℃时贵宾室、售票室等办公及工艺用房可设置空调，省会城市及口岸站的枢纽车站可适当提高标准。

（2）冷热源应根据当地资源情况、用户对设备运行费用的承担能力、设备的稳定性等条件，合理、科学地确定空调方式及设备的选型，尤其要从可行、节能、节资的角度合理比选确定。

（3）当站房区域内有既有或规划城市、区域热源、电厂余热，同时满足站房工期需求时宜优先采用；具有充足的天然气供应的地区，且满足并网要求时可采用分布式热电冷联供系统；具有天然水资源或地热源可供利用时，可采用水（地）源热泵系统；当铁路系统内实施峰谷分时电价政策时，可采用冰（水）蓄冷系统；具有多种能源（热、电、燃气、污水等）的地区，宜采用复合式能源供冷、供热技术。夏热冬冷地区及夏热冬暖地区的中、小型站房可采用空气源热泵系统；在满足使用要求的前提下，对于夏季空气调节室外计算湿球温度较低、温度的日较差大的地区，宜采用蒸发式空调。

（4）地源热泵系统应核实当地地质资料及室外用地的可行性并应进行全年冷热负荷平衡计算，做好辅助冷热源设计，以减少系统投资。

（5）合理处理站房内暖通、给排水、消防设备及其附件和管线所用空间和位置，既要保证系统正常运行和维护、节约设备及管线所占空间，又要不影响室内外空间的功能和环境美观。

（6）严寒、寒冷地区空调机房宜设于室内夹层处，夏热冬冷地区及夏热冬暖地区的中小型站房可设于室外，空调设备及系统应考虑设置保温、防腐、防雨、防风、排水、安全及检修维护等措施。装设检修马道时，马道的设置应方便设备及管线的检修作业。

（7）候车室、售票厅等高大空间集中空调系统宜采用组空+低速风道的全空气系统，贵宾、工艺、办公房间宜采用多联机/风盘+新风系统。空调系统的室外机应尽量设置在屋面上，并做好遮挡措施。

（8）工艺房间应按功能分区域设置空调设施，风口及设备选型和布局应注意结露、凝水、维护及运行时间等问题，通信、信号机械室及电源室，信息主机房及设备间设置机房专用空调。

（9）候车室、售票厅等高大空间宜优先采用喷口侧送风、集中回风的送回风方式，无条件时可采用顶送、集中回风的送回风方式，贵宾、工艺、办公房间采用顶送顶回方式。

（10）候车室、售票厅送回风口选型与布局应与室内装修及空间协调一致，应合理控制喷口尺寸与布局，尤其应注意回风口的设计。贵宾室风口应隐蔽处理。

（11）空调通风风管可采用复合风管，冷冻/却水管采用内外热浸镀锌钢管，凝水管采用UPVC管。百叶风口采用喷塑铝合金风口。保温采用橡塑材料。

2. 规范要求

根据《铁路旅客车站建筑设计规范》（GB 50226），站房采暖、通风和空气调节设计应符合以下要求：

1）站房各主要房间采暖的计算温度

站房各主要房间的采暖计算温度应符合表5-2的规定。

表 5-2　站房各主要房间采暖计算温度

房间名称	室内采暖计算温度/°C
进站集散厅	12～14
售票厅、行李和包裹托取处、小件寄存处	14～16
候车区（室）、售票室、车站办公室、旅客信息系统设备机房	18
票据室	10
行李、包裹库（有消防管道）	5
行李和包裹库（无消防管道）、旅客地道	不采暖

注：① 采用低温地板辐射采暖时，室内采暖计算温度应比表中规定温度低 2 °C。
　　② 当出站集散厅设于室内时，其采暖温度与进站集散厅相同，当设于室外时不设采暖。

2）热风幕设置

严寒地区的特大型、大型站站房的主要出入口应设热风幕；中型站当候车室热负荷较大时，其站房的主要出入口宜设热风幕；寒冷地区的特大型、大型站站房的主要出入口宜设热风幕。

3）空调设置

夏热冬冷地区及夏热冬暖地区的特大型、大型、中型站和国境（口岸）站的候车室及售票厅宜设空气调节系统。

空气调节的室内计算温度，冬季宜为 18～20 °C，相对湿度不小于 40%；夏季宜为 26～28 °C，相对湿度宜为 40%～65%。站房内各主要房间空气调节系统的新风量和计算冷负荷应符合表 5-3 的规定。

表 5-3　主要房间空气调节系统的新风量和计算冷负荷

房间名称	最大人员密度/（人/m^2）		最小新风量/[m^3/(h·人)]	
	客货共线	客运专线	客货共线	客运专线
普通候车区	0.91	0.67	8	10
军人（团体）候车区	0.91	0.67	8	10
软席候车区	0.50	0.67	20	10
无障碍候车区	0.50	0.67	20	10
贵宾候车室	0.25	0.25	20	20
售票厅	0.91	0.91	10	10
售票室	每个窗口 1 人		25	25
乘务员公寓、候乘人员待班室	—		30	30

空调系统应采用节能型设备和置换通风、热泵、蓄冷（热）等技术，并应满足使用功能要求；对有共享空间的多层候车区，应考虑温度梯度对多层候车区的影响。

候车室、售票厅等房间应以自然通风为主，辅以机械通风；厕所、吸烟室应设机械通风。其换气次数宜符合表表 5-4 的规定。

表 5-4 换气次数

房间名称	换气次数
候车区、售票厅	2~3 次/h
旅客厕所大便器	40 m³/(h·厕位)
旅客厕所小便器	20 m³/(h·厕位)
吸烟室	10 次/h

5.2.2 站房冷热源设计

站房冷热源应根据当地资源情况、用户对设备运行费用的承担能力、设备的稳定性等条件，合理、科学地确定空调方式及设备的选型，尤其要从可行、节能、节资的角度合理比选确定。

表 5-5 列出了 13 个新型客站的冷热源情况，下面将根据不同热工地区，对冷热源的优化作简要说明。

表 5-5 新型客站的冷热源情况

站名	建筑热工分区	站房建筑面积/m²	设计冷/热负荷/kW	冷源	热源
大连北站	寒冷	68 965	9 550/10 325	离心水冷机组	市政热源
兰州西站	寒冷	105 864	12 700/15 786	离心水冷机组	市政热源
北京南站	寒冷	约 220 000	约 12 500/约 12 000	冷热电三联供+污水源热泵	冷热电三联供+污水源热泵
天津站	寒冷	87 000	9 087/8 500	冷热电三联供	冷热电三联供
郑州东站	寒冷	144 174	19 880/13 460	螺杆式污水源热泵机组	螺杆式污水源热泵机组
西安北站	寒冷	170 991	18 450/12 160	大温差离心式冷水机组	城市热网
太原南站	寒冷	49 280	10 345/9 142	地源热泵机组	城市热网
上海虹桥站	夏热冬冷	约 242 000	20 640/7 300	离心式冷水机组+地源热泵	地源热泵
杭州东站	夏热冬冷	102 860	14 050/7 580	地源热泵机组+冰蓄冷机组	地源热泵机组+地埋管换热器
宁波站	夏热冬冷	62 934	8 943/6 962	离心水冷机组	市政热源
新长沙站	夏热冬冷	45 956	9 225/3 123	地源热泵机组+水冷离心式冷水机	地源热泵机组+地埋管换热器
厦门西站	夏热冬暖	113 576	9 137/261	水冷式冷水机组	/
福州南站	夏热冬暖	171 649	8 185	离心水冷机组	/

对于夏热冬暖地区，仅夏季供冷（福州南站、厦门西站）时，一般采用电力驱动的水冷冷水机组；若有可利用的余热、废热，且经济合理时，采用溴化锂吸收式冷水机组；当有丰富的天然气且经济合理时，采用直燃型溴化锂吸收式冷水机组。

夏热冬冷地区，一般可采用地埋管地源热泵机组与水冷冷水机组相结合的方式（上海虹桥站、杭州东站），按冬季热负荷选配地埋管地源热泵机组，水冷冷水机组根据夏季空调冷负荷及已配置的地埋管地源热泵机组来选配。

寒冷地区，一般采用地埋管地源热泵机组与城市热网相结合的方式（太原南站），按夏季冷负荷选配地埋管地源热泵机组，换热机组根据冬季空调热负荷及已配置的地埋管地源热泵机组来选配；也可选择水冷冷水机组与城市热网相结合的方式（兰州西站、大连北站）。

严寒地区，一般采用城市热网或设置区域锅炉房的供热方式；在太阳能资源丰富的地区，可采用太阳能供热和空调的方式；夏季有空调需求时，一般采用水冷冷水机组的方式。当有合适的污水源或地下水源且经济可靠时，优先采用污水源热泵或水源热泵的方式供冷、供热。当有合适的峰谷电价和低谷时间较长时，集中冷源宜采用蓄冷系统。

5.2.3 空调末端系统选用

新型客站的空调系统根据不同房间功能设置。

1. 高架层

大中型铁路客运站房高架层是旅客候车的主要场所，空调系统一般采用低速单风道全空气系统，经济合理时，一般设置排风热回收装置，空气处理机组与热回收装置分开设置，未设热回收的系统一般根据 CO_2 浓度控制新风量；除少量空调机房设置在高架层外，其他空调机房一般设置在高架层下方（站台上方）的设备夹层内；有上部夹层时一般采用旋流风口顶送风方式，其他一般采用喷口侧送风方式，喷口一般利用建筑小间布置，特殊情况与建筑配合设置隐蔽的送风柱，集中回风；采用 CFD 技术对整体空间的热环境进行模拟，验证空调送风方式的合理性并提出调整方案。严寒地区和部分寒冷地区冬季采用地板辐射供暖的空调方式，新风由带盘管的热回收装置或由空调系统提供。

2. 办公室等房间空调

办公室等房间空调一般采用风机盘管加新风系统，新风由排风热回收系统提供；严寒地区和寒冷地区热回收装置设加热盘管。

3. 贵宾候车室空调

贵宾候车室空调一般采用风冷变制冷剂流量多联分体式空气调节系统，气流组织为侧送上回，风口与建筑装饰配合隐蔽设置，新风由独立的新风机组提供；严寒地区和部分寒冷地区冬季采用地板辐射供暖的空调方式。

4. 工艺设备用房空调

工艺设备用房空调一般采用风冷变制冷剂流量多联分体式空气调节系统，寒冷地区采用超低温型设备，严寒地区采用电加热；部分要求高的工艺设备用房采用独立的风冷恒温恒湿空调系统。

5. 工程实例

天津火车（图 5-11）站位于海河之滨，在保留原主站房建筑的基础上进行改扩建，总建筑面积

图 5-11 天津站鸟瞰图

87 000 m²，主要由高架候车大厅、地下出站大厅和铁路作业及办公房屋组成。

天津火车站近邻天津第一热电厂，夏季利用电厂废热进行除湿，空调方案最终确定为温湿度独立控制空调系统（原理见图 5-12），办公区采用溶液除湿+风机盘管系统，高架候车室采用溶液除湿+组合空调+地板辐射系统。

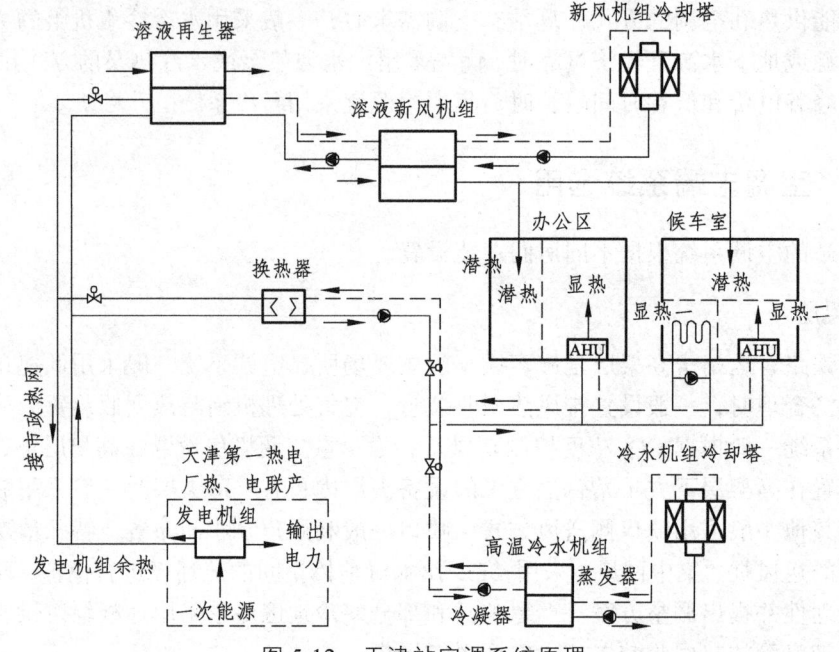

图 5-12 天津站空调系统原理

天津站冷水机组出水温度为 14 ℃，回水温度为 17.5 ℃。温湿度独立控制系统需要配置 2 套系统，由冷水消除室内显热负荷，由溶液系统消除室内潜热负荷，达到显热和潜热独立控制的目的。根据各区空间条件和舒适性要求，分别设置热泵式溶液调湿新风机组。

5.3 电气和照明设计

5.3.1 电气和照明设计的总体要求

1. 电气和照明设计概述

在建筑中，利用现代先进的科学理论及电气技术（含电力技术、信息技术以及智能化技术等），创造一个人性化生活环境的电气系统，统称建筑电气。建筑电气的作用是服务于建筑内人们的工作、生活、学习、娱乐、安全等。

建筑电气包含的内容为：

（1）建筑强电系统：供配电系统、照明系统、接地系统。

（2）建筑弱电系统：火灾自动报警系统、安全防范系统、设备自动化系统、有线电视系统、综合布线、有线广播及扩声系统、会议系统等。

随着铁路建设的大发展，铁路站房的电气设计更加完善，形成了自己的一套设计体系。人们常说设备专业是整栋建筑的血肉，而电气专业就是大脑、是血液，它合理供给、监测、控制各类用电设备。良好的电气设计能为旅客提供一个明亮、舒适的候车停留空间，为工作人员提供一个简洁便于操作维护的系统。这样才能安全、稳定、持久地为大众服务。

2. 电气设计的原则

（1）满足建筑物的使用功能。即满足照明的照度、色温、显色指数；满足舒适性空调的温度及新风量，也就是舒适卫生；满足上下、左右的运输通道畅通无阻；满足特殊工艺要求，如娱乐场所的一些电气设施的用电、展厅的工艺照明及电力用电等。

（2）考虑实际经济效益。节能应按国情考虑实际经济效益，不能因为节能而过高地消耗投资，增加运行费用，而是应该让增加的部分投资，能在几年或较短的时间内用节能减少下来的运行费用进行回收。

（3）节省无谓消耗的能量。节能的着眼点，应是节省无谓消耗的能量。首先找出哪些地方的能量消耗是与发挥建筑物功能无关的，再考虑采取什么措施节能。如变压器的功率损耗，传输电能线路上的有功损耗都是无用的能量损耗，又如量大面广的照明容量，宜采用先进技术使其能耗降低。

3. 规范设计要求

根据《铁路旅客车站建筑设计规范》（GB 50226）等的要求，铁路旅客车站的用电负荷等级应符合国家现行标准《铁路电力设计规范》（TB 10008）的有关规定。旅客车站主要场所的照明除应符合现行国家标准《建筑照明设计标准》（GB 50034）的有关规定外，尚应符合下列要求：

（1）照明灯具的选择应与建筑物的形式、室内装修的色彩及风格相协调。

（2）车站广场、站台、天桥等室外场所及较高的室内场所的照明，宜采用高压钠灯、金属卤化物灯等高光强气体放电光源或由上述光源组成的混光灯；安装高度较低的室内场所的照明，宜采用节能型荧光灯、紧凑型荧光灯。

（3）检票口、售票工作台、结账交班台、海关验证处等场所宜增设局部照明。

（4）候车室、售票厅、集散厅、旅客地道、天桥、行李和包裹托取厅及行李和包裹库等场所的照明，应设置不少于两种均匀照度的控制模式，特大型、大型站的照明宜采用智能化控制装置。

（5）旅客站台所采用的光源不应与站内的黄色信号灯的颜色相混。

（6）特大型、大型和中型站的广场宜采用升降式高杆灯照明。

（7）除正常照明外，站房应设有疏散照明和安全照明系统。

（8）旅客车站疏散和安全照明应有自动投入使用的功能，并应符合下列规定：各候车区（室）、售票厅（室）、集散厅应设疏散和安全照明；重要的设备房间应设安全照明；各出入口、楼梯、走道、天桥、地道应设疏散照明。

（9）设有火灾自动报警系统及消防控制室的车站，当正常照明出现故障时，其设有疏散照明和安全照明的场所，应有自动开启和由消防控制室集中强行开启的功能。

（10）特大型、大型站的站房应为第二类防雷建筑物，中型和小型站的站房应为第三类防雷建筑物。建筑物的防雷措施应符合现行国家标准《建筑物防雷设计规范》（GB 50057）的有关规定。

（11）站房应按自然分区采取可靠的总等电位连接，金属物体或金属构件集中的场所应增设局部或辅助等电位连接。

5.3.2 负荷分级与容量

1. 负荷分级

负荷分级应与建筑项目的功能性质、建设规模、设计定位、使用标准、防火分类、耐火等级等相适应。按现行相关设计规范标准，用电负荷应根据供电可靠性及中断供电所造成的损失或影响的程度，分为一级负荷、二级负荷及三级负荷。基于以上原则，按照铁路客运站的建筑规模，对各种用电负荷进行分级。主要用电负荷分级如表5-6所示。

表 5-6 客运站主要用电负荷等级划分

序号	电力负荷名称	负荷等级			备注
		特大型站	大型站	中型站	
1	售票系统设备、视频安防监控系统和安全检测设备	一级	一级	一级	特大型站宜为一级负荷中的特别重要负荷
2	站房消防设备、防灾报警设备、消防监控室照明、公共区照明	一级	二级	二级	特大型站宜为一级负荷中的特别重要负荷
3	广播设备、广播室照明	一级	二级	三级	
4	列车到发预告显示系统、旅客用电梯和自动扶梯、行包用电梯、皮带输送机、电子秤、给排水和污水处理设备、锅炉房设备、其他管理办公及设备用房照明	二级	二级	三级	
5	冷冻站设备	二级	三级	三级	

2. 负荷容量

对负荷准确分级后，还需明确一、二、三各级负荷的容量，这是供配电系统的重要指标，是进行负荷计算的前提。其中大型、特大型铁路站房的负荷容量不仅与变压器的安装容量有关，而且其中一、二级负荷的容量与备用电源的供电容量有关，一级负荷中特别重要负荷的容量又与自备发电机组、集中应急照明电源装置EPS或不间断电源装置UPS的容量选择密切相关。此外，负荷容量还可作为基础数据对铁路站房电气节能效果进行横向纵向评估。

负荷密度，在方案及初步设计阶段可用来估算负荷容量，在施工图设计阶段可用于校核负荷计算结果。铁路站房的负荷密度与其建筑规模类别、城市功能定位、未来发展需求等因素有关。在已经完成的一些大型、特大型站房中，例如大连北站的负荷密度为121.1 V·A/m^2、宁波站的负荷密度为129.6 V·A/m^2、兰州西站的负荷密度为121.0 V·A/m^2。表5-7列出了在设置中央空调的情况下各类铁路站房的负荷密度。

表 5-7 铁路站房的负荷密度（考虑设置中央空调）

序号	功能用房	负荷密度/（V·A/m²）			备注
		特大型站	大型站	中型站	
1	站房	120~140	120~140	120~140	空调负荷约为45~70
2	站台雨棚	10	9	8	
3	联系通道	10	9	8	
4	商业、商业夹层	200	180	180	
5	泛光照明、商业等预留	8	7	6	以总建筑面积为基数

注：其他功能用房的负荷密度可参照同类建筑。

5.3.3 电源及变配电系统

1. 电源

供电电源应安全可靠、经济合理可行，需落实其来由、容量、回路数等外部条件。根据规范要求，供电电压等级合理选择，应根据用电容量、电源线路长度、当地公共电网现状及其发展规划等因素，经技术经济比较确定，应优先采用 10 kV 电源。一般情况下，中型站及以上的站房应采用 10 kV 电源供电。当特大型站房的用电负荷很大时，经技术经济比较，可采用 35 kV 或 110 kV 电压等级的电源供电。小型站供电电源可采用 380 V。

根据负荷性质及容量要求，中型站及以上的铁路站房电源数量不应少于 2 路，例如大连北站、兰州西站、宁波站均采用 4 路电源进线。小型铁路站房电源数量宜为 2 路。中型站及以上的站房，其 2 路电源应来自不同的城市变电站或铁路牵引变电所，要求互不影响、不致同时断电，并应采用专线供电。

对于特大型站及大型站，由于一级负荷中的特别重要负荷较多，根据负荷特点，应急供电电源通常采用柴油发电机组、应急电源装置 EPS 与不间断电源 UPS 相结合的应急供电方案。对于容量较大、相对集中的应急负荷，采用柴油发电机组供电；对于局部分散的小容量应急负荷，采用就近设应急电源装置 EPS 供电；对于计算机系统（如火灾自动报警系统、楼宇自控系统等智能化设备，以及铁路电力、通信、信号及信息等系统设备），要求不间断供电应急电源采用 UPS 供电。其中柴油发电机组可分区设置多台（大连北站、宁波站仅设置一台柴油发电机组，兰州西站设置两台柴油发电机组），总容量约为变压器总容量的 10%~20%。中型站宜设自备应急电源。

2. 高压变配电系统

配电系统应安全可靠，特大型及大型站的高压配电系统应采用放射式供电，由上级变电站或牵引变电所专线引入。中型站宜采用放射式专线供电。

根据变配电所应深入或接近负荷中心、进出线及设备运输方便以及供电半径 $R \leqslant 250$ m 等要求，特大型站变电所数量不宜少于 3 个，大型站不宜少于 2 个，中型站宜为 1~2 个，小型站可只设低压配电室，采用 380V 低压专线供电。变配电所宜设在站房两侧用电负荷集中处，严禁设置于大量旅客能到达的场所，不应靠近贵宾室、旅客主要出入口，不应设置在伸缩缝处。柴油发电房应靠近一级负荷或变电所设置，以便于与变配电系统切换联络与管理。

当站房中存在冷水机组及其相关设备、管道电伴热、屋面电化雪及电热风幕机等大量季节性用电负荷时，宜设置独立的变压器向此类负荷供电，以提高变压器的负载率并可在空载季节退出运行，从而达到经济合理节能的作用。对于大型以上站房的大面积商业开发部分用电，需要单独计量计费，也应设置专用的商业变压器。

对于控制方式、操作电源及所用电源，特大型、大型站的高压配电系统宜采用集中控制方式，对变压器主断路器、分段断路器、主要馈出回路断路器采用集中监视方式；特大型、大型站的主变配电所采用直流操作电源，分配电所视具体情况采用直流操作电源或者交流操作电源；中型站宜采用直流操作电源，小型站可采用交流操作电源；所用电源宜引自相应的配电变压器。

3. 低压配电系统

站房动力设备一般采用放射式及树干式相结合的配电方式。特别重要负荷采用放射式供电，并设置柴油发电机作为备用电源。其他设备按同区域的同类负荷共用树干式供电回路；零散负荷就近由附近性质相同或相近的回路供电；功率特别大的设备可由配电所直供电源，并在设备附近设置检修用操作控制箱。

各级低压配电系统保护开关动作应具有选择性。低压配电系统采用三级配电的方式，即总配电（变电所）、区域配电（配电间）和终端配电（现场、机房等）。三级配电系统相互之间保护开关动作具有选择性。区域级和终端配电系统一般采用下列保护装置：塑壳断路器和微型断路器作为过载和短路保护装置。

4. 线缆选型及敷设要求

电力电缆的绝缘水平不应低于 0.6/1 kV，电线不应低于 0.45/0.75 kV。

特大型、大型站一般低压干线应采用低烟无卤阻燃交联聚乙烯绝缘电力电缆、电线或无烟无卤电力电缆、电线；消防设备供电干线及分支干线宜采用矿物绝缘耐火电缆，当线路的敷设保护措施符合防火要求时，可采用有机绝缘耐火电缆。中、小型站一般低压干线宜采用低烟无卤阻燃电力电缆、电线；消防干线应采用有机绝缘耐火电缆。各类站房的消防设备分支线路和控制线路可比消防供电干线或分支干线的耐火等级降一级。

低压出线电缆在建筑物内部分明敷在桥架上；同一径路向一级负荷供电的双路电源电缆不宜敷设在同一层桥架内，当敷设在同一层桥架内时应用隔板隔开。不敷设在桥架上的线缆应穿热镀锌钢管敷设。采用电线的支线穿热镀锌钢管 SC 暗敷。在线槽内的导线应按回路绑扎成束。大容量设备采用密集型母线槽敷设，母线槽采用支架吊装。

5.3.4 照明系统

大型铁路客站站房规模大，内部空间划分复杂，因此站房照明方式及控制方法也较丰富。其中照明设备按照其安装部位或者使用功能分为四种照明方式，分别为：一般照明、分区一般照明、局部照明、混合照明。当不适合装设局部照明或采用混合照明不合理时，宜采用一般照明；当某一工作区需要高于一般照明照度时，可采用分区一般照明；对于照度要求较高、工作位置密度不大，且单独装设一般照明不合理的场所，宜采用混合照明。

照明控制系统分为手动控制和智能控制两种。手动控制系统由开关或者调光器或两者共同实现。通常控制开关均放置在房间、通道的进出口旁以便操作；智能控制系统由时钟元件、光电传感器采集数据，通过区域控制面板或位于控制室的终端主机及软件对光源进行控制（图 5-13）。

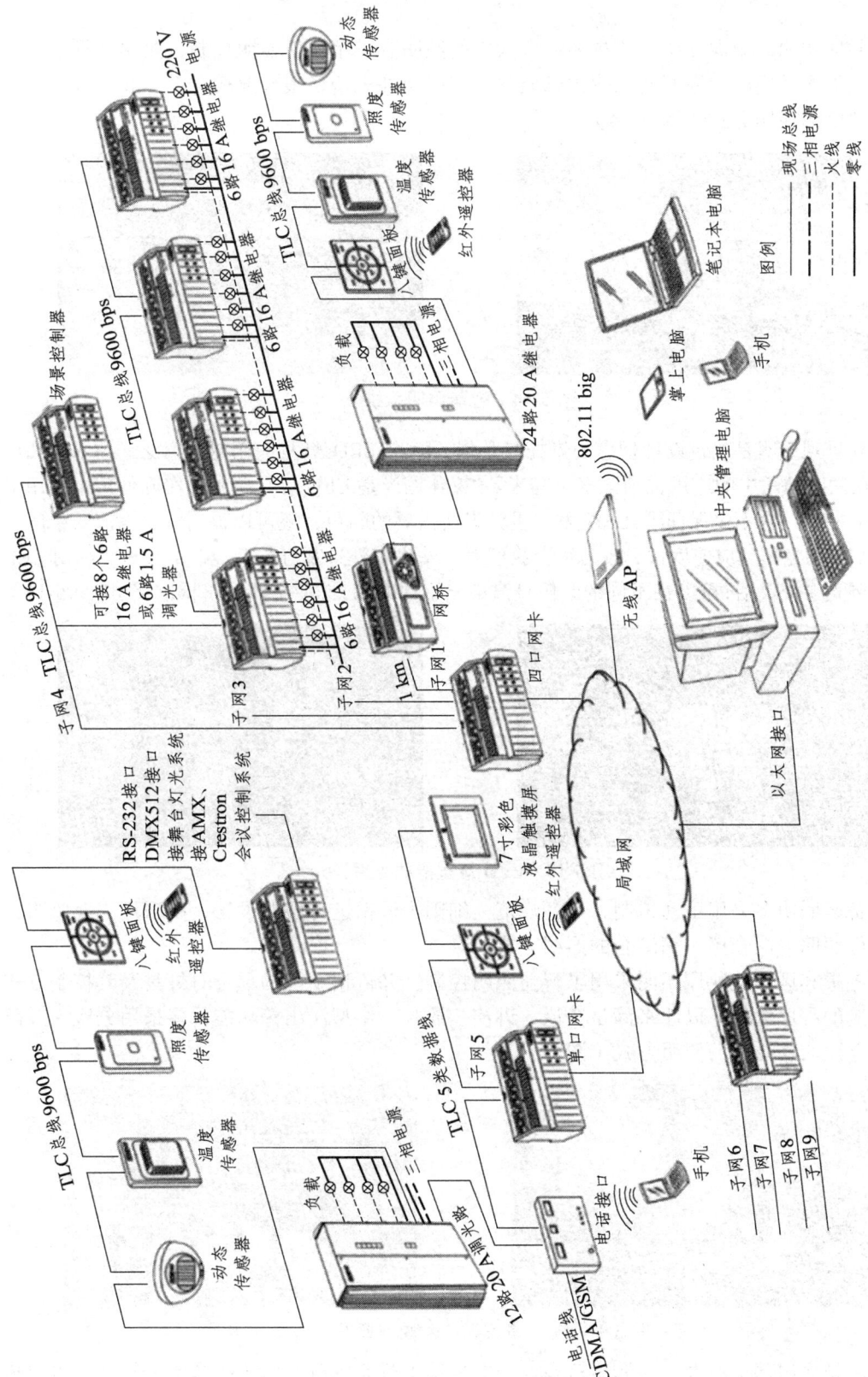

图 5-13 照明控制系统

公共区照明、导向照明、广告照明等大空间照明多采用智能照明控制，照明灯具装置在满足照明需求的同时，还要与站房内部装修、流线及外观造型很好地融合在一起，多采用分区一般照明的照明方式（图5-14）。

图5-14 智能照明系统

室外景观照明是建筑设计理念的烘托与升华，随着LED灯具应用越加广泛，技术越加成熟，其在铁路站房中的应用也渐渐多了起来。PWM调光是LED灯具调光在实际使用中应用最为广泛的一种，它不仅保证了LED发出设计者所需要的颜色，还可以提高输出电流的精度，并且PWM调光的反应速度快，较为符合我们对于站房室外景观灯具及控制的要求。利用LED灯智能调光系统灵活，可以在不同的节假日渲染出不同的场景，使整体建筑得以突出（图5-15）。

图5-15 LED灯智能调光系统

设备区照明多采用手动控制，以各规范、细则为依据进行照明设计，多采用一般照明、分区一般照明、混合照明相结合的照明方式。

VIP贵宾区、放映厅照明采用了智能照明控制，并依据不同的场合对灯具及其控制方式进行相应的程序编辑，以此来满足会谈、讲演、放映、小型演出等功能，多采用分区一般照明、混合照明相结合的照明方式（图5-16）。

图5-16 VIP贵宾区、放映厅照明系统

铁路站房内部空间大、疏散出口多，一般采用了智能疏散指示照明系统来作为站房的疏

散指示照明。在设备区按照疏散口进行疏散,而在公共区根据消防性能化的评估报告进行疏散,并在假设站房只有一处着火的前提下,智能疏散主机对每个已经被编辑的疏散指示灯发出指示的命令,从而达到就近疏散的目的。

铁路站房采用灯具数量多,因此采用具有专业光学设计的灯具并且进行单灯补偿。提高功率因数会很大限度地减少谐波对电网的污染以及提高灯具的效率,从而达到节能的目的。整个站房照明的用电量很大,在满足室外景观照明和室内照度要求和采光均匀度要求的前提下,合理的照明方式及控制方式不但利于节约照明能耗,还能够延长光源使用寿命。

总而言之,站房照明设计不仅要考虑安全性和实用性;还有考虑照度要求、安装方式、维修方式,以起到烘托环境、气氛的作用;更需要具备很多导向性、安全性、功能性等,应以人为本;最后还需要结合当地的城市文化特色与建筑特点的创意,以此与站房的设计理念高度地和谐统一。

5.4 旅客信息系统设计

5.4.1 系统设计的总体要求

1. 旅客信息系统的作用

当前,综合枢纽型的高铁客站是实现各种旅客运输方式组合效率和整体优势的关键环节,对于开展综合运输系统建设、实现资源节约和集约具有重要的意义。

1) 保障枢纽高效一体化运行

高铁客站建设不是各种方式的场站在某个区域的简单排列与叠加,而是通过枢纽的纽带作用,充分发挥不同运输方式的优势、实现合理分工。因而,综合客运枢纽整体优势的发挥有赖于通过开展联合运输、协调管理,构成一个不可分割的有机体。

以现代化信息技术为依托、构建多方式协同工作的运营管理系统是这些目标的实现坚实的保障。一是通过信息的沟通,各种运输方式协调制订运营计划,使运力得到良好的匹配。二是通过客流信息的交换和共享,便于不同方式客流日常的组织衔接、枢纽综合安全监控与管理的协调。三是在公共突发事件发生时,通过信息系统实现各交通方式、消防、安全等相关枢纽管理机构进行协调的应急响应,各种运营部门以及消防等部门实施联动和统一步调的行动。

东京火车站衔接了铁路、轨道交通、公交等多种交通方式。其占地面积不到北京西站的一半,而年发送旅客超过4亿人次,是北京西站的6倍多;每天到发客运列车超过4 000列,是北京西站的12倍多。东京火车站也被誉为世界最高效、最先进智能化的火车站之一。

2) 为旅客提供全面优质服务

高铁客站集中体现了技术设施的高度集约化、换乘的便捷高效化以及环境舒适的人文化特色。这些枢纽以信息交换与共享为基础,注重各种功能的衔接,为旅客提供完善的、人性化的信息服务。虽然国外枢纽辖内同样有不同运营主体,但它们在信息服务上力求做到了统一。

① 提供的信息内容由单方式,延伸到旅客出行到发、中转换乘涉及的各种交通方式相关信息,满足旅客多元化的需求。

② 信息服务范围也由单一站内的旅客乘车信息扩展到旅客出行全过程(出行前、出行中、

枢纽内）所需要的各种信息。

③ 信息服务方式更加多样化，如信息咨询中心、网站、广播、电子屏、手机、电子触摸屏、无线网络等。

此外，合理的管理协调和信息系统能够以"软件"手段解决"硬件"问题，特别是在旅客服务中，采取高效便捷的换乘诱导手段，可满足人流的多样化需求，保证旅客换乘连续性，实现旅客时间上"及时换乘"。以法国为例，巴黎的地铁网十分密集，但由于建设较早，并依然使用每条线路独立轨道的运作方式，使得铁路枢纽换乘异常复杂，并且换乘线路长，如果没有良好的信息系统和标识系统，乘客几乎无法完成线路转换。

3) 运输管理体制是系统实施的坚实保障

地区城市建设与交通管理的综合性政策与行政体制为综合客运枢纽及枢纽信息系统一体化的实施提供了必不可少的制度保障。例如，柏林市成立了柏林交通协会，并在此基础上成立柏林和勃兰登堡州交通协会，对各种交通方式从规划到运营管理进行协调。其中，"一张票，一个价格，一个时间表"的公共交通运营模式集中体现了德国交通管理统一性。

4) 一体化的枢纽信息系统是实现枢纽高效运营的重要手段

目前，许多著名枢纽也都实施信息系统以很好地衔接，如香港九龙铁路枢纽综合了三条铁路干线，其中包括机场快线，旅客可以通过信息系统在九龙站办理香港国际机场预约登机和行李托运手续，既方便了旅客，也缓解了机场的压力。

各种交通运输方式在枢纽内运营管理的协调通常包括：一是各种运输方式运力的良好衔接，协调制订合理运营计划，特别是一种运输方式遇有突发客流时，其他各种方式及时调配运力，共同疏散客流。二是枢纽作为有机整体，进行日常旅客组织协调、枢纽综合安全监控与管理。三是在公共突发事件发生时，枢纽管理机构进行协调的应急响应，各种方式运营部门以及消防等部门实施联动和统一步调的行动。

国外综合客运枢纽的实践表明，在建立多方式运营协调机制基础上，通过网络的互联和信息的共享，打破不同交通方式之间的信息壁垒，是满足不同层次管理需要，为各种交通方式场站实行联动处置提供可靠的实时信息保障。可以说，信息技术在枢纽各种交通方式运营协调中起着至关重要的作用，枢纽信息系统是实现各种交通方式综合管理的重要手段。

5) 一体化的枢纽信息系统是为旅客提供全面优质服务的重要基础

铁路综合客运枢纽的空间大型化和功能复杂化特点，使得传统的铁路车站客流组织方式已远不能满足大量客流的需要。国外发达城市的铁路综合客运枢纽充分体现了"以人为本、以流为主"的设计理念，十分注重各种功能的衔接，设置完善的、人性化的旅客信息服务系统和规范、系统、清晰、易懂的旅客导乘标志系统，使旅客在恰当的时间、恰当的地点获得恰当的信息，在枢纽内得到快速的通过式换乘，并且让旅客在枢纽内体会到优质的服务。

虽然国外枢纽内多种交通方式由不同单位运营，但是在信息的诱导发布上做到了统一。电子显示屏、站内广播等对实时信息发布突破了各种交通方式自身运营的界限，为旅客提供了出行换乘其他交通方式的相关信息。而直接面向旅客流线的静态标识系统，更是作为一个整体进行统一设计。并且在标志的设计、设置中融入了更多的信息元素设计内容，例如，采用不同的符号颜色和衬底色来区分不同的交通方式、交通工具或者出行流线，非常方便旅客视认与识别。

2. 旅客信息系统设计的要求

根据《铁路旅客车站建筑设计规范》（GB 50226）的要求，旅客车站的信息设备应根据车站的建筑规模、总体布局和客运作业综合管理现代化的需要配置，并应符合国家现行标准《铁路旅客车站客运信息系统设计规范》（TB 10074）的有关规定。客运及行李、包裹无线通信系统的设置应符合国家现行标准《铁路运输通信设计规范》（TB 10006）的有关规定。旅客车站安全防范系统的设计应符合现行国家标准《安全防范工程技术规范》（GB 50348）的有关规定。

特大型、大型旅客车站应设置通告显示网。列车到发通告系统主机可作为网络服务器；客运广播系统主机、旅客引导显示系统主机、旅客查询系统主机及综合显示屏系统主机可作为网络工作站与网络服务器进行行车信息交换。

旅客车站客运广播系统应作分区设计。车站旅客信息系统的配线应采用综合布线，并宜采取暗敷。车站旅客信息系统的电源应采用交流直供方式。车站旅客信息系统机房宜按综合机房设计。车站旅客信息系统应设接地装置。

5.4.2 典型客站设计实例

1. 我国北京南站枢纽

北京南站根据最新的《铁路旅客车站客运信息系统设计规范》（TB 10074）以及《铁路客运专线旅客服务系统总体技术方案》的要求，建成车站信息服务系统，由以下系统构成：① 旅客服务信息系统，包括综合显示系统、客运广播系统、信息查询系统、视频监视系统、旅客安检设施等；② 售票及检票；③ 行包管理及服务信息系统；④ 火灾自动报警系统；⑤ 静态标志；等。

但在枢纽规划、建设前期，铁路系统与其他交通方式在信息系统互联和共享统筹安排方面未能充分实施统一规划、统一建设，而从当前枢纽的运营管理来看，已经投入使用的铁路、地铁、公交相对独立运营，也未能构建起信息共享方案和协商机制。因而，目前北京南站枢纽内，铁路车站信息系统与其他交通方式信息系统独立建设、各自运营，并没有实现真正意义上所有交通方式的信息共享和一体化服务。铁路旅客信息服务方面一定程度上考虑了换乘信息的需求，包括北京市内常规公交线路、长途汽车班次、租车、天气等信息，但都是静态的，并且是通过人工方式采集和输入的。

2. 我国上海南站枢纽

从上海南站枢纽的信息系统来看，铁路旅客车站、汽车客运站、南北城市广场、公交场站、出租车停车场等分别建设了配套的客运信息系统。相对于北京南站，上海南站在枢纽规划、建设的前期，开展了各种交通方式信息系统的协调机制，为各种交通方式信息系统的统一规划创造了条件，各信息系统之间按照相关标准预留互联接口，具备相互联通、信息共享的条件。不过在实际运营过程中，一方面，未能在枢纽统一管理机构下形成各种交通方式的信息交换协调机制和授权；另一方面，在各信息系统的实施过程中没有提出面向信息共享的枢纽信息系统平台方案。因此，上海南站枢纽内各种交通方式的信息系统的并没有达到枢纽信息共享和一体化服务的规划目标。

上海南站枢纽静态引导标志系统是枢纽信息服务的一大亮点，在前期较好的协调下，以及运营过程中的多次完善和补充，目前枢纽内各方式之间静态标志信息衔接较好。枢纽标志系统在版面形式、信息表达、安装方式等方面，很好地符合了旅客换乘过程中的视认习惯，例如：借鉴了国外枢纽习惯做法，采用颜色来区分各种旅客出行模式和各种功能分区，具有比较好的视认性，其代表了我国铁路综合客运枢纽静态标志系统的新水平。

3. 我国上海虹桥枢纽

上海虹桥枢纽在枢纽建设前期，就由枢纽建设指挥部委托相关科研单位按照总体建设目标的要求对枢纽的信息系统进行研究，提出了由一个公共信息平台和公共数据网络与多个单项信息系统组成的总体架构，明确枢纽信息系统与各交通方式信息系统之间的各种关系，初步拟定枢纽信息系统的运营管理模式。而后，在枢纽建设指挥部的统一协调下，遵照"投资建设主体和运营管理主体一体化"的原则，公共信息平台和公共数据网络及公共区域内的信息基础设施由枢纽建设指挥部指定的主体建设，组成枢纽信息系统的各个单项信息系统及分布在各主体建筑内的信息基础设施由各投资主体负责建设和运营。

4. 德国柏林中央火车站

柏林中央火车站是当今欧洲乃至世界上最具典型意义的现代化综合性换乘枢纽，充分体现了铁路综合客运枢纽建设的新理念：最大限度地利用中心城区的交通区位优势；最大限度地综合多种运输方式的大规模换乘效率；最大限度地实现"零距离"垂直换乘，方便乘客；最大限度地减少与城市地面交通的矛盾与冲突。为了实现枢纽如此高效的运营组织，在运营管理上，柏林中央车站十分重视信息化建设，不同的信息系统犹如神经网络一样有序衔接，联系了各种交通运行系统，为枢纽的运营创造了良好的"软环境"，是各种交通方式场站和功能实现良好衔接不可缺少的部分。

柏林中央车站的枢纽信息服务模式是以由处于枢纽主体地位的德国铁路公司旅客信息系统为主体，接入了长途汽车、城市公交、城铁和地铁等其他交通方式的运营时刻表等相关信息。在柏林中央火车站的中央计算机系统还通过数据网络连接为波茨坦广场站和前帕佩街站的信息系统服务等。

在枢纽管理方面，柏林中央车站不但做到了安全信息、视频数据的共享，实现了枢纽综合管理；而且在不同交通方式信息共享的基础上，各种交通方式特别是市内交通和城际交通之间，运营计划做到了协调衔接，例如，枢纽内公交车的末班车都在最后一班长途火车到达之后，免除了旅客下了火车找不到公交车的后顾之忧。

5. 英国伦敦换乘枢纽

在交通信息服务方面，作为一个综合交通系统十分发达的城市，伦敦在城市层面就搭建起了综合交通信息服务平台，以交通署网站为主要门户，向公众提供全面的各种交通方式运营信息，无论旅客身在何处，只要登录该网站，即可获取所需要的各种出行信息。伦敦所有枢纽站都有旅客信息服务点，大型枢纽站内还设有旅客信息服务中心，向旅客提供动态的实时交通信息；枢纽站和火车上还设置了无线网络系统、免费咨询电话和触摸屏查询终端。

在静态诱导标志系统方面，英国伦敦交通委员会非常重视综合交通静态导乘标志体系的建设，制定了一套完整的交通行业标志规范，涵盖了公交、地铁、轻轨、有轨电车、长途汽车、出租车和水上客运等各种交通方式，对于各种交通工具的站台标志、身份识别标志、站台确认标志、线路图、指向标志、电子显示标志、门头标志、安全标志等都进行了详细规定，并为每种交通工具赋予一种颜色，以区别于其他交通工具。规范还对枢纽换乘引导标志的设置规则（包括信息内容、版面设计、设置位置等）进行了详细规范，为枢纽诱导标志的设置提供统一的标准。

6. 日本东京车站

东京火车站占地面积不到北京西站的一半，但年旅客运输量超过 4 亿人次，是其近 7 倍。面对如此复杂的立体换乘枢纽和密集的人流，却能做到旅客组织密而不乱、忙而有序、流程简洁、衔接顺畅，从枢纽运营管理角度来看，主要归因于两点：一是采用自动化程度很高的售票、进出站和服务系统，与强大的接发列车能力相匹配；二是建立了完善的动态、静态信息系统，实时的交通信息和醒目清晰的导乘标志使得旅客在枢纽内快速通过，将旅客不必要的滞留降到最低。

站内旅客通过设置在通往火车站进站口、售票厅、检票口和站台等的各类电子显示屏，实时获取出发列车信息（车次、运行方向、列车等级、发车时间、停靠站台、经停车站等）和到达列车信息（车次、运行方向、正点到达时间、晚点时间、晚点原因）以及车站紧急通告等。此外，站内还设置了多处信息问询点和信息查询中心，供旅客问询相关信息。此外，在东京站每个进站、出站闸口，还设有多部摄像机，密切监视着运营情况。一旦发现异情，工作人员能立即出动，快速处置。

Part 6 高铁客站的建设管理与施工

6.1 客站建设管理的模式

6.1.1 客站建设的主要特点与挑战

1. 工期有限

（1）地方政府需求。高铁客站是地标性建筑物，对一个地区国民经济和社会发展具有重要作用。铁路是国民经济大动脉、国家重要基础设施、大众化交通工具和民生工程，一个地区的高铁客站是最能显示这种特质的。出于这种特点，地方政府对高铁客站早日投用的期望很大。

（2）铁路新线引入。根据路网规划，区域性枢纽客站在承旧启新、盘活枢纽通道中的作用无法替代，这种作用、功能、地位的"唯一性"，要求客站至少要与接入枢纽的新建铁路线路同步建设，以同时开通客站和枢纽线路。尤其是在长大隧道少、跨大江大河少的枢纽地区，客站结构物的形成时间有时甚至晚于新线建设，"线在前、站在后"的特质，对客站建设工期也提出了要求。

（3）在既有线位置新建客站。有的高铁客站在原位改、扩建，并实施配套线路工程改造。这种情况对原本紧张的枢纽运输提出了更紧的工期要求。在这种情况下，客站活则枢纽活，枢纽活则全局（地区）活，客站工期是建设单位、铁路局关注的焦点，有时会影响到一个区域的运输效能。

（4）批复滞后。从建设程序来看，在依法合规的建设理念下，有的客站因车场规模、方案调整未定，或因与地方政府对接的事项未能确定，导致批复滞后，而新线接入枢纽的时间则已经确定，使客站建设时间显得更加紧张。

（5）其他原因。其他工期方面的原因包括的内容很多，如客站规模和投资分摊的原则有时不能及时确定、客站方案和地方规划的衔接不够顺畅、征地拆迁不能按期完成等问题，局部勘探遗漏及既有建筑物档案的缺失；地下构筑物和地质变化；市区限行影响弃渣、混凝土供应、原材料保供等因素。以上因素都会制约建设、影响工期。

2. 交叉管理多

高铁客站建设涉及30多个专业。一方面，是这些专业之间的交叉贯穿于建设过程中，建设单位协调解决交叉问题耗费一定精力；另一方面，在每个专业内部，还有工序衔接等交叉的事项。虽然同是一个专业、一家施工单位，但由于管理不善造成衔接不畅时，不仅影响本专业的推进，而且制约其他专业施工。最常见的交叉问题主要包括以下方面：

（1）施工参与方之间的交叉。除地方政府负责的广场外，铁路方负责的站房、车场、站台即有多种施工单位的组合方式。不同的施工单位间，围绕实施性施工组织设计，或是面对工序影响、等待对方完成施工的时间，或是在同一空间内、在与对方单位工序交叉的状态下组织施工，或是对一些你中有我、我中有你的问题厘不清责任，都是管理的难点。一些施工单位内部，管理不善造成其分包方之间的责任交叉，也会影响施工组织。

（2）市政与客站的交叉。市政配套工程有时晚于高铁客站建设，要在客站建设过程中按照同步建设、同步开通的总体目标，协调推进市政配套建设，或按市政配套工程的建设时序做好过渡和预留措施。由地方政府出资的出租车通道、城市通廊等市政设施多由铁路方代建，需要协调好代建方式、资金到位等事宜。

（3）施工工序之间的交叉。从站房基础到主体、装修、机电安装、客服设施，一条关键路线上前后工序之间的交叉、交接工作经常存在。对于不同的关键路线、不同的施工区域，在平行作业时，也存在分部、分项工程之间的交叉。

3. 细节要求高

（1）深化设计中的细节。客站中常见的深化设计包括：施工单位将施工图纸转化为可加工的详图和安装图，施工单位为了施工的可实施性而对原图纸进行的解释、分解，设计单位提供的图纸达不到直接施工的深度或节点选用不符合施工工艺而进行的二次设计。深化设计涉及的细节工作非常多，包括钢结构、幕墙、屋面、装饰装修、设备管道安装等。这些细节工作，不仅需要施工单位或具有资质的单位深化，而且有的还需要原设计单位进行审查、签认、盖章，如果涉及变更的还要履行变更程序。对这些细节的管理，往往得不到重视，容易产生质量隐患。

（2）协调工作的细节。高铁客站建设中的协调有其自身特点，从建设单位的定位和牵头做起，就要细之再细，如果对一些问题考虑不到、不全，会造成现场因责任不明确而扯皮、耽误工期。从进场后的大临场地、施工便道、安全通道，到施工过程中的界面划分、装饰装修、交付运营，全过程都处于协调状态。加之一些单位熟悉客站、车场的管理人员偏少，有限的协调力量不利于问题的及时解决。此外，各站情况不同，协调工作没有统一的标准，需要建设单位、项目管理机构因事而定，合理决策，在建设过程中，与设备单位、行车单位、地方政府、厂矿企业之间要进行多方位对接。对客站参建单位内部，与设计单位、施工单位、监理之间的协调，同样有大量的细节工作。

（3）专业技术的细节。相比铁路系统其他专业的施工，客站最明显的技术特点就是"细"。细部技术的处理和技术处理的细节，是建筑美学、结构物观感和实体质量、安全保障的前提，如土建部分的地基处理技术、过渡段处理技术、建桥合一结构的钢筋技术、站台墙施工技术、装修中各种幕墙连接细部的技术、客服中的动静态标识处理技术、安装中的FAS技术等。

（4）运营调试和验收的细节。中国铁路总公司2013年、2014年的新要求明确了设备管理单位在新线房屋建设中的介入时间节点，以此为标志，设备单位提出大量的细部缺陷和问题，对这些问题的处理是确保客站建设质量的重要来源。在客站验收和消防等专项验收工作中，客运、公安、安监、环保等部门关注的细节，同样要花费一定精力处理。对这些问题最佳的处理方式是在施工过程中规范施作、一次成优，涉及对技术标准的执行的，必须细致、严谨地落实。

（5）高新技术的细节。后期建设的高铁客站采用的一些新技术，是在前期成功经验的基础上，从设计阶段就确定方向后有针对性地专门研究，突破了以前的技术。这些突破性技术实施的前提、关键，都是大量的工艺细节、技术细节的成功处理。

4. 综合性的制约因素

（1）专业人员数量的制约。高铁客站专业化程度比较高，而现状是国内专业技术管理力量不足，专业性技术人才缺乏。在铁路建设协调小组第四十七次会议上，卢春房副总经理提出"各建设单位要加强站房建设的管理力量，通过引进专业管理人才或成立专业化项目管理机构，提高站房建设管理水平"。但不论是专门的站房管理机构还是区域性指挥部，站房专业的管理人员数量都还不够。施工单位方面，在之前大规模客站建设中，同样显示出专业技术人才缺乏的问题。从设备管理单位看，站房维护单位的人员对大型现代化新型客站特点掌握得还不够全面，介入管理、运营维护的经验，都还需提高。

（2）自然条件的制约。国内各区域的不同地质和不同气候条件，对客站建设质量、安全、工期均有影响。如：各地区的降水影响，南方多雨季节、降雨天气下对施工配合比的精确控制是挑战，北方干旱少雨季节对大体积混凝土保湿工作提出了严格要求；低温、高温、多风区域，对钢结构、混凝土施工的影响同样明显，不仅仅是质量，也包括进度目标和施工单位的成本控制。

（3）征地拆迁的制约。高铁客站，尤其是枢纽地区大型客站往往位于市郊或市区中心，征拆、迁改制约工程建设。随着"客站位置进一步向市中心靠近"等新理念、新趋势的引导，征拆、迁改的制约将更加明显。

（4）新技术的制约。如运用BIM技术指导完善规划设计、建设管理、运维管理，是高铁客站发展的趋势。但在运用过程中，或深度不够，或建模滞后，或熟练使用的人员少，都制约着BIM技术功效在各阶段的充分发挥。在"四新"技术方面，也存在类似问题。

（5）过程调整的制约。建设过程中会出现一些新的优化方案和调整，对原工期目标、空间布局、装饰装修等带来影响，如商业开发工作。

5. 市政配套工程开通不同步

"铁路在前、市政在后"是高铁客站与地方配套工程投入使用时间的常态现象，鲜有地方配套工程先于高铁客站投用的。原因有二：一是从客观上看，地方配套工程的规划、设计一般在高铁客站之后，前期工作的时间有限，在严格的建设程序要求下，后期工作必须一步一步地推进，造成配套工程的进展与铁路方负责的进度不一；二是由于资金等影响，要求必须采取过渡工程，搭设以通道、临时落客平台为主要标志的空间，配套工程晚于客站投入使用。

6. 新难技术、设备、材料对施工的考验

近年来成功运用于高铁客站建设中的新技术，有地基基础和地下空间技术、钢筋与预应力技术、钢结构技术、绿色施工技术、信息化应用技术等，且使用的新设备、新材料也逐步

增多。每一项新技术，对于建设各方都是一次挑战，需要组织得力的组织机构和专业技术攻关小组，研究制订专项方案，紧密结合现场情况优化细部方案，据实做好施工准备，并以模拟施工等形式开展首件认可，做好工艺、材料、人员准备。确保新技术成功使用，确保新材料、新设备良好安装使用，需要参照同类先例，精细准确计算，设计应急预案。这一过程给参建各方的专业技术水平、组织管理水平、风险控制水平都带来了考验。

7. 铁路行业因素的影响

（1）既有铁路的影响。新建高铁客站与既有铁路的交集有三种：一种是原来的运营铁路切割客站主体，即在运营铁路位置新建高铁客站；一种是紧邻运营铁路新建客站；一种是对原来的高铁客站进行改、扩建，有的还要将其与民用住宅合建成高层建筑物。在这些情况下，需要对运营铁路采取过渡措施，设置刚性安全防护、封闭措施。

（2）铁路线路拨接归位的影响。运营中的铁路线路与客站站房、站台施工的关系紧密，要实现围绕运营线一次顺接至设计的永久位置，站房主体、车场、站台施工需要全面结合，从平面位置和纵断面都要有序衔接，并设置足够的安全措施，确保一次顺接到位。

（3）铁路各专业的特点。高铁客站与轨道、路基、通信、车场、信号、客服、机电、给排水等专业全部有交集，在客站建设后期体现得极为明显，相互之间的配合尤其关键。加之一些专业的规范、标准更新较快，在客站建设后期、开通前的对接工作多，需逐个研解，明确解决的办法。

（4）专用线的因素。新建枢纽地区的客站位置，有的涉及大量厂矿企业的专用线。根据客站施组安排，在分区域、分时间停用这些岔线的过程中，建设方与产权单位的沟通协调工作量大。

8. 高标准的要求

借鉴既往高铁客站建设的成功经验，在后期新开工建设客站的标准、精细化管理中突破以往、建成精品，是客站建设的趋势。在质量、技术、理念超越的过程中，对建设各方的要求较高。

在新客站建设中，总公司、建设单位有时会对某一方面进行试点。对试点单元的管理，关系着实验目标的实现，加大了管理的难度，如兰州西站是全路BIM技术在客站建设领域的试点。

6.1.2 建设管理体系

1. 管理体系的发展阶段

新时期高铁客站项目建设管理体系，经历了三个发展阶段。

（1）规划和突破阶段（2003年至2008年）。以北京南站（集铁路、地铁、公交等多种交通方式于一体的大型综合交通枢纽）为载体，突破高铁客站项目建设管理瓶颈，明确了高铁客站项目建设的发展使命、目标、理念和原则，探索构架了适宜的高铁客站项目建设管理机构，研究制定了高铁客站项目建设管理的核心方法，积累了高铁客站项目建设管理经验，为高铁客站项目建设管理体系的建立奠定了基础。

（2）总结和完善阶段（2009年至2010年）。从2009年开始，铁道部开始对高铁客站项目建设管理经验进行全面总结，加强了高铁客站项目建设管理经验的提炼和理论研究工作，形成了高铁客站项目建设战略管理、项目集成管理、项目单元管理的理论知识模型，提升了高铁客站项目建设专有理论对实践的指导，建立了高铁客站项目三级组织管理模式，制定并逐步完善了相关制度，构建并完善了管理平台，大力推进了高铁客站项目标准化管理工作。高铁客站项目建设管理体系日渐完善，为大规模建设奠定了坚实的管理基础。

（3）深化和推进阶段（2011年开始）。2011年到2012年，是中国高铁客站项目建设最为集中的时期。这一阶段，高铁客站项目建设管理体系在各层面推广，同时在管理的信息化、工具化方面进一步细化，在管理的范围和程度方面进一步深化，更好地支撑着高铁客站项目的建设与发展。自2013年起，以兰州西站等为代表，高铁客站在建设过程中处于借鉴和提升状态，即既可以借鉴前两个阶段中大量的设计、施工、维护经验，也需要在一些单项工作中提升效果，以更好地推进客站建设，完善建设管理体系。

2. 构建管理体系应坚持的原则

构建高铁客站项目建设管理体系，必须坚持一些基本的原则，主要有：

（1）价值性原则。管理体系的构建以提升高铁客站项目价值为出发点和落脚点，加强高铁客站项目全寿命周期的价值管理，这种价值充分体现在高铁客站项目决策阶段、实施阶段和运营维护各阶段，在实施阶段体现得尤其明显。如兰州西站工期进行调整后，经过参建方努力得以实现，收到良好的社会效应，见表6-1。

表6-1 兰州西站工期对比简表

项　目	原设计情况	调整后情况	备　注
工期时间	定额工期36个月，2013年至2016年	调整后工期24个月	实际20个月完成，2014年年底交付使用
背　景	方案阶段，南北站房分期依次建设	宝兰客专项目需与兰新客专配套开通	宝兰客专项目需与兰新客专配套开通
工程措施	先施工北站房，后施工南站房	兰新铁路外移过渡，南北站房同步建设	并行施工，间歇时间趋于零
社会价值	甘肃第一个高铁客站	确保与兰新客专同步开通，提升兰州市城市品质	确保与兰新客专同步开通，提升兰州市城市品质

（2）系统性原则。管理体系构建追求高铁客站的整体利益最优，既要统筹未来发展变化与要求，又要考虑现实条件和基础；既要顾及地方政府的要求，又要兼顾路局、项目管理机构以及各参建单位的组织特征；既要加强思想层面的引导和知识层面的指导，又要考虑操作层面实施。如地下轨道交通工程的实施，要系统考虑站房本身的施工安排和地铁结构的施工计划，从结构、时间、管理、安全质量等方面综合分析，采取对应措施。

（3）层次性原则。管理体系是对高铁客站建设管理的整体描述，涵盖了高铁客站建设的各种规模和级别、各个阶段和领域、众多组织和层面，既要在内容构成上划分层次性，也要在形式表现上体现层次性。建设过程中的管理体系，要从建设单位、施工单位项目部、架子队、工班几个层面，分别建立激励约束机制，每一层的管理导向、管理措施、管理绩效、管理方式，都要符合对应的施组要求和结构物各单元的质量、安全要求。通过层层分配管理责任，构建起对"六位一体"整体的有效管控体系。如对于技术交底一项，设计单位、建设单位、施工单位、监理单位分别有不同的要求，既要按照传统的规范要求去落实，也需要采取图像交底、签字交底、现场跟班交底等新的方式。

（4）独特性原则。高铁客站是一个涉及30多个专业的复杂系统，同时还涉及城市规划、综合交通体系、市政工程、城市轨道交通等多个领域，其建设管理无论是在内容上，还是在边界条件上，都有别于铁路线路本线建设和传统的高铁客站建设，在管理体系的规划、实施、完善和推进等方面都表现出自身的独特属性，如武汉站的难点是大跨钢结构，兰州西站的难点是既有线干扰和工期紧张，虹桥站的难点是多种交通方式无缝衔接的要求高等。除了对客站通用的各种管理技术借鉴外，针对每一个站的不同特点，需要建立风格不同、措施不同的管理体系，才能激励参建各方围绕目标共同发力，推进建设。

（5）持续改进原则。管理体系的构建与发展，不仅在时间上有循序渐进性，而且在内容与范围上也存在循序渐进性，遵循PDCA动态循环的持续改进。如兰州西站的钢材用量较大，在涉及钢结构施工的4个月中，在施工工艺从粗到精的过程中，及时发现问题并持续改进。

3. 管理体系构建的基础

高铁客站项目建设管理体系的构建，既需要结合实际，也要从一些管理理论的深度有针对性地建立好。以往的高铁客站建设，基本都纳入铁路干线统一管理，并没有单独作为一项独立工程来管理，由于专业化的特质体现不明显，导致客站建设管理经验的积累和总结不足，管理能力基础比较薄弱。而现有的各种先进管理理论知识，通用性较强，缺乏对高铁客站这一特定对象的适用性研究。高铁客站建设管理体系，是在借鉴铁路干线建设管理经验和通用管理理论知识的基础上，通过2003年以来的建设实践、有针对性的总结研究和各种先进技术等综合组成的。

建设过程中管理体系构建的基础，主要包括五个方面：其一是基本的管理理论，如预测、计划、调整、控制等管理要素在高铁客站中的意义研究；其二是高铁客站作为特定公共建筑物，以此作为研究管理体系确定的参照；其三是高新技术的难度，如大跨钢结构、大体积混凝土、深大基坑等，以此作为确定管理体系中对关键技术控制的重点研究对象；其四是现实安全的需要，对建设过程中的人、机、料和环境影响进行不同方式的模拟，并纳入数值仿真等技术，以此为依据，确定管理体系中的先进技术采用的原则；其五是基于时间因素的考虑，对高铁客站工期紧张的特性进行综合分析，研究对"工期有限"问题的破解策略，进而形成常用的管理办法。

4. 客站建设管理体系的常态表现形式

通过对高铁客站建设过程中的管理工作进行系统分析、总结，逐步构建并完善建设管理体系。不论客站的区位环境、制约因素、时间因素等如何，基本都可以将管理体系概括为"一个体系、三个子系统、九大模块"，如图6-1所示。

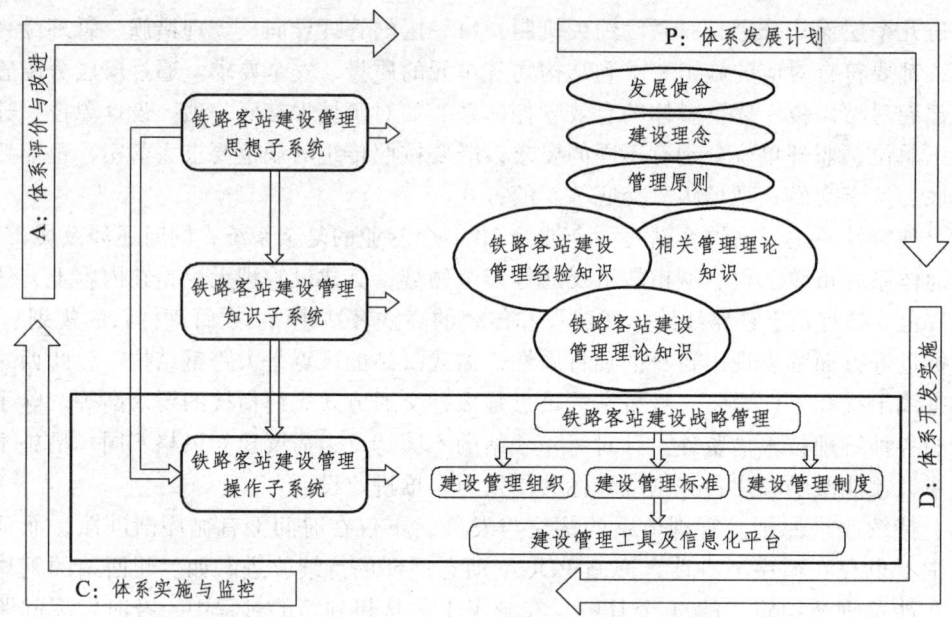

图 6-1　高铁客站项目建设管理体系框架模型

（1）一个体系，即将高铁客站站房、车场、站台与地方配套工程作为一个整体来规划和考虑，形成一体化管理的思路，形成如何实施一体化管理的顶层设计，并形成体系。

（2）三个子系统。高铁客站建设管理体系由相互关联、相互支持的三个子系统构成，即思想子系统、知识子系统和操作子系统。思想子系统的特点，是要在客站"从图到用"的过程中，将先进的管理思想演化为实用的管理理念，如兰州西站建设过程中的网格化管理；知识子系统，即要根据各个客站所采用的高新技术，对应地做好超前研究分析、有针对性的实例研讨等工作，把先进的科学技术知识理论运用于客站建设中；操作子系统，即采用的一切管理方法和手段，都要本着实用、见效的特点来思考、建立，确保在客站建设管理中既能简而易用，又能科学指导，如虹桥站、兰州西站建设中采用的"网格化"管理手段。

（3）九大模块。高铁客站建设过程中的管理体系，由九个功能模块构成，即：管理思想模块、管理经验模块、管理理论知识模块、专有管理理论模块、战略管理模块、组织管理模块、管理标准模块、管理制度模块和管理工具模块。这9个方面的内容，能否有效融入管理体系，是决定客站建设管理目标能否实现的重要因素。

6.1.3　制度体系的构建

在高铁客站建设步伐逐渐加快的形势下，已经建成的客站反映出管理水平参差不齐的现象，如：有的客站较好地实现了"六位一体"目标，维护工作也能较好组织；有的则为盲目追赶进度，导致成本控制效果不佳等问题。因此，相关部门在高铁客站项目管理领域推行"管理制度规范化、工地建设规范化、实体工程规范化"的规范化管理念与方法，其首要任务是建立一套目标明确、结构合理、运行有效的规范化管理制度体系。

1. 规范化管理制度体系的构建

规范化管理制度体系是通过对现有的管理制度进行内容重组和流程再造，保障组织管理制度化、现场管理规范化、目标管理集成化、文档管理格式化及过程管理信息化，使得具体、明确的量化标准渗透到客站建设管理的各个阶段、各个环节，提升管理专业化水平、降低项目管理成本、提升管理绩效。以某大型站房的规范化管理制度体系为例，其包括业主管理制度、协同管理制度、奖励管理制度和目标管理制度等一系列规章制度和办法，见表6-2。

表 6-2　某大型站房的规范化管理制度体系

制度分类	管理办法分类
业主管理制度	项目公司管理职责
	监、管、控实施办法
	建设监理管理办法
	建设设计代表管理办法
协同管理制度	投资方合作管理沟通制度
	建设工作联系单管理办法
	建设会议制度
奖励管理制度	优质优价、优监优酬管理办法
	建设风险管理办法
	建设廉政管理办法
目标管理制度	建设工程质量管理办法
	建设工程投资管理办法
	建设安全管理办法
	建设工程物资管理办法
	建设环境保护管理办法
	建设合同管理办法
	建设风险管理办法
	建设廉政管理办法

2. 规范化管理制度体系的运行保障机制

当前的大型客站项目不乏各类相关管理制度，构建规范化管理制度体系，是提升建设管理效率的首要前提，但要解决制度体系运行及协调不畅的问题，要在制度体系基础上建立起驱动其运行的长效、良性机制。

（1）协同机制。协同机制是要协同、调整建设管理系统与外部环境之间、系统内部纵横向之间的各种关系，使之分工合作、权责清晰、相互配合，有效地实现建设目标，如客站广场与站房主体之间的结合工作，需协调客站施工、设计单位与地方对接。

（2）合作机制。合作机制是建设参与方在充分考虑各自权利、利益的基础上，履行各自职责，从而实现大型客站项目共同目标的一种组织模式。其主要是业主与各参与方在相互信任、资源共享的基础上达成一种短期或长期的约定，并搭建组织平台，及时沟通信息，妥善处理争议，共同解决建设项目实施过程中出现的问题，共同分担项目风险和有关费用，保证各参与方目标和利益的实现。如在客站常见Ⅱ类变更设计的处理中，按照合同，有一部分费用由建设单位负责。

（3）激励机制。激励机制是要在制度标准制订和设计的基础上引导各参建单位达到自身目标的同时，为实现客站项目的整体目标而积极协同工作，实现个体利益与整体利益的一致取向。激励机制运行模式主要包括两个层面：第一个层面是对业主单位内部管理人员的激励，业主单位（激励制度的制订者）在预测内部成员需求层次的基础上进行第一次激励，形成首次动力，促进成员之间的合作行为。第二个层面是业主单位对各参建单位的激励，业主应根据不同参建单位的特点，对比完成的工作绩效来调整激励策略。激励机制运行模式主要存在需求层次了解和工作绩效考核两个核心环节。兰州西站在建设攻坚阶段，参建单位开展了多种劳动竞赛活动。

（4）约束机制。约束的实质可以理解为反向激励，防范大型客站建设过程中的消极怠工和机会主义，运用法律、制度、道德等行为准则抑制各参建单位对子目标的过度追求。规范化管理制度体系的约束机制包括外部约束机制和内部约束机制；项目的外部约束机制以控制和监督为主，包括建设行业法律、法规的约束，相关部门的监督约束；内部约束是各参建单位签订的合同、规章制度的约束。

6.1.4 运行管理模式

在高铁客站建设管理体系、制度体系分别建立的同时，支撑体系运转的管理架构模式也成为客站"六位一体"目标实现的关键。国内不同客站建设过程中的成功案例证明，管理架构的组建方式、管理特点，对客站"从图到用"过程中的作用巨大，尤其是在客站建设质量、过程安全控制、进度目标控制、综合目标保证等方面，甚至是其决定性因素。

1. 建设单位

1）建设单位的职责

一般意义上，建设单位也称为业主单位或项目业主，指工程项目的投资主体或投资者，它也是工程项目管理的主体。高铁客站建设单位的主要职责有以下几方面：

（1）贯彻国家有关工程建设方针政策、法律法规、工程建设强制性标准和铁路总公司制度标准，根据批准的建设规模、建设方案、技术标准、建设工期和投资，组织铁路工程项目建设，对质量、安全、工期、投资、环保、稳定等全面负责。

（2）参与建设项目前期工作，审查勘察大纲，验收勘察资料，核实征地拆迁数量和补偿费用，与产权单位签订道路（管线）改移等有关协议，负责初步设计文件初审和施工图审核。

（3）依法选择具备相应资质的勘察设计、施工、监理、咨询等单位承担相关工作，负责物资设备招标工作，与中标企业签订合同。

（4）组织办理规划选址、环评、水土保持、土地、节能、社会稳定风险评估、文物、立交、压覆矿产补偿等手续，以及实施过程中相关手续补充、变更工作。组织开展职业病防护有关工作。

（5）负责建设项目的征地拆迁工作，落实总公司与有关方面合作要求，负责与地方实施部门签订征地拆迁协议，督促落实地方征地拆迁工作推进和资金到位；落实项目沿线综合开发有关工作。

（6）组织编制指导性施工组织设计，组织制定营业线施工实施方案和安全措施，组织设计交底，办理批准单项工程开工手续；按规定编报工程项目建设期内滚动投资计划和年度投资计划，严格按批准的投资计划组织实施；按规定筹集使用建设资金，负责验工计价，及时办理工程价款等资金的拨付与结算；负责统计、报告工程进度，按规定办理变更设计。

（7）负责合同管理，认真履行合同，加强合同履约检查，实行动态管理。

（8）负责申办质量监督手续，健全落实质量、安全管理体系，建立事故处置机制，报告质量、安全事故，参与质量、安全事故的调查和处理，组织营业线施工安全培训。

（9）按规定负责工程竣工验收相关工作，编制工程竣工文件、竣工决算和工程总结；办理资产移交或维管交接、文件归档和档案移交。

2）建设单位管理模式

铁路客站由于属于铁路工程的一部分，结合铁路系统管理特点，当前主要有两种管理模式：

（1）地方铁路局建设。该模式一般由中国铁路总公司和其他单位共同出资，由地方铁路局建设（含代建）。如京沪高铁上海虹桥站、南京南站等站房工程，投资方为中国铁路总公司（原铁道部）、地方政府及其他投资人，由京沪高速铁路股份有限公司委托上海铁路局代建，上海铁路局分别成立上海虹桥站工程建设指挥部、南京南站工程建设指挥部建设上海虹桥站。新建宝鸡至兰州铁路客专兰州西客站站房及相关工程，投资方为铁路总公司和甘肃省政府，由兰新铁路甘青有限公司代表中国铁路总公司行使建设管理工作，并由其与兰州铁路局签订的《新建铁路宝兰客运专线兰州枢纽委托建设协议书》，兰州铁路局为代建单位，成立兰州枢纽工程建设指挥部进行工程建设管理。新建郑州至徐州铁路客运专线的商丘、徐州枢纽等站房工程亦采取此模式。

这种模式的优点是可以充分利用铁路局既有管理人才资源，对各专业间的协调工作较为有利，与地方政府之间的协调、在既有线原位改扩建客站施工时，统一协调的效果更好。

（2）铁路公司建设。在建设资金为中国铁路总公司和其他单位共同出资的前提下，可以组建由铁路总公司直管的合资铁路公司（以下简称铁路公司）作为客站的业主及建设单位。如新建张家口至呼和浩特铁路乌兰察布站等5座车站站房工程，建设资金来自公司股东资本金和金融机构贷款，项目出资比例为项目资本金和金融机构贷款各占50%，项目业主和建设单位为呼张铁路客运专线有限责任公司。可以认为该模式当前主要针对高铁小型站房工程进行。

3）建设管理机构

（1）设置专门的客站管理机构组织建设。这种模式的优点，是专业化特点明显，由于负责施组、质量、安全控制等核心岗位的人员多为从事过房屋管理或建设的人员担任，高铁客站建设管理的经验较为充足，对一些质量、安全、工期中的疑难问题能集中精力在短时间内解决，对质量安全惯性问题的防范较为到位。同时，这种模式还可以从专业化的角度，为建设单位、为高铁客站建设培养和储备建设管理人才。这种模式的缺点，是与客站以外专业、客站以外区域的协调工作量大，在枢纽地区体现得尤其明显。

这种模式对人员的配备一般以精为主。从项目管理机构的组成来看，对副职可以按站房专业、对外协调来考虑；对各个部门，除施工组织推进、质量管理控制、安全管理控制等3类全部由房建专业人员组成外，对财务、综合、物资、计量、统计等工作岗位，均可考虑综合性的搭配组成。

（2）由综合性指挥部组织客站建设，即将客站建设交由综合性指挥部组织实施。这种指挥部除管理客站外，兼管其他新线建设等工程项目。这种模式的优点，是将客站作为一个单位工程，即管理体系中的一个子项来考虑，对于客站建设过程中对外协调、大量的专业交叉等难题，可以由指挥部统一考虑解决，为客站快速组织推进创造良好的条件。这种模式的缺点，是专业化程度不够。如在项目管理机构的部门人员组成中，中层干部中有客站工作经历的人员较少，多为部门其他人员专管客站建设或以客站建设为主，通信、信号、客服等专业的人员则更为紧张，不利于一些问题的快速解决。如京沪高铁上海虹桥站的建设由上海铁路局上海虹桥站工程建设指挥部负责，新建宝鸡至兰州铁路客专兰州西客站站房工程由兰州铁路局兰州枢纽指挥部组织建设。

（3）由区域性指挥部组织客站建设。根据铁路总公司专业化管理的趋势，将在一些大地区成立区域性指挥部，将客站建设交由区域性的管理机构统一组织。随着中国高铁建设的持续推进，区域性指挥部组织客站建设模式将越来越普遍，如北京铁路局站房工程建设指挥部、成都铁路局客站建设指挥部，负责由北京铁路局、成都铁路局所承建（代建）站房工程的建设工作。

2. 设计单位

高铁客站设计工作的组织目前主要有两种模式。

（1）车场、站房、地方市政配套工程分别由一家单位设计，即至少共3个设计单位，多为专业化设计单位。这种模式多体现在枢纽地区大型客站中。这种模式的缺点，是对交集部分的设计工作考虑不全面，而目前业界尚未有明确的责任划分，多为建设单位、项目管理机构在实施中进行动态协调。如雨棚基础部分的过渡段处理工艺，纵断面上的界面划分不明确，处理方式不明确，往往易造成雨季的下沉。在这种模式下，各个设计单位的总体负责人作用发挥非常关键，但有的负责人受制于工作经历和专业所限，对接合部的处理不够及时。京沪高铁南京南站主站房工程由北京市建筑设计研究院有限公司负责主站房的设计工作，中铁第四勘察设计院集团有限公司负责无柱雨棚部分的设计工作，其中主站房的承轨层结构设计工作由两公司共同负责。

（2）在一些中小型客站中，站房、车场、站台等均由一家单位负责设计，多为综合性设计单位。这种模式的优点，是设计能够统筹考虑，从源头上减少责任的交集，利于客站质量控制。

从长远来看，第二种模式，即由一家单位负责设计工作，应是发展的趋势，应着力培养这种有一定设计广度、有一定见识水平、有一定专业深度、有一定设计经验的专业化设计机构。

3. 施工单位

高铁客站施工的组织目前主要有两种模式。

（1）平行承包模式，即站房、车场、站台由不同的施工单位施工。这种模式的优点，是赋予施工单位组织施工、提高效率的极大空间，施工单位可将一些较小的协调工作在内部消化解决，且易于对关键路线的控制，如在不同关键路线间发生碰撞时，可通过管理措施解决。这种模式的缺点，是项目部、工区人员配备不精、不强，由于专业过多而导致管而不精。

（2）施工总承包模式，即由一家施工单位施工。该模式多在中小型客站中体现。

4. 监理单位

客站监理单位主要依据监理合同约定和《铁路建设工程监理规范》（TB 10402），负责客站施工过程中的"五控制、两管理、一监督、一协调"，即质量、安全、进度、投资、环保控制，合同和信息管理，文明施工达标监督，以及各方关系的协调。派遣监理人员到建设单位协助相关工作，并接受招标人选定的外方质量代表对现场监理机构的管理。

客站建设监理常见的模式是综合监理模式，即将客站所属的相关工程划分为一个标段，由一家监理单位负责客站工程监理工作。如新建杭州至长沙铁路客运专线浙江段杭州南站站房及相关工程施工监理，设计范围内的侧式站房（包括地上地下建筑），高架候车厅，站台雨棚，出站地道及城市通廊，站前落客平台，基本站台侧围墙、隔栅，以及与站房配套的通风空调、给排水及消防、变配电及动力照明（以低压出口为界，低压出口以后纳入本次招标范围）、安全监控系统、电扶梯及静态标识引导系统等工程施工监理，均合并为一个监理标段，由一家监理单位完成。重庆至贵阳铁路扩能改造工程重庆西站站房及相关工程施工监理，包括东站房及高架候车（含建筑、结构、内装修、幕墙、屋面、室内给排水、消防、通风与空调、电力、静态标识、客服、票务、通信、信息、机电、智能化）、进出站通道（含建筑、结构、内装修、消防、电力、电梯）、雨棚工程（含建筑、结构、给排水、电力、信息、静态标识）、站台工程（含站台墙、站房范围内站台板、站台面、基本站台的综合管沟、结构、电力、消防、给排水）、框架正线桥、高架桥（含建筑、桥结构、电力、给排水、道路铺装）、落客平台装修面层及垫层、综合运输通道（含建筑、内装修、箱涵结构、电力、暖通、给排水）、相关配套工程（含锅炉房、冷却塔、贵宾通道、西侧疏散广场、室外附属、电力、室外给排水、园林绿化）、既有线防护工程，全部工程也为一家监理单位完成。

6.2 客站的施工组织

6.2.1 施工组织设计

1. 施工组织设计的基本要求

施工组织设计是用来指导施工项目全过程各项活动的技术、经济和组织的综合性文件，是施工技术与施工项目管理有机结合的产物。它能保证工程开工后施工活动有序、高效、科学合理地进行，并安全施工。施工组织设计一般包括工程概况、施工部署及施工方案、施工进度计划、施工平面图、主要技术经济指标等五项基本内容。

根据《中国铁路总公司铁路建设管理办法》（铁总建设〔2015〕78号），客站建设项目的施工组织设计应遵循以下主要原则：

（1）项目施工组织设计应以工程质量安全为前提，围绕工期和投资效益目标，遵循节约用地、节能环保、因地制宜的原则，强化技术管理和资源配置，科学合理编制。

（2）客站设计单位按照预可行性研究、可行性研究、初步设计三个阶段分别编制概略施工组织方案意见、施工组织方案意见、施工组织设计意见，并按规定报批。建设单位负责组织编制指导性施工组织设计，报总公司审批。施工单位负责编制标段实施性施工组织设计，经监理单位审核后，报建设单位审批。

（3）在施工组织设计编制和实施过程中，当工程客观因素发生变化时，应及时分析原因，拟定改进措施或修订方案，按规定程序进行动态调整和优化。

2．指导性施工组织设计的主要内容

根据中国铁路总公司工程设计鉴定中心《大型铁路客站指导性施工组织设计编制目录》（鉴客站〔2009〕257号），指导性施工组织设计主要包括的内容见表6-3所示。

表6-3 大型铁路客站指导性施工组织设计编制目录

章名称	节名称	小节名称
第一章 编制依据	1．可研、深化方案、初步设计批复情况	
	2．设计图纸及说明书	
	3．施工调查情况	
	4．主要法规及铁道部文件	
	5．主要规范、规程	
	6．全线总体施工组织设计	
第二章 工程概况	1．工程简况	1.1 枢纽及站场简况
		1.2 与市政及地铁配套简况
		1.3 站房简况
		1.3.1 建筑简况
		1.3.2 结构简况
		1.3.3 设备简况（给排水、消防、暖通及空调、电力及电气、智能建筑、客服等）
		1.3.4 节能及环保简况
		1.4 雨棚及其他工程简况
		1.5 站房及雨棚主要工程数量
	2．自然条件	2.1 地质特征
		2.2 水文特征
		2.3 地震基本烈度
		2.4 气象特征
	3．工程建设条件	3.1 用电条件
		3.2 用水条件
		3.3 交通运输条件
		3.4 周边环境条件

续表

章名称	节名称	小节名称
第三章 施工部署	1. 指导思想	
	2. 主要管理目标	2.1 质量目标
		2.2 安全目标
		2.3 工期目标
		2.4 投资控制目标
		2.5 文明施工及环境保护目标
		2.6 科技创新规划
	3. 工程准备	3.1 供图计划表
		3.2 技术准备工作计划表
		3.3 资源需求计划表
		3.4 征地计划表
		3.5 拆迁计划表
	4. 总平面布置	4.1 站房及站场施工总平面布置图
		4.2 分阶段站房施工平面布置图（桩基、土方开挖、基础、主体、装饰）
		4.3 分阶段雨棚施工平面布置图（桩基、土方开挖、基础、主体、屋面）
		4.4 站房关键控制性工程施工平面布置图
		4.5 站台施工平面布置图
		4.6 临时设施布置图
		4.7 场地运输通道及排水规划布置图
	5. 组织管理	5.1 组织机构说明
		5.2 组织机构图
	6. 区段划分	6.1 平面总体分区图
		6.2 竖向总体分层图
	7. 施工顺序	7.1 整体施工总流程图
		7.2 地下结构施工顺序图
		7.3 地上结构施工顺序图
		7.4 雨棚结构施工顺序图
		7.5 高架桥施工顺序图
		7.6 装饰工程施工顺序图
		7.7 设备安装工程施工顺序图

续表

章名称	节名称	小节名称
第三章 施工部署	8. 工程专项计划	8.1 工程主要材料及设备供应计划表
		8.2 工程队伍安排计划表
		8.3 工程各阶段劳动力安排计划表
		8.4 施工机械设备及主要周转材料安排计划表
		8.5 资金使用计划表
第四章 施工进度安排	1. 工期目标	1.1 总体工期目标
		1.2 站房、雨棚及站台、高架平台、铺架、设备安装等节点目标（标出关键线路）
		1.3 调试及验收
	2. 施工进度计划	2.1 施工进度计划总说明（重点编写：工程流水作业及平行施工的合理安排情况）
		2.3 站房进度计划（横道图及网络图）
		2.4 雨棚及站台进度计划（横道图及网络图）
		2.4 高架平台进度计划（横道图及网络图）
	3. 工期保证	3.1 工期保证体系
		3.2 进度控制的基本程序
		3.3 工期保证措施
		3.4 关键工程工期风险分析及应对措施
第五章 工程协调	1. 与市政的协调	重点编写：施工顺序、交叉的时间节点、场地及设备安排、采取的措施
	2. 与地铁的协调	重点编写：施工顺序、交叉的时间节点、工程状况、场地及设备安排、采取的措施
	3. 与高架桥的协调	重点编写：施工顺序、交叉的时间节点、工程状况、场地及设备安排、采取的措施
	4. 与铁路铺架的协调	重点编写：交叉的时间节点、工程状况、场地及设备安排、采取的措施
	5. 与"四电"安装的协调	重点编写：交叉的时间节点、工程状况、场地及设备安排、采取的措施
	6. 与"客服"安装的协调	重点编写：交叉的时间节点、工程状况、场地及设备安排、采取的措施
第六章 站房、雨棚、高架平台关键工程施工方案	1. 工程测量	
	2. 轨道层板施工	
	3. 大跨度钢结构工程	3.1 站房钢结构工程
		3.2 雨棚钢结构工程
	4. 室内控制性装修	
	5. 高大幕墙安装方案	

续表

章名称	节名称	小节名称	
第六章 站房、雨棚、高架平台关键工程施工方案	6. 站前平台及高架桥工程		
	7. 设备安装	7.1	通风与空调工程
		7.2	给排水工程
		7.3	消防工程
		7.4	电气及照明工程
		7.5	智能建筑系统
	8. 大型临时设施和过渡工程的施工方案		
	9. 其他重点及难点专项技术措施方案		
第七章 工程保证措施	1. 质量保证措施	1.1	质量目标
		1.2	质量管理组织机构
		1.3	质量保证体系
		1.4	岗位质量职责
		1.5	过程控制
		1.6	技术措施
	2. 安全保证措施	2.1	安全施工目标
		2.2	安全组织机构
		2.3	安全保证体系
		2.4	安全生产责任制
		2.5	重点部位安全保证措施
		2.6	应急预案
	3. 工期控制措施	3.1	工期目标
		3.2	工期组织机构
		3.3	工期保证体系
		3.4	确保工期的各项制度
		3.5	过程控制措施
	4. 投资控制措施	4.1	投资控制目标
		4.2	投资控制组织机构
		4.3	投资控制保证体系
		4.4	投资控制保证措施
	5. 文明施工、环境保护及节能管理措施	5.1	文明施工目标、环境保护、节能控制目标
		5.2	组织保证体系
		5.3	计划安排
		5.4	保证措施
	6. 科技创新计划	6.1	科技创新目标
		6.2	组织保证体系
		6.3	计划安排
		6.4	保证措施

6.2.2 施工部署

1. 施工顺序及区段划分

1) 确定影响施工顺序及区段划分的主要因素

（1）既有建筑拆迁。高铁客站工程占地面积大，施工中经常会遇到规划场区内的既有建筑物拆迁问题。一旦出现"拆不动"或"钉子户"情况，客站建设便会受到极大影响。如果遇到以上情况，解决方案主要有以下两种：第一种是参建各方做好拆迁工作，尽早完成拆迁及场地平整。第二种是调整施工顺序，合理划分施工区段，将受拆迁影响区域暂缓施工，待拆迁问题解决后再行施工。

（2）既有线影响。既有线对高铁客站建设影响很大，站房工程与既有线有两种相对位置关系：第一种是既有线位于站房之外，即既有线对站房施工影响相对较小。第二种是既有线穿越站房，即既有线对站房影响相对较大，在这种情况下，通常要做好既有线防护，建设临时便桥过渡既有线，以利于施工。

（3）地铁交叉施工。高铁客站作为交通枢纽，汇集了铁路、地铁、市政交通等多种交通方式。一站式换乘时，地铁位于铁路站房下方，那么在施工组织时应结合地铁与站房结构形式、总工期等，并且要考虑两者施工顺序。同时由于高铁客站一般由铁路总公司投资、地铁由地方政府投资，两者属不同出资方，就会涉及资金是否到位，是否由同一施工单位施工，是否由铁路总公司统一管理等诸多问题，这就更增加了施工组织的复杂性。

2) 合理划分施工区段

高铁客站建设一般需划区施工，以形成平行流水作业格局，加快建设进度。常见的情况有：

（1）大型客站工程多由联合体中标，需将工程划分为不同区段。

（2）施工阶段需将工程划分为若干施工区域，组织多个作业队伍同时施工。

（3）既有线影响，需分区施工，通过转线完成整体工程建设。

2. 施工进度计划

工期是施工组织的核心要素，施工组织中的资源配置、施工方案选择、现场平面布置等都紧紧围绕施工进度安排。合理的工期对施工组织、造价控制、质量管理、安全管理等都大有裨益。在高铁客站施工组织中，要充分考虑切实的保证措施，主要包括：

（1）尽早深化设计方案。

（2）划分为若干个施工区，各个施工区同时组织施工。

（3）增加劳动力、施工物资、机械设备等资源配置量。

（4）调整施工方案以满足工期要求。

3. 施工机械配置

施工机械配置对施工工艺、施工方法、工程进度有直接影响，合理的施工机械配置对加快建设速度、提高工程质量、保证安全施工、节约工程成本起着至关重要的作用。

4. 施工现场总平面布置

高铁客站场区前期往往受征地拆迁、地下管线改移、既有线过渡等影响，其建设的前期

"四通一平"工作主要由站前单位实施，总平面布置时应结合站前总体区域划分，合理布置客站施工的总平面。在客站建设中，现场平面布置一般根据地下结构施工、地上主体结构施工、既有线过渡、装饰装修等不同阶段，据实合理布置。在布置中需考虑在城市区域施工时交通疏解策略的综合需求，施工临时道路与施工便道的结合，场区内与其他单位的使用界面，物料周转加工区，人员生活区与城市周边关系，给排水及电力布置，以及当地气候等，邻近营业线时还应考虑雨季排水坡向等。

5. 重难点施工方案策划

高铁客站建设中的边坡支护与土方开挖、桩基与地基处理、承轨层复杂混凝土结构、大跨度钢结构吊装、复杂劲性节点、高大空间吊顶、公共区域装饰装修、异型曲面结构、既有线等工程，施工难度大，质量标准高，应提前进行策划。

6.2.3 施工组织案例

1. 兰州西站工程施工组织

兰州西站总建筑面积 26 hm^2，其中站房面积约 12 hm^2，建筑总高度 39.35 m。站房平面呈"工"字形布置，分为南站房、北站房及高架站房，地下一层，地上两层。地下一层为南北城市通廊及出站厅，兰州市轨道交通 2 号线位于地下一层正下方，沿站房中线南北向贯穿；地上一层为进站大厅；地上二层为高架候车层。站场按一站两场布置，内设 13 台 26 线，北区普速场为改建陇海线和兰新线，南区高速场为宝兰客专和兰新客专。

兰州西站于 2013 年 2 月 28 日开工建设，经过 22 个月的施工，于 2014 年 12 月 26 日正式开通运营。

1）施工部署

站房主体结构为钢筋混凝土楼板加预应力混凝土梁，竖向结构为钢骨混凝土柱和钢结构柱。在混凝土结构施工期间，合理安排钢柱吊装路线，利用 150t 大型履带吊在站房结构外侧吊装钢结构柱，使混凝土结构施工与钢结构吊装工作同时开展，互不影响，以节约施工工期。

站房屋盖和雨棚均为钢结构，通过合理划分施工区段，使站房屋盖钢结构由站房中部变形缝向南北两侧施工，使东西雨棚钢结构由东西两侧向中间推进，以保证工序有效流水，互不干扰。

2）节点工期安排

兰州西站原定开工时间为 2013 年 2 月 28 日，计划竣工日期为 2016 年 2 月 27 日，总工期 36 个月。为满足兰新客专 2014 年年底开通需要，经过方案优化，将工期调整为 24 个月。后经过艰苦奋战，实际用 20 个月完成。

兰州西站质量标准高、工期紧、任务重，为保证兰州西站顺利开通，需优化站场方案和调整施工组织，进一步完善施工过渡和防护措施，实行南北站房同步施工，并制定里程碑式的节点工期目标，具体如表 6-4 所示。

表 6-4 兰州西站工程重要节点工期

序号	分部分项工程	完成时间
1	桩基工程	2013 年 5 月 20 日
2	地铁结构工程	2013 年 8 月 8 日
3	混凝土结构工程	2013 年 10 月 20 日
4	钢结构工程	2013 年 12 月 31 日
5	屋面工程	2014 年 04 月 20 日
6	外装幕墙工程	2014 年 10 月 15 日
7	装饰装修工程	2014 年 10 月 31 日
8	系统调试完成	2014 年 12 月 26 日

3）方案策划

兰州西站作为西北地区大型铁路客运综合交通枢纽，大量应用了国内外先进施工技术和工艺，始终把技术创新作为解决施工难题和提升工程质量的重要手段，通过技术革新、工序优化，大大提高了现场施工进度和工程质量。工程施工中共应用了建筑业 10 项新技术的中的 10 大项 34 个子项，在管理中实现了超越引领技术 53 项。其中大跨度"几"字形屋面钢桁架散拼高空安装施工技术、双曲面仿石铝板施工技术、BIM 的建筑设计施工一体化技术得到国内外有关专家的高度赞誉。

在施工过程中，对施工技术难度大、工艺复杂的分部分项工程，包括地铁深基坑支护专项安全施工方案、钢结构吊装方案、高支模方案、既有线施工等严格执行住房和城乡建设部《危险性较大的分部分项工程安全管理办法》（建质〔2009〕87 号）的规定，从施工组织、机械配备、方案选择等方面做出详细部署。在组织专家论证的同时，履行逐级审批手续，确保专项施工方案安全、可行、优化。

4）平面布置

兰州西站位于兰州市核心地带，道路狭窄拥堵。原施工现场的交通条件为北侧的东西出口，不能满足分区施工的交通疏解要求。为此通过优化，另在南侧东、西各增加了一处跨兰新铁路的施工便桥，形成了 4 个方向的运输通道，与场内环形道路相连，满足了各种条件下的运输需求。

本工程南北区同时施工，为便于施工过程管理，在南区和北区分别建立了现场办公区及工人生活区，同时根据各个施工阶段分别对施工现场进行平面布置。基础阶段在基坑四周布置了一道 6m 宽的环形道路，在站房东西两侧各建 4 个钢筋笼加工厂来满足基础施工需求。结构施工阶段在满足现场环路畅通的情况下，在站房东西两侧各布置 4 个钢筋加工厂和 4 个木工加工厂来加工钢筋和模板；同时在靠近站房部位东西两侧各布置 2 个钢结构预拼场地，进行钢结构预拼装工作。装修施工阶段为满足装饰装修阶段原材料堆放要求，在南北站房东西两侧设置 2 个铝板堆放场、2 个石材堆放场和 2 个钢材堆放场。兰州西站施工总平面布置如图 6-2 所示。

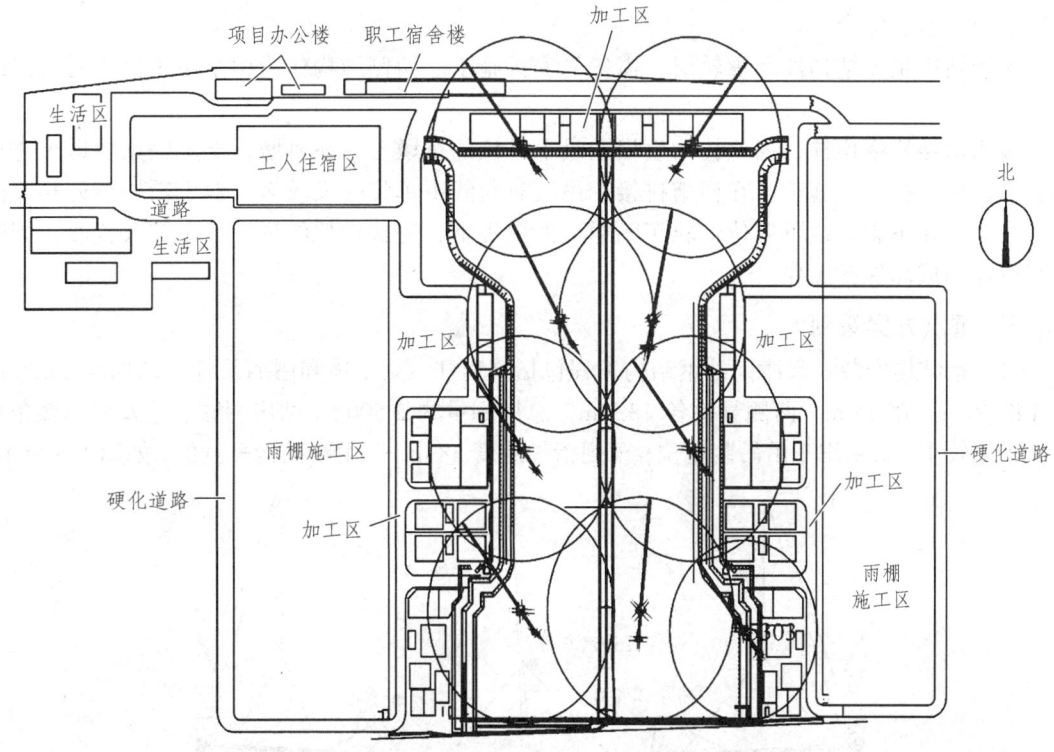

图 6-2 兰州西站施工总平面布置

2. 天津南站施工组织设计

1) 工程概况

天津南站位于天津市西青区张家窝镇境内,为京沪高铁出京第二站。天津南站站房采用"线下桥式"站型设计,旅客流线模式为下进下出(图 6-3、图 6-4)。站房建筑面积 8 669 m²,主体部分为混凝土框架结构,站房结构高度 29.75 m,雨棚顶板覆盖投影面积为 23 384 m²,覆板长度为 437.08 m,雨棚顶板为钢桁架结构。站场设计为 2 台 6 线,正线 2 条,到发线 4 条,站台长 450 m、宽 12 m、高 1.25 m。

图 6-3 天津南站正立面

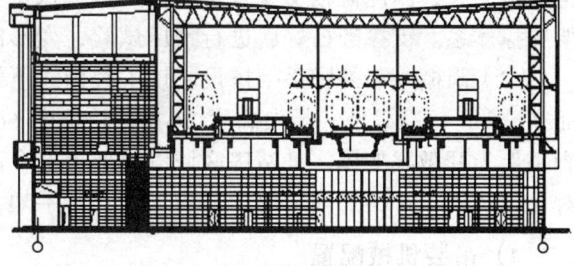

图 6-4 天津南站横剖面图

2) 施工顺序

天津南站原设计站房为京沪高铁全线唯一采用的站桥合一设计方案的线下中间站房,中部 2 条正线架桥通过,两侧 4 条到发线落于站房顶板上。施工时站房专业需与桥梁、路基、轨道等专业密切配合。

由于站房主体结构涉及承轨层，需优先安排施工。两侧结构作为两个施工区，同时组织施工。

雨棚钢结构格构柱、摇摆柱均生根在线下单位的桥墩上，在桥墩、架梁完成后即可进行雨棚格构柱、摇摆柱施工。在桁架拼接、吊装时与线下单位交叉较多，双方需协商好相互的施工顺序，在不影响线下单位运轨车辆通过的前提下，完成桁架的拼装、吊装及验收，同时做好桥面的成品保护工作。

3）重点方案策划

（1）钢结构安装。天津南站钢结构工程包括箱型柱、梁主体和屋面系统，结构高 29.2 m、长 143.76 m、宽 18 m，两侧悬挑各 13.3 m，总用钢量约 2 500 t。站房钢柱、梁及屋面檩条单构件重量较小，采用汽车吊吊装就位；雨棚桁架跨度 58 m，采用双机抬吊就位，如图 6-5 所示。

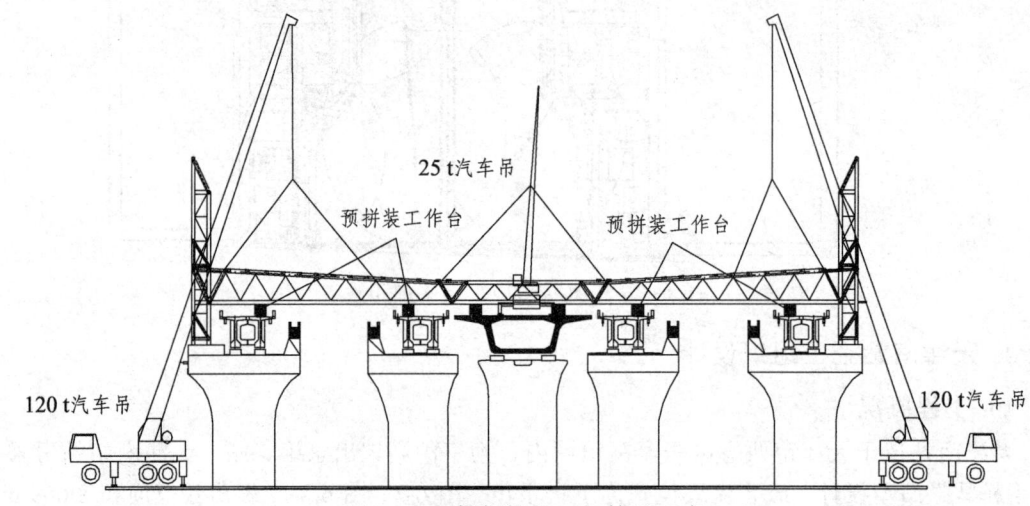

图 6-5 雨棚钢桁架双机抬吊示意

（2）承轨层结构施工。天津南站采用了站桥合一设计方案，4 条到发线落在站房顶板上，楼板厚 500 mm，中间大跨度预应力梁截面为 800 mm×2400 mm，层高达 12m。由于混凝土构件截面大，因此模板支撑系统非常关键，依据支撑系统设计分析，采用了碗扣式满堂脚手架支撑体系。支撑架搭好后进行预压试验，变形满足要求后进行后续作业。

（3）雨棚幕墙外脚手架搭设。该工程为线下站，雨棚位于站房上方，东西两侧幕墙装修面在 16 m 标高以上，最大高度 26 m，总长度 660 m。由于东西立面被线路分隔，幕墙施工脚手架为开敞式架体，且站房区域以外部分站台以下除桥墩外无任何可拉结结构。经过方案对比，选用双排架加辅助架形式的盘扣式脚手架，局部设加强措施。

4）吊装机械配置

天津南站主体结构施工期间布置 1 台 70 m 臂长塔式起重机，负责站房工程结构施工期间钢筋、模板等材料的垂直运输。雨棚钢立柱组对焊完成后高度有 29 m 和 18 m 两种，质量分别为 20 t 和 13 t，根据吊重及现场场地情况应选取 120 t 汽车吊吊装。雨棚钢桁架跨度 58 m，采用 2 台 120 t 汽车吊双机抬吊至格构柱顶，同时站台上设 1 台 25 t 吊车辅助作业。

5）施工平面布置

根据本工程结构类型、场地条件及周边环境等特点进行现场平面布置，平面布局遵循如下原则：

（1）分阶段布置原则。本工程分基础结构施工阶段、主体结构施工阶段、装饰装修阶段进行布局。

（2）分区域布置原则。在天津南站的东侧设计用地范围内，布置按办公区、生活区、生产加工区划分。

（3）减少场内搬运原则。成品半成品堆放区、周转料堆放区及其他施工材料堆放设在塔吊大臂旋转覆盖范围内，以减少现场的二次搬运。

（4）满足安全环保管理原则。中小型机械的布置尽量避开高空物体打击范围，钢筋加工场区设防砸棚，噪声大的机械设备（如混凝土地泵、木工加工机械等）设隔音棚，施工出入口内侧设车辆出场清洗处，保证车辆干干净净出场。

（5）封闭管理原则。现场周边设置围挡将施工区域与周边环境隔离，出入口处设警卫室并配备保安人员。

3. 沈阳站施工组织设计

1）工程概况

沈阳站为哈大客运专线重要配套交通枢纽站，2010年启动沈阳站改扩建，包括西侧新建站房和东侧既有站房改造两部分（图6-6、图6-7）。沈阳站新建站房面积为4.87 hm²，改造面积为1.43 hm²，无柱雨棚面积8.43 hm²。新建站房竖向分出站层、站台层、高架层三个层面，主站房平面投影为T字形，翼缘长175 m，腹部宽103 m，腹部长220 m。站房主体最高点距地面48 m。高架候车室屋盖结构形式为大跨度拱形钢管拱桁架结构，拱桁架跨度为67 m，拱高22.8 m。站场规模为10台19线。开工日期为2010年4月15日，竣工日期为2013年7月30日，共计39.5个月。

图6-6 站房鸟瞰效果图

图6-7 总平面图

2）施工区段划分

为确保既有沈阳站运营能力不受影响，沈阳站改造工程采用本站过渡方式，施工任务分两阶段组织，即E轴以西第一阶段施工完成具备过渡使用条件时，既有运营线路转入新建普速场区域，并过渡开通，同步开始E轴以东第二阶段施工任务。

3）施工顺序

（1）第一阶段：对沈阳站既有3站台中间进行南北封挡，封锁拆除既有1、3、5、7道，拆除既有 4 站台、第三高架候车室、雨棚、接触网。施工沈阳站新建 5~10 站台地下通道、高架候车室、无柱雨棚、站台、行包地道，新建西站房，完成后过渡开通新普速场 6~10 站台和 11~19 道线路。

（2）第二阶段：对新建 5 站台东边线进行南北封挡，封锁既有 2、4、6、8、10、12 道，拆除既有 1~3 站台、第一、二高架候车室、雨棚、接触网。施工沈阳站高速场 1~4 站台及既有东站房改造工程，最终实现新建高速场及东站房的全面开通使用。

4）施工进度计划

（1）进度安排和线路整体计划协调一致。沈阳站作为哈大线的一部分，施工过程中交叉作业多，路基、铺轨、四电、客服及地方市政工程（地铁、广场）都是由不同的施工单位来进行的，作业面交织在一起。站房的工期节点受到线路工期节点的限制，必须满足铺轨、转线、联调联试和通车的总体安排。

（2）进度动态管理。站房工期经常受到整条线路因素的影响，施工现场不确定因素多。高铁客站施工和站前单位、市政单位的进度安排密切相关。不同单位的施工计划调整时，其他施工方也要及时调整施工计划，并对方案、顺序、施工资源等配套优化。

5）重点方案策划

（1）穿越既有站房暗挖通道施工。沈阳站既有东站房为省级文物，国家文物局不同意拆除新建。为实现市政通道顺接地铁 1 号线地下二层进站厅的建筑功能要求，并确保通道主体结构施工不对既有东站房文物保护性质造成影响，施工中采取被动桩基托换及盖挖法相结合的施工方案进行处理。

依靠托换结构自身的截面刚度，在托换结构完成后将需托换的原结构桩基础切除，直接将上部荷载通过托换梁、板传递到新桩。托换体系施工完毕，达到设计要求后，具备桩基托换工序施工，随土方开挖施工的进行，组织进行托换板下部的既有站房柱下单桩的破除工作，实现既有站房上部荷载的转换，为盖挖法施工托换板下部的通道主体结构提供条件。

（2）既有线环境下大跨度钢桁架结构施工。沈阳站改造工程屋盖大跨度拱桁架安装，需在高架层楼面上布置两台 M440 行走式塔吊及西站房西侧站台层设置一台 400t 履带吊作为主要的起重吊装设备，考虑到高架层下部区域站台层地下通道均已过渡开通运营，吊装工作需均在高架层楼板结构以上空间内完成。

（3）超高共享大空间吊顶单元式安装施工。沈阳站高架候车大厅铝合金条板及局部铝单板吊顶面积垂直投影面积达 16 650 m^2，地面距吊顶饰面标高约 15.7~35.3 m，整个吊顶呈弧面形状，且弧度较大（拱脚弧度近 70°），吊顶面板采用铝合金条板，单块尺寸为 180 mm × 8 500 mm，板条间距 120 mm。垂直板条方向间隔设置 300 mm 宽铝单板收边。通过研究，采用单元式安装施工的方案。

6）塔吊配置

（1）第一施工段：混凝土主体结构施工阶段，现场配置 7 台固定式塔吊（4 台 ZSC60120 塔吊，3 台 TC6013 塔吊），进行钢筋、混凝土、模板等材料垂直运输工作，主体结构施工完毕后全部拆除；西站房夹层及屋盖钢结构吊装施工中，布置 2 台 M440D 移动式塔吊和 1 台 400 t 大型履带吊进行钢构件的起重吊装。

（2）第二施工段：混凝土主体结构施工中共布置 2 台固定式塔吊（TC6013），分别布置在东侧中央站房南北两侧（位于轨道层），主要负责东站房结构施工期间钢筋、模板等材料的垂直运输，结构施工完毕后拆除；站房屋面钢结构安装前，布置 2 台大型履带吊，分别为 650 t 和 400 t。

7）施工平面布置

平面布置根据施工区段的不同，分转线前第一施工区段布置和转线后第二施工区段布置。转线前，在新建西站房的西南侧设项目办公区，在新建西站房西侧设站房钢结构拼装场地，加工区和工人生活区均在场外租赁。转线后，在新建东站房的东南侧设项目办公区，在新建雨棚北侧设站房钢结构拼装场地。

6.3 站房结构施工技术案例

6.3.1 大跨度"几"字形屋面钢桁架散拼高空安装施工技术

1. 技术背景

兰州西站建筑总高度为 39.35 m，外立面屋盖采用正交空间管桁架钢结构，顺轨方向的主要跨距为 27 m、66 m、27 m，垂直于轨道方向的跨距基本以 20~32 m 跨为主。主结构结合建筑表皮沿"几"字形布置主桁架，"几"字中间部分凸起近 10 m，凸起部分跨度最大为 66 m，桁架与钢管柱连接采用跨度 2 m、高度 3 m 的倒置三角管桁架。其施工难点是结构规模大，造型复杂，这本身就给工程的施工带来了很多不确定因素。

2. 方案确定

设计时利用 BIM 技术建立空间模型，模拟空间连接形式，进行精确定位；使用 MIDAS 有限元软件等计算仿真软件进行计算分析放样。现场施工时将大跨度的钢桁架从平面分割成若干条状或块状单元，分别用起重机械吊装至高空设计位置进行拼装，连接成整体后，进行卸载。

3. 施工技术

1）钢结构全过程计算机信息化施工技术

屋盖钢桁架顺轨方向跨度达到 120 m，桁架体系由上万个杆件构成，因此，对杆件加工精度要求高，高空各组件拼装精确定位要求高。在钢桁架加工生产前，采用 MIDAS 有限元软件计算分析和利用计算机仿真技术，对分块吊装单元吊装变形、支撑变形、安装变形和卸载进行了仿真。利用 xsteel 软件对构件加工、分块吊装、整体卸荷等施工全过程进行三维模拟，实现了建设项目设计与施工过程模拟与分析的数字化。施工中利用 BIM 技术，首先建立站房钢桁架三维空间模型（图 6-8），模拟钢桁架空间体系排布，从而确定每根杆件空间定位、加工尺寸及各杆件连接处切口形式。依据三维模型中杆件数据进行加工、分段拼装，保证钢桁架体系高空精确对接。

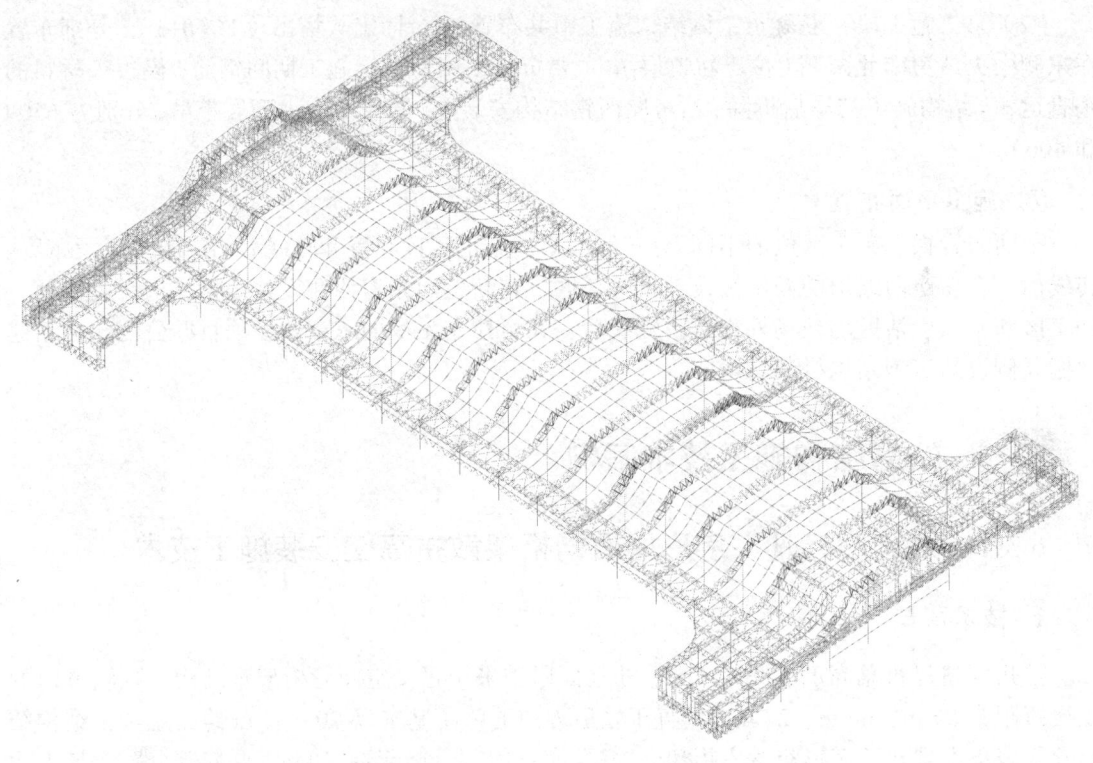

图 6-8　站房钢桁架空间模拟

2）定位安装临时支撑技术

为保证结构分段就位，需设置临时支撑架（图 6-9）。按分段的重量进行计算，以此确定本工程的临时支架采用格构柱体系。同时根据吊装时支架受力的不同，进行每支临时支架的合理设计，并对钢结构吊装工况进行验算。利用计算机模拟技术，对施工过程中的分块吊装单元吊装变形、支撑变形、安装变形和卸载进行仿真模拟，确保安装位置及精度准确。

图 6-9　临时支撑桁架示意

3）钢结构分段吊装施工技术

站房主桁架采用 400t 履带吊分别立于站房东西两侧同时进行大跨度钢桁架吊装。依据

400 t 履带吊工况图，同时考虑吊装设备、行走路线等多方面的要求，合理利用大型履带吊的吊装性能。在起重能力、回转半径等因素允许的条件下，节点和构件吊装尽量采用较大的单元形式进行吊装，减少吊装定位次数，保证吊装质量和吊装进度，减少各段之间高空连接点，如图 6-10 所示。

图 6-10　钢桁架单元体分段吊装

4）钢结构安装后的卸荷技术

采用整体分级卸载方案，遵循卸载过程中结构构件的受力与变形协调、均衡，变化过程缓和，结构多次循环微量下降并便于现场施工操作来实现。主要采取对支撑顶部的胎架模板割除的办法进行，根据支撑位置的卸载位移量控制每次割除的高度 ΔH（每次割除量控制在 5~10 mm），直至完成某一步的割除后结构不再产生向下的位移后拆除支撑，同时在支撑卸载过程中注意监测变形控制点的位移量。图 6-11 所示为站房钢桁架卸荷完成后的情况。

图 6-11　钢桁架卸荷完成后照片

5）低温钢结构焊接施工技术

钢桁架钢材主要为 Q345C、Q345GJC，钢板、节点强度要求高，且钢结构焊接对施工时正值兰州严寒季节，因此钢结构高海拔低温焊接对施工提出了更高的要求与标准。低温条件下焊缝金属因热量流失快，在冷却时收缩使焊接区钢材产生应力不均导致构件变形，所以焊接选用低温抗裂性强的全位置焊条，如低氢型焊条、高韧性焊条或氧化铁型焊条等；焊接时采用电加热、火焰加热器等方法进行构件预热，焊接完成采用后热消氢处理保证焊接区温度平稳冷却，减小不均匀应力的产生。

6.3.2 大跨度焊接球网架分区整体提升安装技术

1. 技术背景

滨海站屋盖为大跨焊接球网架屋盖，平面形状呈工字形，建筑外形为小矢高壳体，候车层屋盖沿横轨向设有条形采光天窗，采光窗采用的是箱梁与网架连接的结构形式（图6-12）。屋盖网架节点采用焊接球节点和相贯焊节点结合的形式，整个屋盖体系为两向正交正放网架和桁架混合结构体系。屋盖钢结构面积达 53 450 m²，网架自身截面高度为 3.3 m 左右。构件种类数量繁多，其中杆件数量约为 48 000 根杆，杆件最大为 $\phi 600 \times 36$。焊接球数量约为 12 000 个，最大焊接球为 WSR10050。网架质量约 5 000 t，网架顶距高架层楼板面相对高度为 25 m。如采用传统的散装法安装、高空拼装，焊接及油漆施工量大，安全风险增加，且土建移交场地的时间无法满足高空散拼的作业时间。因此，综合考虑各方面的因素，为提前介入钢结构网架的施工，将站房屋盖钢结构分为 4 个区段，选用"分区施工、楼面整体拼装、分区分块整体液压同步整体提升安装"的施工技术。

（a）立面

（b）平面

图 6-12 滨海站建筑图

2. 施工技术

1) 球形节点支座加工技术

滨海站站房天窗主梁由 15 榀箱梁及支座节点构成，天窗箱梁采用 □1500×500×20×30，跨度 63 m，与外部网架结构的上下弦焊接球相连，焊接球直径 $\phi 800 \times 40$。采用工厂化加工复杂节点，现场拼接球形节点与箱梁焊接的方法施工（图 6-13），减少了现场焊接工作量，提高了加工速度，确保了工程质量。

图 6-13 箱梁与球形网架连接

2）焊接球网架（最大跨 63 m）液压同步整体提升技术

滨海站网架分段、分区主要分析了结构自身的特点，考虑了施工总体方案，土建施工与钢结构的施工存在大量的交叉施工作业，钢结构的施工作业面受土建施工作业面的提交影响较大。根据本工程土建结构的分布情况，以候车层结构层为主将土建结构划分为南北两个施工分区。结合网架结构某些区域的剖视图形状一样（即球的中心点在同一标高），土建结构提供作业面时间的先后顺序，将整个网架结构在土建结构分两个分区的情况下再细化，共分为了 A、B、C、D 四个区域（图 6-14）。提升前先在柱顶设置专用提升架，安装液压提升器并在钢网架上设置下锚点，经过计算利用原结构柱作为提升吊点，提升器对称布置，整体提升高度约 20 m，现场提升速度为 4~6 m/h。分段施工、分片提升提高了效率，保证了工程质量，确保了安全。

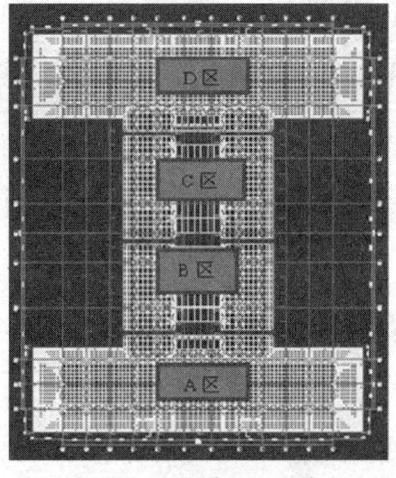

图 6-14　提升分区示意

3）大跨度（最大跨 63 m）焊接球网架整体提升变形控制技术

利用 SAP2000 软件模拟提升时整个网架的变形情况，提前做好预控并制定相应措施，对 4 个提升区域施工过程中的分块吊装单元吊装变形、支撑变形、安装变形等进行了仿真，施工中对网架中间、四周悬挑及高空对接位置起拱；同时对外侧钢柱处通过外加配重和倒链张拉的方法调整到设计标高，柱子周围同步嵌补，保证了安装精度和质量，如图 6-15、图 6-16 所示。

图 6-15　提升架分布

图 6-16　网架提升

4) 大面积焊接球网架楼面整体拼装胎架布置

利用原混凝土楼面承载网架自重,在混凝土内预埋钢板,焊接方管立柱作为胎架,以球节点控制定位,每个球节点下设置胎架,由内往外扩散组装,组装完成后,再进行外围悬挑网架与楼面网架的对接,如图 6-17 所示。

图 6-17　楼面胎架拼装

6.3.3　高低跨钢桁架累积滑移施工技术

1. 工程背景

福州南站站房及配套工程钢结构主要由两个部分组成,分别为站台雨棚钢结构,东、西站房屋面钢结构。火车站钢结构布置空间模型如图 6-18 所示。东、西两区站房采用钢骨混凝土柱和混凝土梁形成框架结构,屋盖采用钢结构屋盖,支撑于钢骨混凝土柱柱顶滑动支座或埋件上。其两侧为平屋面,屋面标高为 29.5 m,中间部分为坡屋面,屋脊标高为 51.5 m,檐口标高为 39.5 m。

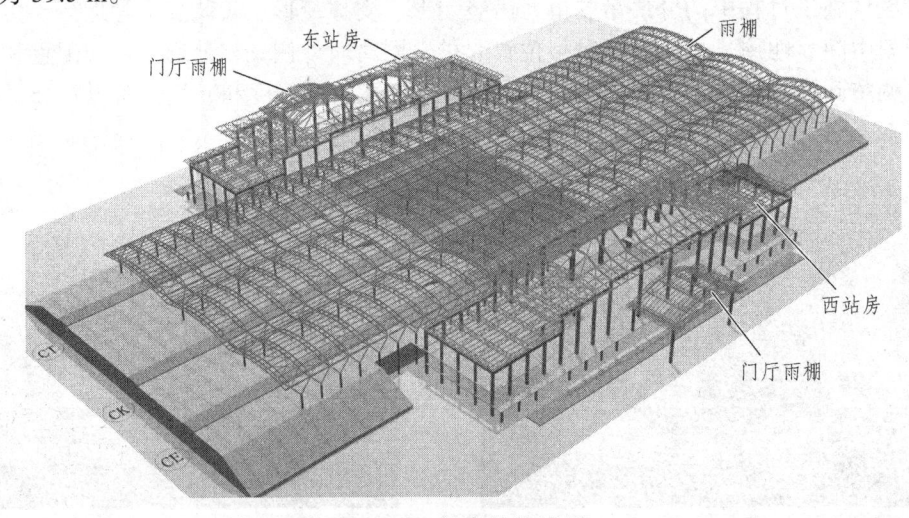

图 6-18　站房结构模型

站房两侧平屋面由横向主桁架和纵向次桁架构成，主、次桁架均为钢管桁架，主桁架跨度为 48 m，截面高度为 3 m，主桁架位于 E4—E6、E13—E15（W5—W7、W14—W16）轴线内，单榀主桁架最大质量为 50 t（图 6-19）。站房中间坡屋面由长度约 60 m 的 7 榀钢屋架和 6 榀主桁架构成受力体系，并与次桁架及檩条构成整个钢屋面体系。钢屋架为直缝矩形管和撑杆及下部拉索组成的人（几）字型结构（图 6-20），位于 E7—E12（W8—W13）轴线内，单榀钢屋架最大质量为 42 t。

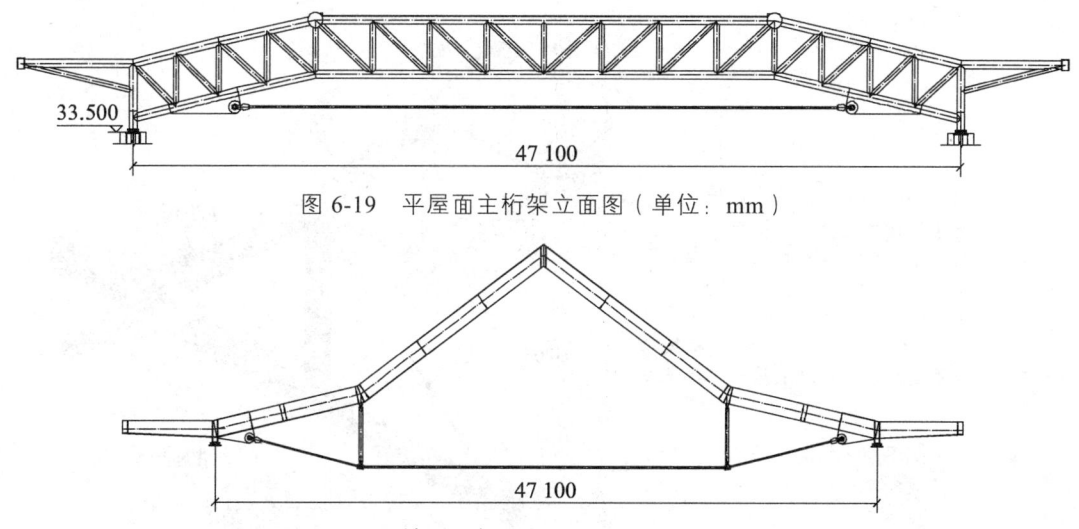

图 6-19　平屋面主桁架立面图（单位：mm）

图 6-20　坡屋面钢屋架立面图（单位：mm）

根据屋面钢结构布置特点，考虑各工种交叉施工的影响，大型履带吊不能直接就近吊装。为方便安装，站房前进站口高架桥可待站房钢结构安装后再进行施工。根据以往施工经验，在大型履带吊机无法就近吊装区域可采用桁架累积滑移的施工方式进行施工。滑移施工的主要部位包括：

（1）东站房。E4 轴—E15 轴之间的坡屋面、E1 轴—E4 轴与 E15 轴—E18 之间的平屋面。

（2）西站房。W5 轴—W16 轴之间的坡屋面、W1 轴—W5 轴与 W16 轴—W20 之间的平屋面，在柱顶及混凝土梁上设置专用滑移轨道采用逐榀累积滑移的施工方法进行钢结构的安装。

滑移施工区域的构件包括主桁架、主桁架间次桁架及屋面檩条等结构构件。滑移单元的拼装支撑（平台）布置在东西站房南侧和北侧，共 4 个平台，滑移单元的构件由履带吊机布置在站房南北侧进行吊装；待完成一个滑移单元的拼装焊接并做好相应的准备工作后采用专用液压滑移设备将此滑移单元向前滑移间距 12 m，然后再进行下一单元的拼装。重复上述步骤将滑移区域的构件滑移完毕。

2. 关键施工技术

1）滑移轨道铺设要求

滑移轨道在整个水平滑移中起承重导向和径向限制桁架水平位移的作用。要求轨道中心线与桁架支座中心线重合，以减小滑移单元自重对滑移轨道（梁）的偏心弯矩。

2）滑移轨道支撑加固措施

滑移轨道采用 43 kg/m 的标准钢轨道，轨道梁采用 HW600×300×12×20 的型钢梁，轨道中心线与轨道梁中心线重合布置，轨道与轨道梁之间用 20 mm 厚的压板焊接固定。为增强滑移轨道侧向稳定性，单根轨道设置两根轨道梁，滑移轨道梁底部用 ϕ630 mm 钢管柱支撑，柱间设置 ϕ203 mm 钢管的斜撑；为增强整个滑移结构在滑移过程中的侧向稳定，防止结构在滑移过程中侧向倾斜，在滑移轨道梁两侧设置钢支撑，支撑用 ϕ203 mm 钢管。钢结构滑移装置如图 6-21 所示。

说明：
1. 第一榀主桁架在滑移轨道上就位后，桁架底部支座板与滑轮板用卡板焊接牢固，主桁架两端直腹杆沿着轨道南北方向均用 ϕ203 钢管支撑与轨道梁焊接固定。
2. 另在桁架上弦杆设置三对缆风绳，用 5 t 倒链种根在混凝土结构大梁或结构柱上。

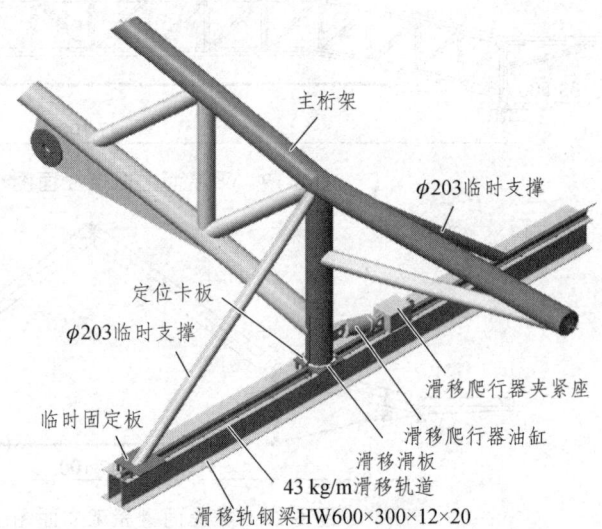

图 6-21 钢结构滑移装置示意

3）滑移耳板安装

根据桁架支座形式及受力特点，可直接将滑移顶推点设置在桁架支座上，爬行器与支座连接示意如图 6-22 所示，并要求构件支座前端与轨道上表面接触处需设置一定坡度，并打磨光滑，防止因轨道接口不平出现卡轨等现象。

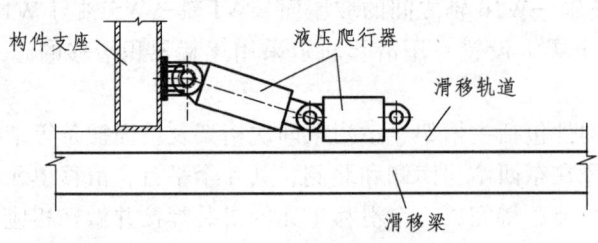

图 6-22 滑移爬行器设置示意

4）滑移同步控制

每条滑移轨道上各设置 1 台液压爬行器，每台爬行器各由一台主泵控制。爬行器以相等的速度升缸顶推桁架结构，通过计算的统一指令，实现两滑道的同步滑移。

5）滑移施工

首先进行滑移系统调试，待系统检测无误后开始正式滑移。开始滑移时，液压爬行器伸缸压力逐渐上调，依次为所需压力的 20%、40%，在一切都正常的情况下，可继续加载到 60%、80%、90%、100%。钢屋盖即将移动时暂停滑移推进，保持推进系统压力。对液压爬行器及设备系统、结构系统进行全面检查，在确认整体结构的稳定性及安全性绝无问题的情况下，才能继续滑移。

6) 滑移到位卸载施工

站房桁架滑移到位后，采用 6 只 50t 级的千斤顶进行卸载。

4. 实施效果

累积加整体液压滑移安装技术具有工艺设备体积小、自重轻、承载能力大、自动化程度高、操作方便灵活、安全可靠性好的优势。福州南站站房屋盖采用该项施工技术，实现了在狭小空间或起重设备难以进入的施工场地进行大体量构件的累积滑移安装，实施效果如图 6-23、图 6-24 所示。

图 6-23 主桁架滑移实施效果

图 6-24 坡屋面实施效果

6.3.4 高架层吊车走行平台与屋盖钢结构吊装施工技术

1. 工程背景

沈阳站为哈大客运专线重要配套交通枢纽站，2010 年启动沈阳站改扩建，包括西侧新建站房和东侧既有站房改造两部分。新建站房高架层屋盖为大跨度拱形管桁架结构，屋盖总长度 255.4 m，跨度 67 m，拱脚弧度近 70°，如图 6-25 所示。

图 6-25 沈阳大跨度拱形屋盖现场

2. 施工方案

沈阳站地处繁华闹市,不具备站外过渡条件,采取站内分阶段、分区域的过渡方式协调施工与运营关系。屋盖钢结构吊装前,该区域对应的新建普速场 6~10 站台已开通运营。

1) 高架层重型吊车走行平台及钢支撑方案

通过对在高架站房两侧设置大型履带吊吊装、累积滑移吊装、在楼面上安装行走塔吊吊装三种方案的多轮比选、论证,综合考虑线路运营影响,最终确定"在高架层楼板上安装行走式塔吊吊装"作为本工程屋盖钢结构吊装方案。通过在高架层上设置走行平台并在结构下部设钢支撑,实现塔吊在高架层行走及作业荷载的竖向传递。

2) 屋盖大跨度拱桁架吊装方案

屋盖大跨度钢管拱桁架分三段吊装、中间段空中合龙。每榀桁架分段处设置临时支撑架。在施工过程中,每四榀主桁架及桁架间次结构安装完毕后,支撑架卸载拆除,轮换至下一区段使用。

3. 关键施工技术

1) 高架层重型吊车走行平台及钢支撑

(1) 选用动臂式塔吊 M440D 行走于高架层楼面上进行屋盖拱桁架吊装。塔吊走行平台由混凝土柱顶的路基箱、轨道钢梁、钢梁间抗侧翻连系杆、塔吊行走轨道组成,高架层及轨道层梁下钢支撑为 $\phi 500\ mm \times 16\ mm$ 无缝钢管。高架层走行平台范围与塔吊行走区域一致,如图 6-26 所示。

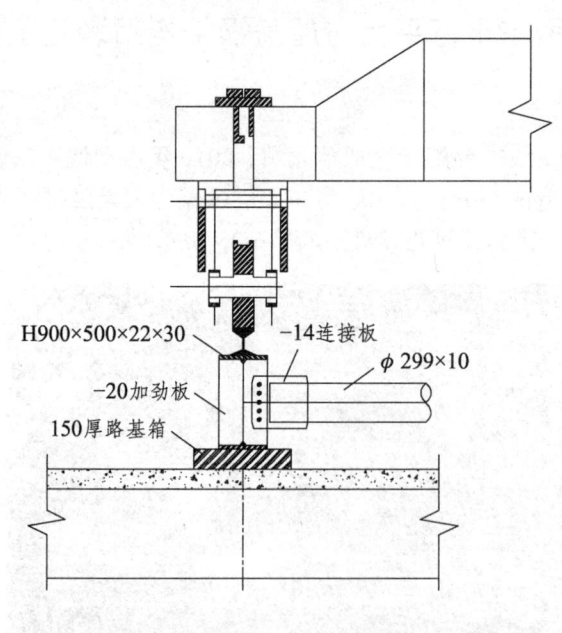

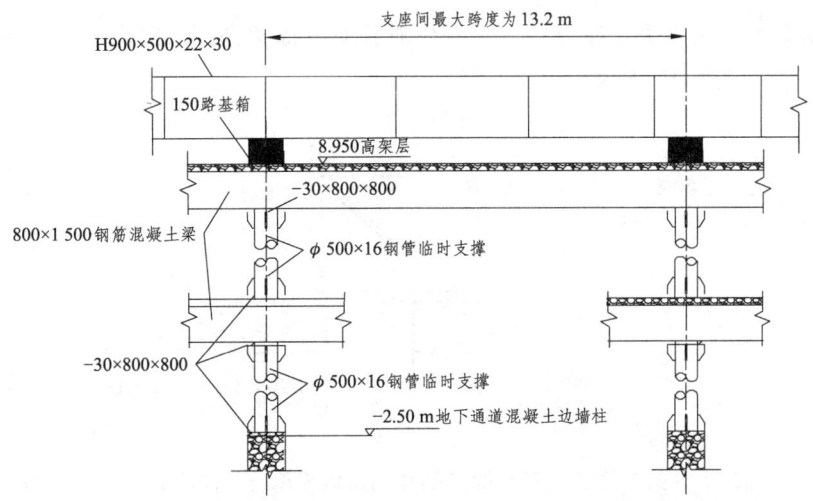

图 6-26　钢梁及下部支撑钢柱设置剖面图（单位：mm）

（2）模拟计算。对塔吊走行平台建模进行受力分析，塔吊下部轨道钢梁挠曲变形最大值满足塔吊平稳走行及吊装安全性要求。现场采用全站仪对轨道梁变形进行全程监测，实际变形值均未超过模拟计算值。

通过对钢支撑立柱力学分析，高架层框架梁仅为传递荷载的介体，所采用的大直径钢管支撑立柱满足规范要求的结构强度、刚度和稳定性。

（3）现场安装。高架层及轨道层下部钢支撑与梁底部模板施工同步进行，施工到此位置时将梁底模板断开，直接与加固结构靠紧连接，确保加固结构与顶部有效结合。

塔吊走行平台由西站房西侧 400 t 履带吊完成第一段组件的安装，在行走式塔吊安装就位、调试合格后，由行走式塔吊由行走完成所有轨道梁的安装。

2）大跨度拱钢桁架吊装

（1）钢结构格构柱临时支撑架。支撑胎架在工厂制作成标准节，根部与梁、板结构上的预埋铁件焊接，用缆风绳调整架体的垂直度，如图 6-27 所示。

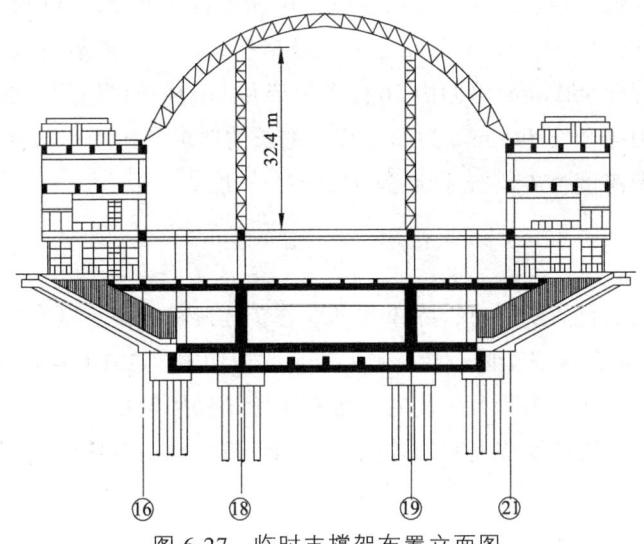

图 6-27　临时支撑架布置立面图

临时支撑架落位的混凝土梁部位，采用钢管柱对支撑架进行点对点加固，并传递至出站层。钢管柱设置如图 6-28 所示。

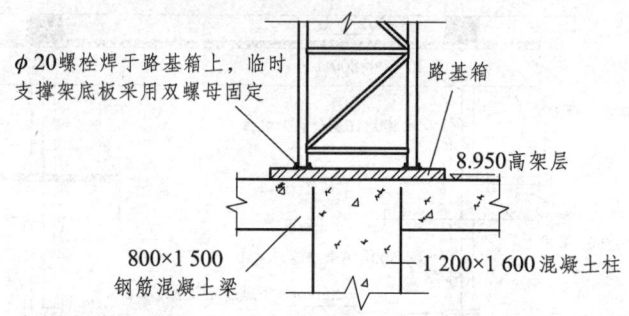

图 6-28　临时支撑架落位的混凝土梁下部加固示意（单位：高程为 m，其余为 mm）

（2）钢拱桁架吊装仿真模拟分析。建立钢结构施工阶段模拟分析工况，施加 1.2 倍（考虑安全系数）自重荷载建立计算模型，进行拱桁架吊装过程变形分析、拱桁架吊装过程应力比分析。

（3）卸载及变形监测。安装四榀主桁架及桁架间次结构完毕时，将前三榀主桁架下部的临时支撑架卸载拆除，实现屋盖钢结构从安装状态向设计受力状态的平稳过渡。卸载前对拱桁架吊装单元进行定位、设置观测点。卸载完成后，对观测点进行二次定位，测量观测点处的下挠变形，保证满足设计要求。

6.3.5　大跨度钢桁架负载切割、滑移、接长施工技术

1. 工程背景

北戴河火车站改造工程包括新建站房及既有雨棚改造两部分，其中，既有雨棚改造面积为 43 450 m²。雨棚结构形式为正放三角形的三肢格构式桁架，桁架柱边长约 2.5 m，三角形桁架高 4.5 m，最大管径 550 mm。雨棚由 26 榀主桁架和 110 榀连接桁架组成，桁架跨度 68.6 m，拱顶高度 19.5 m，雨棚全长 545 m。为满足客流增长的要求，将基本站台净宽由 10.5 m 扩大到 17.2 m，使钢桁架跨度由 68.6 m 扩展为 75.3 m，扩展 6.7 m。

2. 施工方案

达到既有雨棚改造目的主要有拆除重建和滑移扩建两种方案。既有雨棚改造要保证京哈正线的正常运行，对运营线安全防护要求高；施工改造期限于 2010 年 10 月至 2011 年 5 月之间，跨越寒冷冬季，工期极为紧张；同时，既有雨棚结构用钢量达 5 260 t，体量较大。综合考虑施工安全、工期、质量及节能利旧等因素影响，最终采用滑移扩建施工方案，如图 6-29 所示。

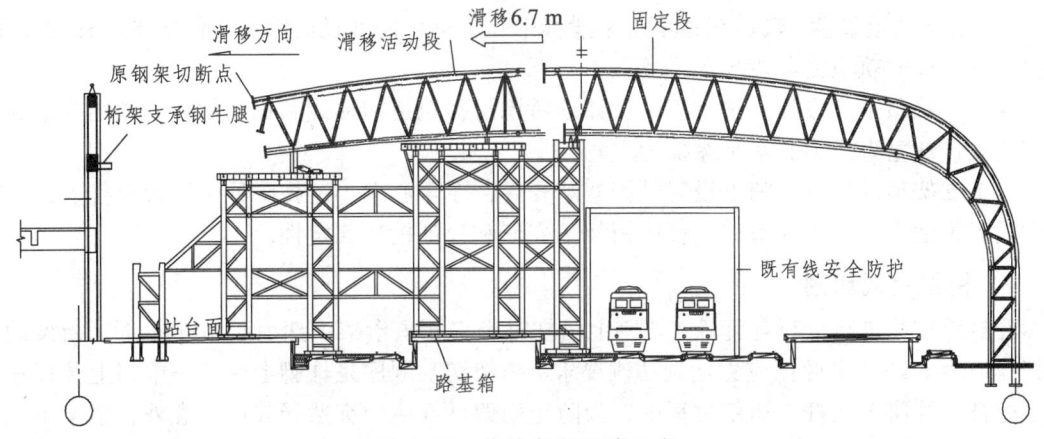

图 6-29 非站房段滑移示意

3. 关键施工技术

1）施工准备

（1）路基箱设置。作为滑移支架的基础，路基箱应具有足够的刚度及强度。

（2）滑移支架搭设。桁架被切断后，一段为固定段，另一段为滑移活动段。对固定段在切断一端下部设支撑架，滑移活动段在切断一端下部沿桁架方向并列设置支撑架，并通过水平撑杆和斜撑连成整体。滑移支架在保证足够支承刚度的同时还应保证滑移过程中自身的稳定性，如图 6-30、图 6-31 所示。

图 6-30 支撑桁架

图 6-31 滑移完成

（3）滑移轨道设置。轨道在整个水平滑移中起承重导向和径向限制构件水平位移的作用。滑移距离较长时轨道需分段现场拼接。

（4）滑移顶推点设计。顶推点的设计须考虑滑移轨道的形式和钢结构柱脚的结构形式，使其有效传递垂直反力和水平摩擦力。

（5）支架顶部滑移跟随点设置。钢架断开后，在重心端（近柱脚处）设置顶推点，在另一端设置跟随点，以保证滑移过程中桁架不变形和保证桁架稳定性。

2）桁架负载切割

经对原结构进行分析与计算，切割上弦杆时需将原主桁架中部顶起 26 mm 时，桁架的上弦杆拉力为 6 kN，上弦压应力达到切割要求。桁架切割顺序是柱脚上弦杆—中部上弦杆—中部下弦杆—柱脚下弦杆。切割过程中，为防止桁架杆件应力突然释放造成意外，桁架主弦杆切割前在两侧加设限位板进行限位固定，腹杆采用手拉葫芦绑扎固定。

3）滑 移

滑移分试滑和正式滑移两个阶段。

（1）分级加载。待系统检测无误后开始试滑。开始滑移时，液压爬行器伸缸压力逐渐上调，依次为所需压力的 20%、40%。在一切都正常的情况下，可继续加载到 60%、80%、90%、100%。

（2）试滑。钢结构即将移动时暂停滑移推进，保持推进系统压力。对液压爬行器及设备系统、结构系统进行全面检查，在确认整体结构的稳定性及安全性绝无问题的情况下试滑 1 m，无任何异常现象才能继续滑移。

（3）正式滑移。在液压滑移过程中，观测设备系统的压力、荷载变化情况等。同时在滑移轨道上每隔 10 mm 画一尺寸刻度线，作为滑移距离监控依据。根据设计滑移荷载预先设定好泵源压力值，控制爬行器最大输出推力。

（4）过程监测。液压同步滑移施工技术采用计算机控制，通过数据反馈和控制指令传递，可实现同步动作、负载均衡、姿态矫正、应力控制、操作闭锁、过程显示和故障报警等多种功能。初始滑移时以 5 cm 作为最小滑移单位，在轨道上做出标记并编号。滑移过程中随时观测各监测点相对轨道上标尺偏差情况。如发现偏差较大时立即调整；如初始滑移状态良好，滑移轨道标尺单位可适当加大。完成 6.7 m 滑移后的效果如图 6-32 所示。

图 6-32　完成 6.7 m 滑移

4）桁架杆件接长

桁架滑移到位后，进行桁架的补杆安装。桁架中间段按先弦杆后腹杆的顺序进行。由于钢屋架滑移后跨度增加，部分腹杆不能满足受力要求，需根据设计要求对其进行加固。

5）卸　载

本工程是通过切除桁架下的支撑架，使支撑架与桁架脱空来达到卸载的目的。卸载分成4个区域进行，每个区域按10%、30%、60%分级卸载。

6.3.6　轨道层桥-建合一结构施工技术

1. 成都东站桥-建合一结构施工技术

1）工程概况

成都东站轨道层设计采用下建上桥的桥-建合一结构形式，即下部建筑框架结构与上部桥梁结构结合构成承轨结构和站台面结构。主站房承轨结构中上部桥梁为13联双线连续承轨梁，跨度组合分别为（21+24+21）m 三孔连续梁（8联）+（2×21+24+2×21）m 五孔连续梁（共5联）；下部建筑为钢筋混凝土梁和钢管混凝土柱。成都东站轨道层结构如图6-33、图6-34所示。

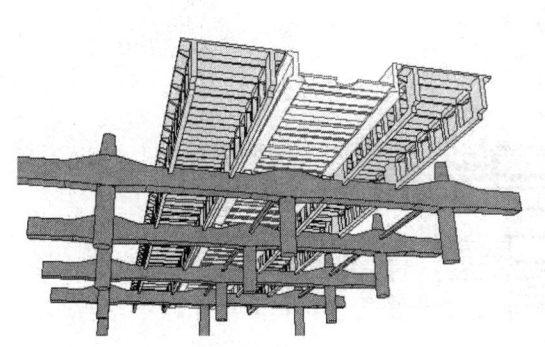

图6-33　轨道层桥建合一结构形式

图6-34　站台

2）施工方案

轨道层桥-建合一结构总体施工工序为：纵横向框架梁及钢结构转换部位施工→施工梁、结构板（施工桥梁支座垫石、支座预留孔以及防落梁托架预埋件、安装防落梁托架）→施工桥梁支座→模板支设→绑扎梁钢筋→布纵向钢束管道→拼装桥面板以下梁侧模板→支设桥面板模板→绑扎桥面板钢筋（人行道板支墩预埋钢筋）→支设边梁定型钢模板→浇注混凝土（制作砼试块）→拆模→养护（压砼试块）→施加预应力→孔道灌浆、封锚→拆除梁底模板、封堵面板预留洞口→附属工程施工。

梁体面板以下采用满堂支架施工（图6-35）。两榀边梁之间以及承轨层桥面板以下区域，采用一次投入模板支架体系。边梁和中梁采用后张法施加预应力。承轨体系钢筋采取滚轧直螺纹套筒机械连接的方式。下部钢管柱吊装完成后浇筑自密实混凝土，大梁为大体积砼，施工中采用分层浇筑叠合法施工。

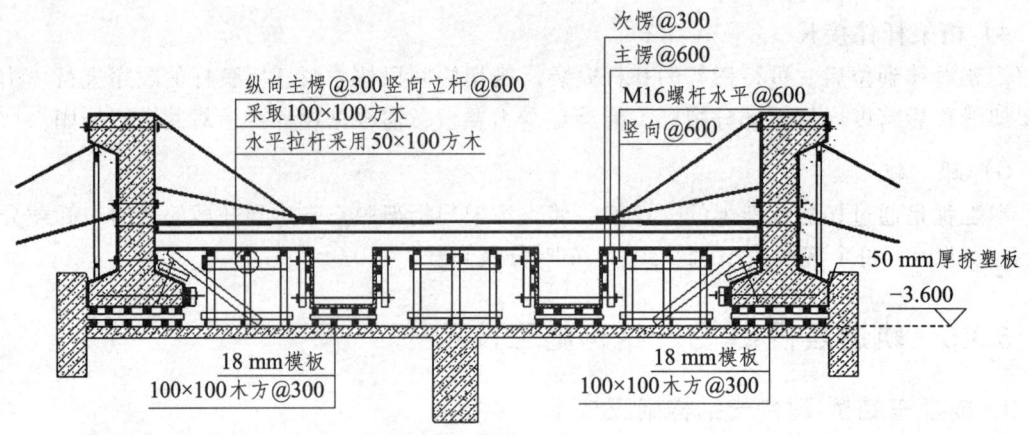

图 6-35 支架（单位：mm）

2．南京南站桥-建合一型钢混凝土组合结构承轨层施工技术

1）工程概况

南京南站站房设计为直上型高架车站，轨道层与候车层均为高架层，结构设计为空间框架结构体系。其中，承轨层是承托列车、轨道及提供旅客上下列车站台的楼层，架于地上 2 层。承轨层结构标高为 10.25 m，轨道区域以外增加 2.5 m 高夹层作为旅客站台。平面尺寸长×宽为 417.2 m×155.9 m，承轨层剖面如图 6-36 所示。

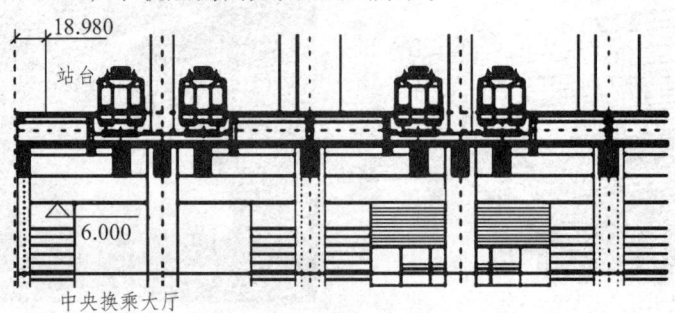

图 6-36 承轨层剖面示意（单位：mm）

本工程"桥建"合一的框架结构体系，即提供列车停靠、运行的桥梁结构与提供旅客上下列车的建筑结构不是采取缓冲支座或结构缝隔离分开设计，而是合二为一，结构连续整体设计，承轨层为整体框架结构。最大跨度 24 m，采用型钢混凝土组合结构形式，主梁最大尺寸为 1 200 mm × 3 000 mm，梁内钢骨尺寸为 500 mm × 2 500 mm；板的厚度分 250 mm 和 300 mm 两种，纵、横双向设置预应力钢铰线。混凝土强度等级为 C40，S6 掺聚丙烯纤维，设计使用年限为 100 年。典型组合结构梁剖面如图 6-37 所示。

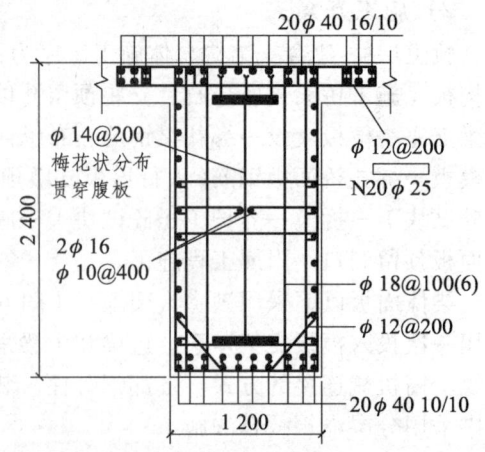

图 6-37 典型组合结构梁剖面示意（单位：mm）

2）整体施工思路

根据结构设计情况，承轨层由3座正线桥及永久变形缝分隔为9个流水段施工。划分后最小单元平面尺寸48 m×155.9 m。根据站房施工组织设计，承轨层结构随钢结构吊装顺序进行施工，先施工中间部位，再施工北端部位，最后自中间部位向南依次进行作业。在具体施工方案中，承重脚手架采用碗扣式脚手架，模板采用进口VISA板，混凝土经多次试配后采用高性能高耐久性混凝土，混凝土浇筑采用斜向分层连续推进的浇筑方式。为充分掌握承轨的力学特性，在施工过程中埋设相应检测装置，进行较长期的安全检测。

承轨层型钢混凝土组合结构施工工艺流程如下：承轨层钢结构吊装→承轨层钢结构焊接→场地移交→脚手架立杆、梁位置弹线，铺设楼板及混凝土次梁模板→满堂支架搭设→铺设跳板、搭设操作平台→铺设梁底主筋→梁底主筋焊接→铺设梁顶主筋→梁顶主筋焊接→梁钢筋支架焊接→箍筋穿钢梁腹板、绑扎→其余箍筋焊接、绑扎→清水梁垫块绑扎、钢筋验收→预制安装梁底方钢龙骨→支设梁底清水模板→清水侧模封闭、梁柱节点钢模封闭→拆除平台、补全板底模→板钢筋绑扎→预应力钢绞线安装→焊接板面标高检测筋→钢筋验收、清理杂物→混凝土浇筑→混凝土养护→拆除脚手架→结构检测。

3）支架系统

承轨层主梁部位梁高最大达到3 000 mm，在混凝土浇筑过程中，面荷载达到75 kN/m²；支架搭设上部有十多个标高，最大搭设高度为10 m。综合工程实际情况，经过支架体系安全性、整体刚度以及成本、工期综合比较，最终选用碗扣式满堂脚手架。

承轨层支架体系如图6-38所示。通过计算，板下立杆间距采用900 mm×900 mm，梁下立杆间距采用300 mm×300 mm；横杆步距统一采用1 500 mm，并在顶端加密一道。

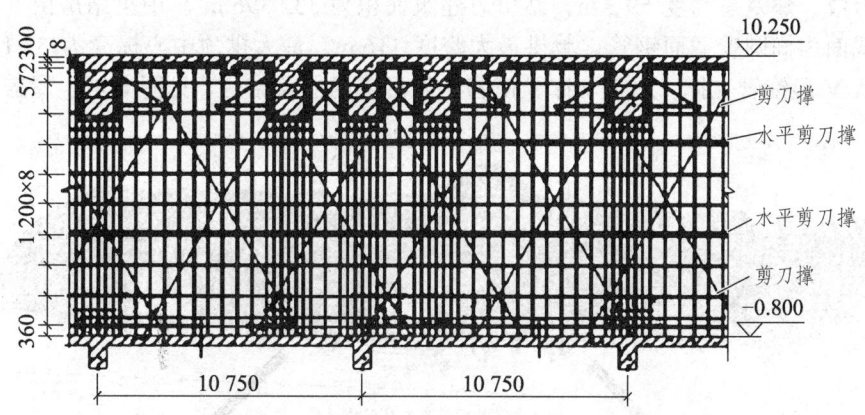

图6-38 承轨层支架体系（单位：mm）

4）模板设计

由于承轨层梁底设计要求混凝土拆模后要达到房屋建筑装饰混凝土效果，并且首层柱也是清水混凝土要求，所以模板设计合理与否成为能否达到设计要求的关键。为达到清水混凝土效果，型钢组合结构的主次梁底面及侧面均采用18 mm厚芬兰维萨板作为面板，I14作为龙骨。重点部位是梁柱节点处的模板设计，此部位多个构件相关，且均形式复杂，为确保梁柱节点部位混凝土成型准确、外表美观，采用定型钢模板。节点钢模板如图6-39所示。

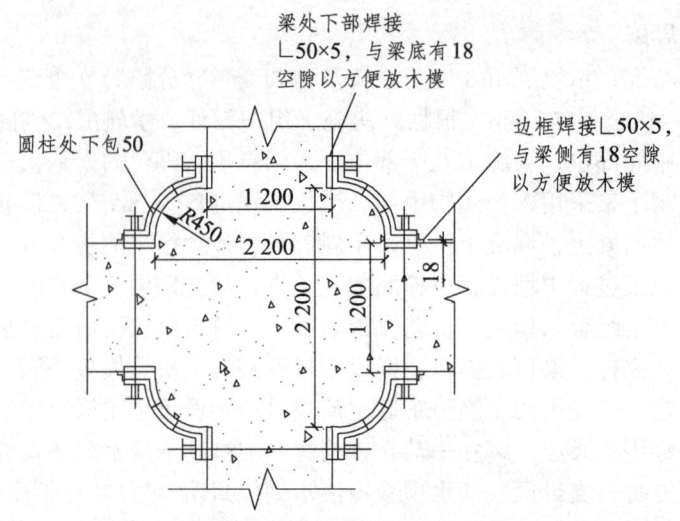

图 6-39 梁柱节点处钢模板示意（单位：mm）

梁侧模与钢模板连接，在钢模边框上焊接∟50×5 的角钢，用角钢卡住 18 mm 厚木模板，采用对拉螺杆进行加固；梁底模与钢模连接时，在钢模下口侧面焊接∟50×5 角钢，托住梁底模。

3. 武汉站桥-建合一结构施工技术

1）工程概况

武广客运专线新建武汉站站房工程在建筑结构设计上采用了上部大型建筑与下部桥梁共同作用的桥-建合一的新颖设计理念。站房结构主要由地下层、地面层、站台层及上部大型钢结构屋架组成，建筑总高度 59.3 m，站房总建筑面积为 332 396 m²。中央站房由 5 个主拱作为支撑，截面为椭圆变截面钢管，单拱最大跨度 116 m，最大拱顶中心标高为 58.157 m，拱上有树枝状 V 形锥管支撑，用于支撑纵横管桁架形成的屋盖结构，见图 6-40。屋盖投影面积

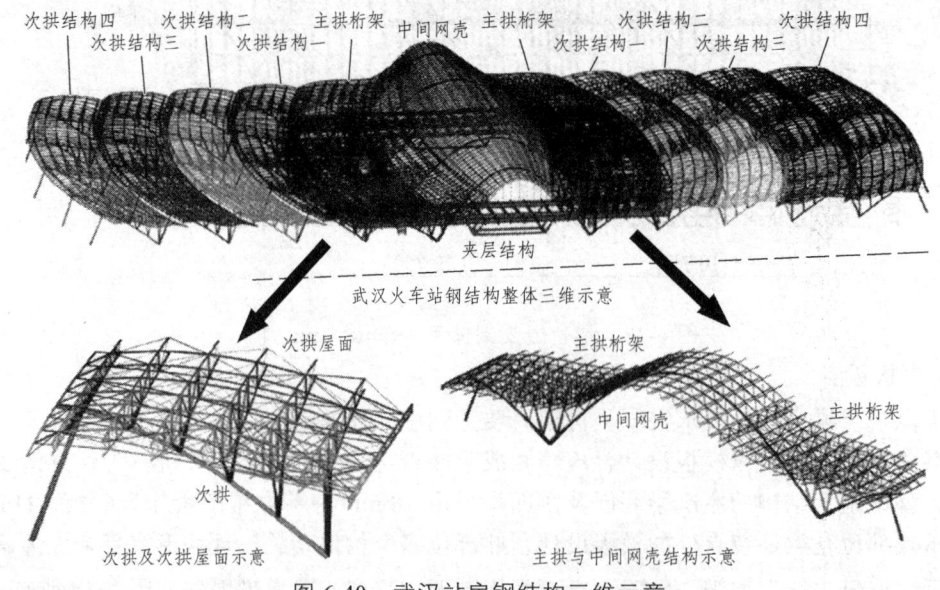

图 6-40 武汉站房钢结构三维示意

为 307.813 m×184.00 m，纵横桁架将屋盖结构划分为 58×33 个单元网格，横轨桁架为空间双曲双拱结构，顺轨桁架为平面桁架，横轨桁架为屋盖结构的主受力构件。站台层由 10 座平行的铁路高架桥组成，每座高架桥由 5×36 m 简支箱梁+（22.1~34 m+48 m+22.1~34 m）三跨连续刚构拱桥+5×36 m 简支箱梁组成，桥梁横断面采用鱼腹式截面。桥梁与站房钢结构的关系如图 6-41 所示。

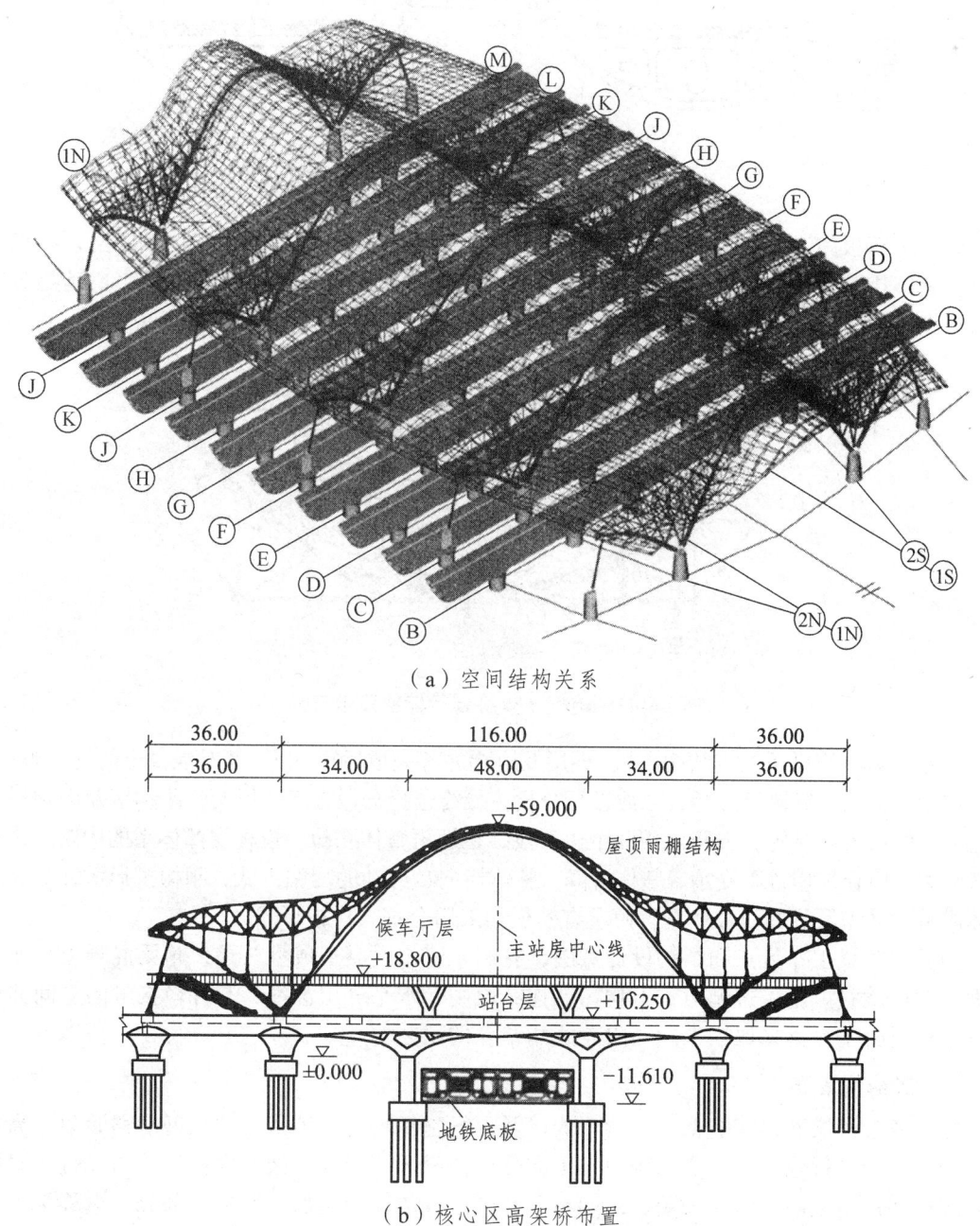

(a) 空间结构关系

(b) 核心区高架桥布置

图 6-41 桥梁与站房钢结构关系（单位：m）

2）站台桥梁施工技术

站台桥梁均采用支架现浇施工方法，由于桥梁横断面采用鱼腹式截面（图 6-42），模板体系为本工程施工的重点工作。

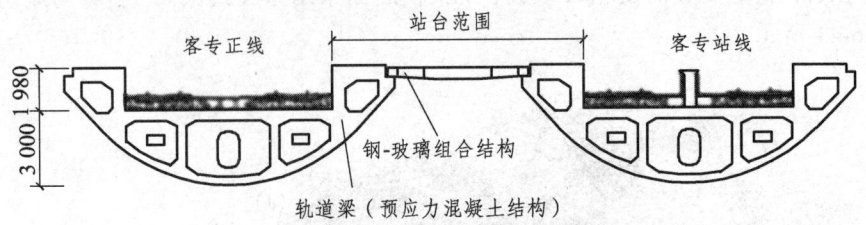

图 6-42 鱼腹式截面（单位：mm）

简支梁模板施工时，为确保模板板面曲面顺畅，钢模板加工采用冲压技术成型，再将模板进行整体拼装，使箱梁纵向模板水平接缝顺直、横向接缝顺畅与水平接缝垂直，满足装饰清水混凝土的装饰性要求的外观质量。箱梁外模拼装后标准段示意见图 6-43。

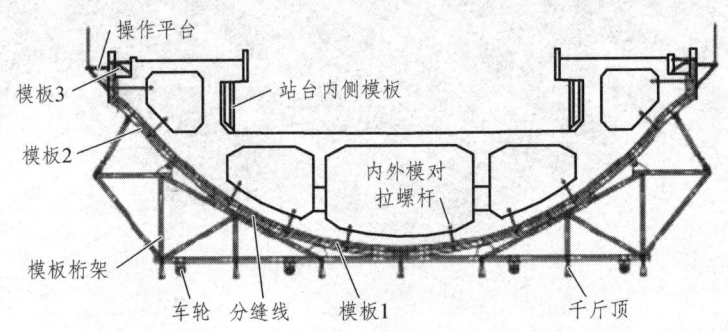

图 6-43 箱梁外模拼装后标准段示意

三跨连续刚构拱桥在钢结构主拱、夹层及电梯井等完成后再施工。经对混凝土的施工难度、成本因素、工期、资源投入等各方面进行分析，最终选择分段施工，即两个刚构墩及墩顶桥梁先施工，然后再同时施工中跨段及两个边跨段，之后再整体张拉。模板支撑体系的中跨、边跨段各箱梁，模板采用桥下支承、整体升降、整体横向自移动的变幅方式；刚构拱形墩柱处采用整体脱模、散支散拆的模板体系，而所有模板均采用全钢大模板形式。

为适应箱梁工作特点和结构设计意图，有利于清水混凝土成型效果，箱梁混凝土采取全断面一次性浇筑。施工遵循对称、均匀、连续原则，水平分层浇灌，与外模接触的空间曲面薄壁结构混凝土振捣采取插入式与附着式相结合的工艺。

3）钢结构安装

综合考虑武汉站建筑造型、结构形式以及现场施工环境，拟采用"大型滑移胎架、高空原位安装法"进行施工，即在结构原位下方分区搭设大型滑移胎架支撑体系，通过行走式塔吊将结构部件吊至高空组对安装，结构单元片区形成整体稳定后，胎架（部分）滑移至下一区间施工。桁架分段示意如图 6-44、图 6-45 所示。

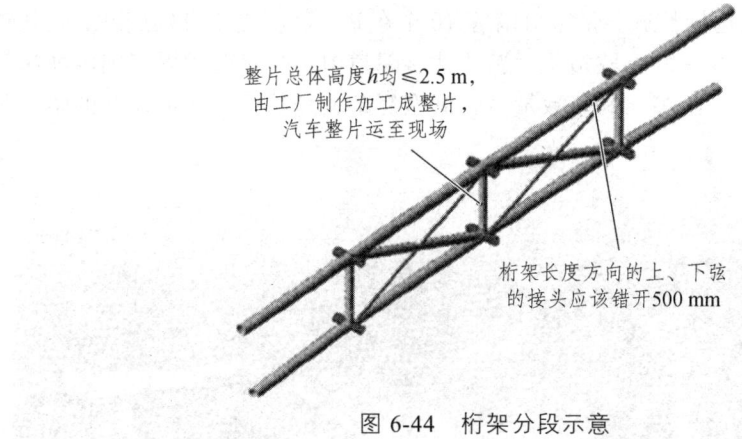

图 6-44 桁架分段示意

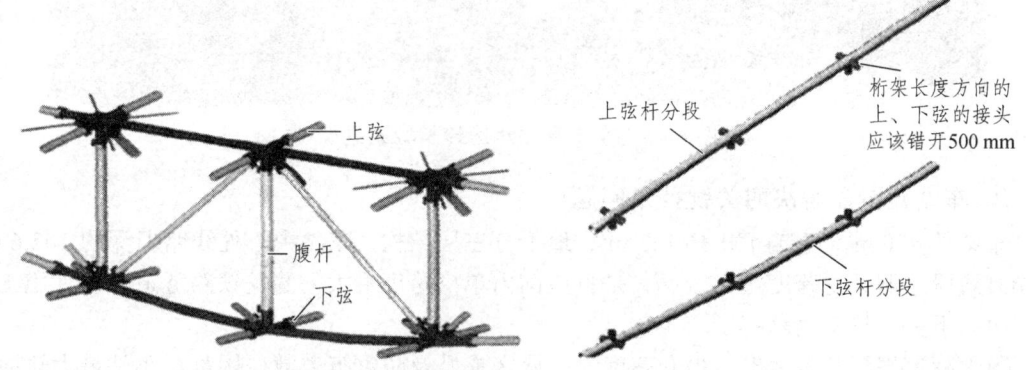

图 6-45 桁架分段拼装示意（工厂加工）

6.3.7 深埋地下暗挖高铁车站施工技术

1. 工程概况

随着城市轨道交通的快速发展，我国目前已经修建了大量地铁车站。地铁车站一般规模小、埋深浅、多位于土层中，主要采用明挖法或浅埋暗挖法施工。与此同时，随着我国高速铁路的发展，尤其是高速铁路进城的需要，许多城市陆续出现了地下火车站。广深港高铁福田站埋深 32 m，分三层，地下一层为换乘大厅，地下二层为候车大厅，地下三层为站台层。广深港高铁西九龙站深 30 m，分五层，地面层是通往西九龙巴士总站的交通层，地下一层是售票大厅，地下二层是抵达香港旅客入境层，地下三层是离开香港旅客离境层，地下四层是铁路站台层。津滨城际铁路于家堡站埋深 29.5 m，分三层，地下一层为站厅层，地下二层为城际铁路和轨道交通 B2、Z4 线站台层，地下三层为轨道交通 Z1 站台层。海南东环铁路美兰站埋深 16 m，分上下两层，地下一层为站厅层，地下二层为站台层。这些地下火车站与地铁车站类似，多位于城区浅埋土层中，采用明挖或浅埋暗挖法施工。

京张高铁八达岭长城站是我国第一座位于山岭地区深埋于岩体中的地下高铁车站，采用钻爆法暗挖施工，车站地面为八达岭长城，施工面临一系列的技术难题。京张高铁东起北京北站、西至张家口南站，正线全长 173.964 km，同步建设延庆支线长 9 km，崇礼铁路长 53 km，正线设北京北、清河、八达岭长城、张家口南等10个车站，延庆支线设延庆站，崇礼铁路设太子城站。京张高速铁路八达岭长城站位于新八达岭隧道内，是目前世界和国内埋深最大的高速铁路地下车站，车站层次多，洞室数量大，洞型复杂，是目前国内最复杂的暗挖洞群车站，如图6-46所示。

图6-46 京张高铁八达岭长城站透视

2. 车站建造需解决的关键技术问题

车站长470 m，建筑面积36 143 m²，地下分三层结构，车站中心处线路埋深约102.6 m，两端渡线段单洞开挖跨度达32.7 m，是目前国内单拱跨度最大的暗挖铁路隧道。设计施工需要解决以下关键技术问题：

（1）隧道埋深及旅客出站提升高度大，旅客提升及防灾疏散救援困难。车站最大轨面埋深102 m，旅客提升高度62 m，车站位于风景名胜区，客流量大，高峰客流集中，给正常运营情况下旅客提升及灾害期间旅客疏散救援带来了极大的困难。

（2）该站地处世界文化遗产——八达岭和十三陵核心景区，环保要求严格。新八达岭隧道两次穿越国家重点文物保护单位、世界文化遗产——八达岭长城，车站位于景区核心区域滚天沟下方，文物和环境对施工和运营的振动和防污要求高。

（3）车站两端渡线段跨度大，地质多变，结构设计及施工困难。车站两端四线渡线段最大开挖跨度达32.7 m，且其大里程端受F_2断层影响显著，围岩变化频繁，差异大，采用传统设计方法无法保证结构和施工安全。

（4）群洞布局，洞室间重叠交错，断面繁多，相互干扰严重。车站为三层三纵群洞布局，各类洞室达78个，断面形式多达88种，重叠交错，交叉节点密集，结构复杂。平行洞室最小水平间距仅2.27 m，最小竖向间距仅4.55 m，施工期间极易引起相互干扰，尤其是爆破对中夹岩体的刚度削弱显著，易造成群洞结构破坏。

（5）工作面多，工期紧张，施工组织及运输困难。本工程为2022年北京冬奥会的配套交通基础设施项目，要求2019年5月完成车站主体结构，工期紧张。车站及两端过渡段通过2号斜井组织施工，共设置8条分通道：1号、8号分通道施工车站两端正洞，2号、3号和7号分通道施工大跨过渡段，4号、5号和6号分通道施工车站，施工高峰期共有13个工作面同时作业，物流组织复杂，通风要求高，施工组织难度大。

（6）开挖区域受F_2断层及风化深槽影响显著，地质条件复杂。八达岭长城站位于花岗杂岩地层，岩性种类多，成分变化大。受构造运动影响，岩脉发育，分布 F_2 断层、风化深槽及多组节理，岩体破碎，差异风化显著，若无法准确预测前方岩体情况和不良地质，将造成较大的施工风险。

3. 主要技术创新

1）三层三纵的群洞结构

地下车站的建筑方案可采用大跨方案和群洞方案：大跨方案是将铁路四股道和侧式站台及各种设备均设置在一个超大跨度隧道内；群洞方案是将四股道分别设置在分开的 3 个隧道内，其中中间的隧道为过站不停车的两股道，两侧的隧道为到发线和侧式站台，同时自上而下为设备和出站层、进站层、站台层三层结构。

大跨方案视觉效果更好，地下车站显得更加雄伟壮观，而群洞方案具有更高的安全性、经济性和实用性，主要表现在以下几方面：

（1）群洞方案减小了洞室跨度，利用岩墙和岩板的支撑作用，有利于保持围岩和支护结构的稳定性、降低施工难度，提高施工和运营安全。

（2）群洞方案可减小开挖量，减少支护措施，显著降低工程造价。

（3）群洞方案各主要空间相互独立，形成天然的防火分区，可避免火灾烟气蔓延；同时，群洞可降低中洞高速列车气动效应和轮轨噪声对两侧到发线站台旅客的影响。

（4）群洞方案可以避免不同方向的客流相互干扰，有利于客流高效有序流动。

2）长大电扶梯和斜行电梯

八达岭长城站轨面最大埋深 102 m，旅客提升高度 62 m，为了提高旅客进出站的效率，车站设置两级提升，第一级为站台层至主通道层，第二级为主通道层至地面。主通道为上下叠层结构，上层出站，下层进站，使进出站客流分离，避免客流交叉拥堵。进站方向两级提升高度分别为 13.65 m 和 39.22 m，出站方向两级提升高度分别为 20.1 m 和 38.77 m。主通道与地面之间的第二级提升采用一次提升的长大扶梯和斜行箱式电梯，长大扶梯为旅客提供安全、便捷、高效的进出站服务，斜行电梯为残障人士提供平等便捷的乘车体验，如图 6-47。

图 6-47 长大电扶梯和斜行电梯

3) 超大跨度隧道建造技术

超大跨隧道由于岩体结构的尺寸效应、围岩缺陷和影响圈的放大效应、施工步序的敏感效应等，采用传统的经验法和工程类比法已不能满足围岩及支护结构稳定性的要求。工程人员在分析围岩自承载体系及支护结构作用机理后，提出了超大跨隧道围岩自承载理论、超大跨隧道围岩承载拱构件化设计方法、超大跨隧道预应力锚网喷岩壳自承载支护措施（图6-48）、超大跨隧道"品"字形开挖工法工艺、超大跨隧道结构安全智能监测系统，形成了"理论、方法、措施、工艺、监测、反馈"六位一体的综合建造技术，确保了超大跨隧道的施工和运营安全。

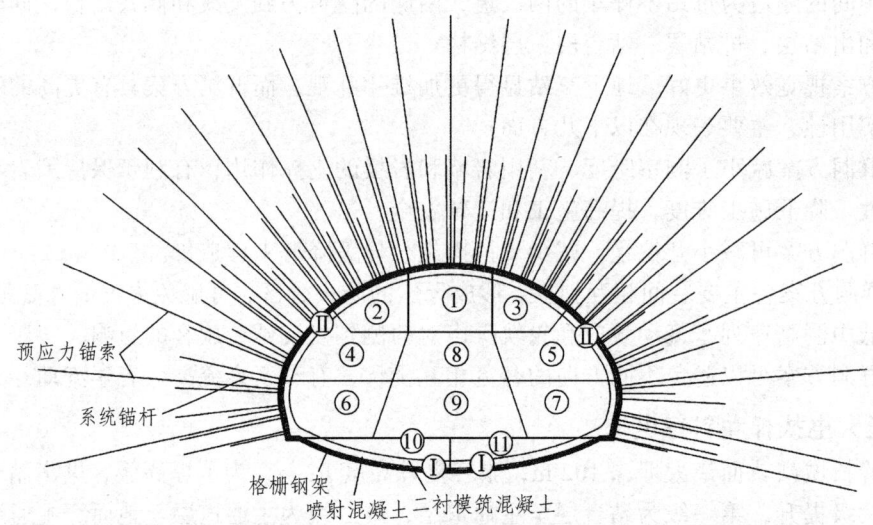

图6-48 超大跨隧道锚索锚杆布置

对于中、小跨度的隧道，依靠二衬的承载力即可满足围岩稳定性的要求，这是我国铁路隧道多年来形成的"重二衬、轻初支"的设计理念，导致一些学者始终坚持"锚杆无用论"。但对于超大跨类隧道，二衬的承载能力很小，岩体需依靠自身能力承受外荷载。因此，由锚杆、锚索、钢筋网和喷射混凝土组成的预应力锚网喷岩壳支护体系，成为修建超大跨类隧道行之有效的主要支护手段。

构件化设计方法是将隧道周边一定范围内的围岩圈作为一个拱形结构进行强度、刚度和稳定性计算，从而设计锚杆、锚索、喷射混凝土和衬砌等支护结构，实现了支护结构定量化设计。

4) 复杂洞室群隧道修建技术

当多个洞室之间的间距小于隧道开挖的影响范围时，相邻洞室开挖引起的应力扰动将相互干扰，形成地下工程的群洞效应，洞室越多，间距越小，群洞效应越显著。

上下层洞室之间的岩板，以及左右洞室之间的岩墙，是群洞效应最强烈的部位，也是地下洞室群稳定性最差、最易发生变形破坏的部位。因此，岩板和岩墙的稳定性分析及支护结构设计是洞室群修建的关键技术难题。

由于群洞效应的复杂性，设计人员很难得到洞室群受力的理论解析解，因此，只能依靠数值模拟计算来分析群洞的受力，但受岩土体本构模型、边界条件、计算参数等的影响，数值计算结果在群洞设计中一般仅作为参考，支护结构设计当前则主要依靠经验法设计。

为了解决洞室群受力计算问题，工程人员提出应力流守恒法则：隧道开挖前后，任意水平剖面围岩的竖向应力流和任意竖直剖面围岩的水平应力流将保持不变。应力流守恒法则类似于水流守恒：不论河道弯曲深浅如何变化以及河道中是否有孤石杂物阻隔，任意剖面河流总水流恒定不变；同样不论隧道开挖的数量、洞型、开挖工法、支护形式等如何变化，隧道围岩竖向应力和水平应力流始终恒定不变。洞室群竖向应力流示意见图 6-49。

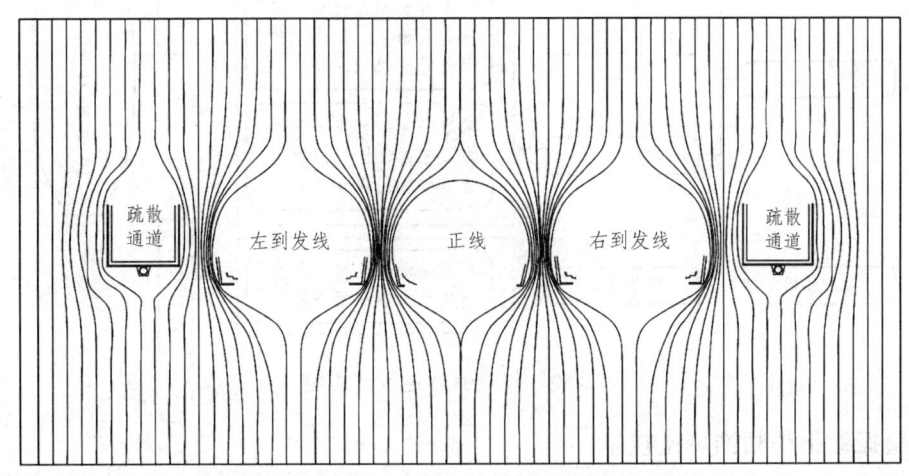

图 6-49　洞室群竖向应力流示意

基于隧道围岩应力流守恒原理，能够计算隧道开挖后岩墙和岩板的受力，并根据岩墙和岩板的稳定性要求进行支护结构的设计。

5）超长耐久性隧道修建技术

通过调研发现，我国铁路运营隧道中有相当一部分存在不同程度的病害，包括渗漏水、衬砌裂损、底部翻浆冒泥等，这些病害一般是由支护结构或者防排水系统的耐久性不足引起的。隧道结构一旦发生病害，其维修难度和成本都非常高，铁路部门每年都需投入大量的人力、物力和资金用于隧道病害的维修和治理，因此开展隧道的耐久性设计具有重要的社会经济意义。

八达岭长城是中国古代伟大的文化遗产，历经 500 多年的风雨洗涤，如今依然巍然矗立。八达岭长城站位于地下恒温、恒湿环境中，围岩为耐久性优良的花岗岩，具备建设超长耐久性工程的良好地质条件。基于此，相关部门提出了八达岭长城站 300 年设计使用寿命的目标。

为了达到这个目标，八达岭长城站支护结构体系的设计采用围岩自承载的设计理念，即利用锚杆、锚索、注浆等支护措施，使周边围岩形成承载拱，承担围岩全部荷载，二衬作为安全储备。这种支护体系的设计理念充分利用了隧道围岩的耐久性，而八达岭花岗岩暴露在空气中 300 年的风化深度仅为 30 mm。隧道围岩一旦成拱，即使前期施工的锚杆锚索百年后锈蚀退出工作，围岩拱依然保持稳定。

同时二衬采用中低水化热水泥、Ⅰ级粉煤灰、多级配整形骨料，控制入模温度，优化配合比，进行保湿、保温养护等措施提高混凝土的耐久性（图 6-50）。

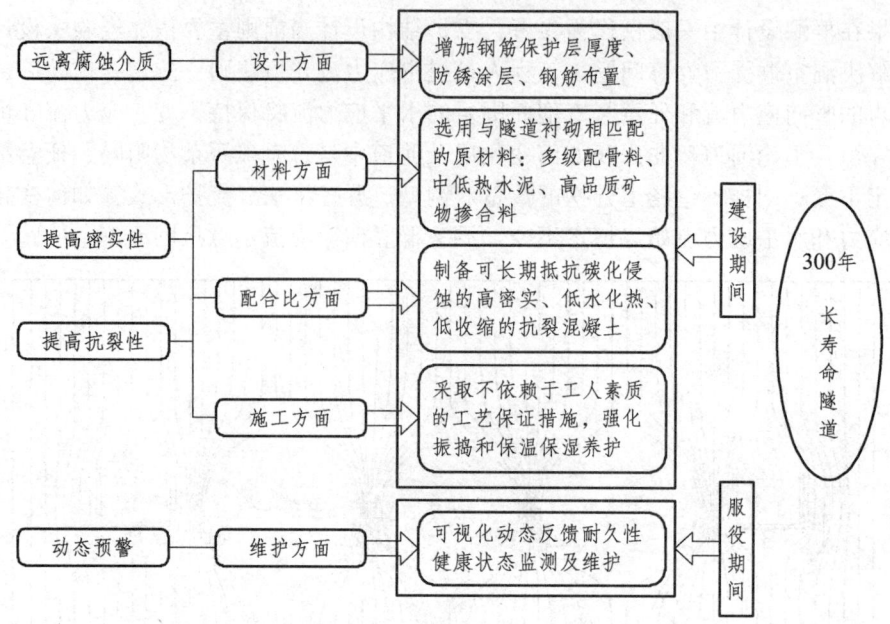

图 6-50 长寿命隧道设计思路

6) 微振微损伤精准爆破技术

八达岭车站对爆破振动控制提出了更高的要求。车站位于八达岭长城的正下方，施工期间需严格控制爆破开挖对八达岭长城的影响，同时需减少爆破施工对相邻洞室群围岩和支护结构的损伤；此外，洞室群复杂的开挖轮廓线对爆破开挖边界精度的控制提出了更高要求。

为了制定合理的爆破振动速度的控制标准，工程人员提出了混凝土建筑物爆破振速控制标准的制定方法，根据混凝土材料抗拉和抗压强度确定其极限振动速度，根据建筑物的重要性和服役状态选取安全系数和折减系数，以及按照建筑物运营时裂缝宽度的要求确定裂缝宽度修正系数，从而得到建筑物振动速度控制标准。八达岭长城站隧道喷射混凝土和模筑混凝土爆破振动控制标准如表 6-5 所示。为了上述控制标准，工程人员提出微振微损伤精准爆破技术，利用电子雷管的起爆时差，使爆破药量分散逐个起爆，减小单次爆破的炸药量，从而降低爆破振动，减小围岩和支护结构损伤，精准控制爆破边界，如图 6-51 所示。

表 6-5 隧道喷射混凝土和模筑混凝土爆破振动控制标准　　　单位：cm/s

混凝土强度等级	喷射混凝土		模筑混凝土	
	振动速度极限值	振动速度标准值	振动速度极限值	振动速度标准值
C15	27~35	14~18	11~19	6~10
C20	32~42	16~21	13~23	7~12
C25	37~49	19~25	14~26	7~13
C30	43~56	22~28	15~29	8~15
C35	48~63	24~32	16~32	8~16
C40	53~71	27~36	18~35	9~18

图 6-51　精准微损伤爆破效果

7）地下车站噪声控制技术

八达岭长城站位于深埋封闭的地下空间中，车辆运行及大量旅客产生的噪声在地下空间中不断反射传播，噪声较大，影响旅客乘车的舒适性。

基于此，八达岭长城站设计过程中采用复杂地下空间声环境仿真模拟技术、隧道洞壁吸声降噪技术、砂岩吸声板先进材料、地下空间有源降噪技术和群洞布局的隔噪效果等措施来实现地下车站优良的声学效果，如图 6-52 所示。

图 6-52　隧道洞壁、底板采用砂岩吸声板

8）智能防灾救援疏散系统

八达岭长城站轨面埋深达 102 m，旅游高峰时期，大客流集中于深埋地下车站中，一旦发生火灾，需确保旅客能够快速疏散，同时救援车辆能够及时到达。八达岭长城站设置了立

体环形的疏散救援廊道，可提供紧急情况下快速无死角的救援条件；施工期间疏散救援廊道作为施工斜井，提供了全方位多通道的施工作业面，实现了安全快速施工的目标。

八达岭长城站通过信息化监控平台，实时监测、采集、汇总地下车站和隧道内各类监测设备的监测信息，实现了对机电设备、客流监测信息的分步获取、集中管理、综合运用，全面掌握灾害状态，提供及时准确的三维可视化灾害报警和预警功能，如图6-53、图6-54所示。

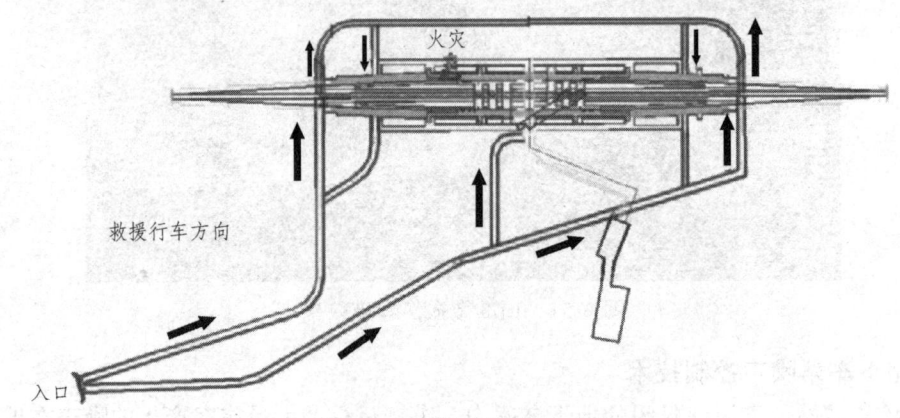

图 6-53　环形快速救援系统

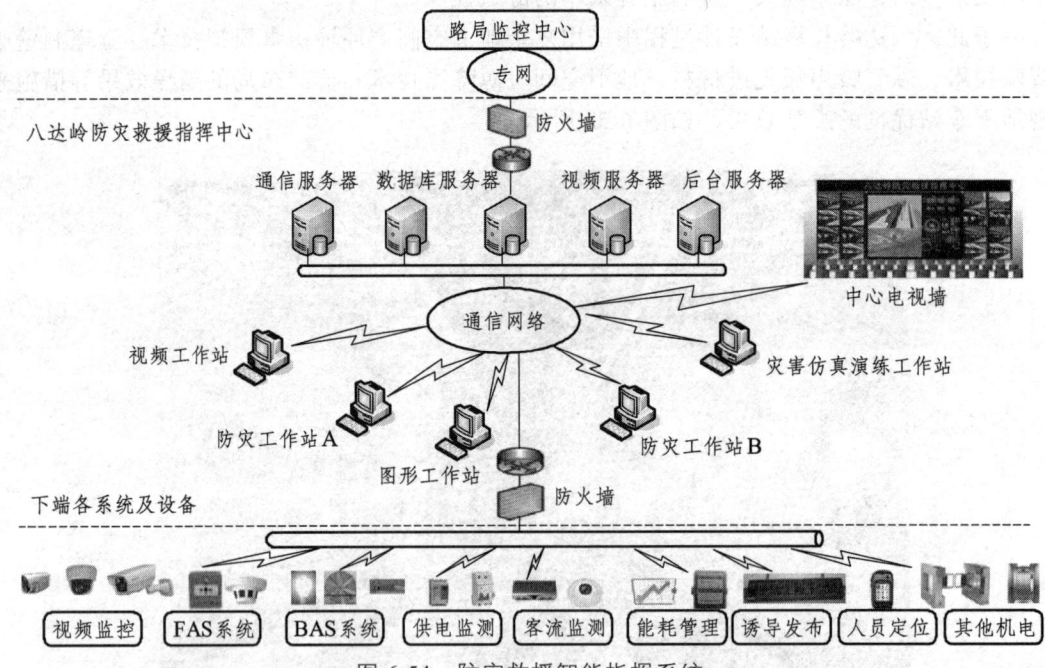

图 6-54　防灾救援智能指挥系统

9）隧道绿色建造技术

八达岭长城站位于世界著名的风景名胜区，这对施工过程的环境保护提出了更高的要求，包括污水、粉尘、噪声、振动、弃渣等处理要求均比常规隧道设计施工更严格。在设计上，八达岭长城站设置了清污分离的排水体系，将隧道围岩渗入的清水还给自然，车站清洁产生的污水排入市政污水管网进行处理，保证景区水环境清洁，最大限度地实现节水环保。同时隧道衬砌混凝土的粗骨料采用隧道开挖产生的弃渣，可节省砂石用料并减少弃渣场的占地面积。

在施工上采用高标准的污水处理系统，利用曝气生物滤池过滤系统保证氨氮的高效去除和总氮的消减；采用干式除尘净化技术，改善现场施工作业环境，减少粉尘的排放。如图 6-55、图 6-56 所示。

图 6-55　除尘净化设备 XA3000

图 6-56　施工污水处理站

6.4　客站建设中的管理方法

6.4.1　标准化管理

1. 标准化管理思路

标准化管理是当今世界很多大型企业集团普遍采用的先进管理模式，是一种项目目标要素的集成管理，能够快速提高管理工作绩效。推行客站建设标准化管理，就是要通过标准化将客站建设经验加以总结、规范和推广，实现客站建设各阶段项目管理工作的有机衔接和客站目标要素的集成管理，整体提高客站建设管理水平，为又好又快推进大规模客站建设提供保障。

2. 客站项目标准化管理实施

"管理制度标准化、人员配备标准化、现场管理标准化和过程控制标准化"，这四个标准化构成了客站标准化管理框架，同时也是客站建设参建各方推行标准化管理必须达到的基本要求和微观目标。

1）管理制度标准化

客站的建设技术、管理和作业三大标准，是高铁客站建设推行全面标准化管理的依据。各建设单位应根据铁路总公司颁布的有关高铁客站建设管理的规章制度、规范性文件和项目管理指南，按照标准化管理要求，结合建设项目实际，系统清理、整合和修订建设项目现有工作流程、管理标准、岗位标准、技术标准、作业标准、工艺标准等。

2）人员配备标准化

对于人员的配备，也需要实行标准化，根据不同的岗位要求来配备不同的人才，使得各个专业的具有不同能力的人才都能将其能力展现出来，这就是人员配备标准化的目标。

客站人员标准化配备应该考虑：作业范围、人员数量、相应能力和资格。为了达到统一的技术规范、标准化作业，通过目标规划设定、知识和信息传递、技能熟练演练、作业达成评测、结果交流公告等现代信息化的流程，让作业人员通过一定的教育训练技术手段，达到预期的水平提高目标。

施工单位人员管理，全面推行"架子队"模式，提高标准化作业水平。通过制定《劳务用工管理办法》《架子队管理实施办法》等架子队管理的规章制度，明确了架子队的组建原则和实施细则，对劳务用工的引进、选择、培训、合同管理、工资发放等方面都做出了明确的具体规定。

3）现场管理标准化

现场管理标准化就是有效管理现场的各个施工要素，明确各个施工活动的要求、流程以及作业内容，并根据工作的实际要求来设置专业的检查人员，以对各项工作进行检查，确保施工现场的秩序。

客站现场管理标准化主要包括对场地布置、封闭管理、办公及生活区管理、宣传环境、标识标牌、安全标志、安全防护、便道便桥、管线布设、机电设备、施工用电、物资存储与搬运、环水保管理、危险源管理等通用性现场进行统一规定，并对实行工厂化的场所如钢筋加工场、实验室、构配件组装等场所进行专项规定，以实现作业环境标准化。

4）过程控制标准化

在施工过程中要有具体的过程管理工作标准作为指导，才能确保各个施工活动有序进行，这就是过程控制标准化的主要内容。

客站过程标准化主要从以下几个方面进行控制：（1）源头把关，强化原材料质量控制。总指会同指挥部、施工、监理单位，推行施工单位自控、监理单位监控、指挥部重点控制、总指抽查的质量控制模式，强化对原材料质量的控制。（2）推行实验先行、首件认可、样板引路制度。在兰州西站建设中，坚持实验先行，明确作业标准，通过实验总结技术参数、施工工艺标准，验证主要设计参数，分析实验中发现的质量问题，进一步完善，为展开大面积施工提供可靠的技术支持和有效的质量控制。（3）加强工序细化控制，将传统工序进行细化，并在每一细节上进行深入研究和控制，以提高标准化作业深度和精度。

3. 业主标准化管理体系

原铁道部推行以建设单位为核心开展多方参与的标准化管理活动，加强了对建设单位的引导和管理。铁路工程业主方在执行标准化管理时，可以用标准的方法确定并规范建设单位各项管理工作的具体内容、接口关系、相关职责和流程等，采用科学先进且具有普适性的铁路建设项目管理方法、手段和技术，并借助管理标准体系的建立和运行，结合工程实施实际情况的跟踪与反馈开展持续改进工作，从而实现高铁客站工程业主方管理的全面标准化。业主方管理标准体系可划分为几个子系统：

（1）工作标准系统，包括各岗位、各部门的工作职责和工作要求，各管理的流程及工作绩效考核标准等。

（2）技术管理标准系统，包括核心技术认定标准、技术知识系统的管理规定、技术创新和工艺攻关的具体措施，各项工程技术规范和工艺操作规程等。

（3）施工要素管理标准系统，包括项目施工进度、质量、安全、文明控制标准，效益管理标准等。

（4）项目文化管理标准系统，包括形象标识、员工文明礼仪规范、企业文化核心内容等。

4. 在实施标准化管理工作中应强调的几个方面

（1）进一步提高认识、加强领导、强化基础、积极实践，增强主动工作的自觉性，充分发挥建设单位在高铁客站建设管理中的主体作用。

（2）结合实际、注重成效，紧密围绕高铁客站建设的实际，制定科学合理、充分体现项目特点、简便实用、覆盖客站各个专业的管理标准。

（3）强化质量安全意识，注重施工工艺，按照"抓源头、抓过程、抓细节"的要求，坚定不移地推进铁路建设标准化管理。

（4）建立健全专业化施工管理机制，进一步加强和规范专业化施工招投标和施工队伍管理，严禁变相转包或分包工程。

（5）要及时地总结推进标准化管理工作的经验做法，将行之有效的做法科学化、标准化，不断提高铁客站建设标准化管理水平。

6.4.2 动态管理

1. 动态管理思路

项目实施过程中主客观条件的变化是绝对的，不变则是相对的；客站涉及专业多、施工结构复杂、工程规模大、工程建设周期较长。因此，在客站建设进展过程中平衡是暂时的，不平衡则是永恒的。因此，在客站实施过程中必须随着情况的变化进行项目目标的动态控制。

2. 动态管理实施要点

1）建立动态管理制度

客站建设目标是前提，制度是保证。目标明确、结构合理、运行有效的规范化管理制度对于项目的正常建设至关重要。为此，应制定如下动态管理制度保证客站建设的顺利实施。

（1）预判制度：评估可能发生的变化，找出工程施工过程中影响质量、进度、造价偏差的原因，然后根据存在的原因和不足，制定技术措施，并在下一个施工循环中实施这些措施。

（2）专业评审：针对工程中发生的问题，由各个专业委员会、专业组分别负责对产生的问题进行专业化的评价和审核，并提出相应的应对措施，对措施应用进行实时跟踪，检查实施效果。循环这一过程，直到出现满意的实施效果。

（3）工作联系单：工作联系单是用于联系工程技术手段处理、工程质量问题处理、设计变更等的函件，一般多见于施工单位出具联系单给建设单位或设计单位，建设单位也常常向设计单位出具联系单，收件单位均要依据具体情况予以答复。

（4）日对接制度：处理当日工序、交叉施工问题，考核质量、进度。如复杂结构件，由技术部门对图纸进行分解，并组织生产、质量、作业班组等部门对图纸理解消化，提出质量控制点；每道工序在自检合格后，才能交接至下道工序。未经自检，质检员有权拒绝验收；跨组工序交接，由上道工序组长、下道工序组长及质检员共同参与进行联合检查，经三方签字确认后，由质检部门存档备查。检查不合格的直接返回上道工序整改，下道工序组长有足够理由不予接收的也直接返回上道工序。经签认接收后的工序质量缺陷，由下道工序作业组负责整改。

2）做好沟通协调

协调是客站动态管理中的一项重要工作，客站协调的关键在于管理协调，具体包括计划、组织、技术、交界面、合同关系、信息等方面的协调。

计划：在管理活动中，不论是目标责任者的自我控制还是上级对下级的宏观控制，都需以计划为依据。特别是在达到目标的过程复杂，人们对目标还不甚了解的情况下，计划可以引导人们有秩序地达到目标。客站建设的目标主要包括：投资、质量、进度、安全、环境和创新。

组织：工程项目组织是把分散的、没有联系的人力、财力、物力、时间、信息、知识、环境等因素在一定的空间和时间内联系和配置起来，创造一个有机的项目实施整体，以协调项目的各项工作正常进行。客站的组织形式主要包括三种类型：直线制、职能制、矩阵制。不管采用何种模式，其从上到下所包含的不同层级、同层级之间都会存在指令或衔接，不可避免会出现矛盾、冲突，这些都需要进行协调。

技术协调：施工活动关键是技术性活动，工程项目技术系统、施工技术的实施对项目的协调有重要的影响。在客站建设中包括：

① 交界面协调：项目的复杂性、专业化分工的细化、各组织和部门的目标差异、信息黏滞以及建设项目中存在的文化冲突，使建设项目管理组织内的人员之间、不同组织的人员之间、同一系统和不同系统的组织之间、设备之间、工艺之间、建设阶段之间或其他类型的非人员因素之间，均可能产生各类界面。客站建设的界面矛盾常常反映在以下几个方面：工作内容的范围界限不清楚，导致责任不清楚；界面一侧的工作没按事先规定完成而影响了界面

另一侧的工作；双方责任以外的交界面部分工作由哪一方负责不明确。交界面的矛盾最终都反映在信息上，要及时地解决交界面上的信息不畅问题，否则工程就会受到影响。交界面之间存在许多矛盾之所以得不到解决，除了组织原因外，往往是信息不畅的障碍所造成的，分析和克服这些障碍才能实现交界面的控制。

② 合同协调：建设工程项目的合同协调包括合同的订立、履行、变更、索赔、解除、终止、解决争议等过程中的各项协调工作。客站建设合同中应明确各参与方的责、权、利，包括：工程进度、质量及相应的关键控制点成本控制及变更、索赔管理；明确的工作界面及关键施工项目；合同中的风险管理等。

③ 信息协调：客站管理信息量大、交互频繁，特别是要实现高效率的组织、计划和协调，更要求信息获取、存储和处理的完整性、及时性和准确性。信息协调最重要的是使信息准确、畅通和共享。

3）构建动态管理框架

基于互联网，将信息化技术运用在客站动态管理工作中，实现信息化技术、项目管理技术和专业技术服务三结合，以信息化动态管理平台为工具，实现全体参建单位在同一平台上开展信息交流、建设管理工作，尤其是在学习借鉴当前国际项目建设新理念的基础上，采取的新型管理措施，并借助专业技术服务，对客站进行动态管理。图 6-57 所示是结合客站管理实际，构建的动态管理系统。

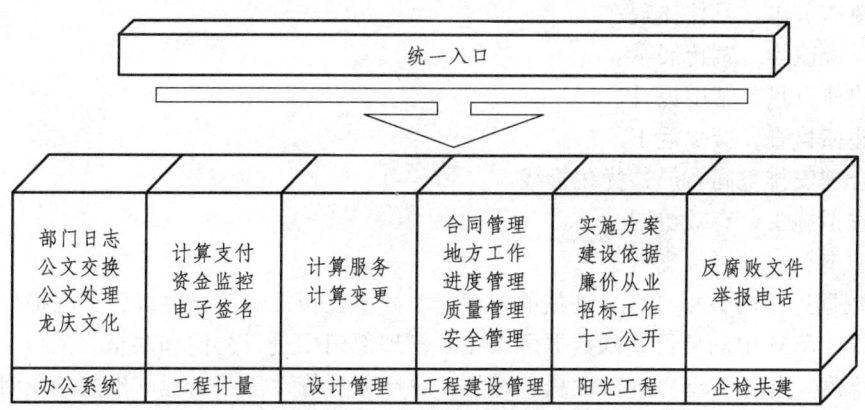

图 6-57 客站动态管理系统

针对客站动态管理系统，结合工程实践，其主要工作包括以下方面：

（1）建立基于"互联网+"式的客站建设项目动态管理，将项目从立项审批到建设实施，实行全过程公开，接受社会监督，从制度上规范客站建设过程中的权力运行，从源头防治贪污腐败行为。

（2）以项目动态管理系统为工具，实现全体参建单位在同一平台上开展建设管理工作。动态管理系统分办公系统、工程计量、设计管理、工程建设管理、阳光工程、企检共建等六大功能模块，各参建单位及参建单位各级人员根据权限不同，可通过后台管理进行信息录入、修改、确认、审核（审批）等工作。

（3）建立"阳光工程"管理模块，将建设依据、廉洁从业、招标工作、设计管理、征地拆迁、履约行为、工程进展、质量管理、安全管理、文明施工、立功竞赛、监督服务向全社会公开，提高客站建设项目的透明度，广泛接受社会各界的监督。建立"企检共建"模块，通过走出去、请进来，把建设项目中容易产生腐败的环节，置于监察机关的督促范围内，确保在工程建设过程中廉政建设制度落实。

（4）以企业内部协调、管理习惯和需求为出发点，量身定做、适应性开发，以达到适应管理、规范管理、公开管理过程的需要，实现工作流程、组织责任、信息整合的标准化。

6.4.3 信息化管理

中国是全世界高铁运营里程最长、速度最快的国家之一。截至2020年7月底，中国铁路营业里程达到14.14万千米，位居世界第二；高铁3.6万千米，稳居世界第一，新型铁路客站超千座。因此更新管理理念，全面提升车站，特别是大型铁路客站的运营管理水平，是实现铁路"又好又快发展"目标的重要保障。

信息化管理是现代建设项目管理的重要手段，主要在信息沟通、实时控制、计算机分析、问题处理等方面，对站房质量、安全、工期、投资、环保、稳定提供重要的平台。兰州西站的信息化管理主要体现在以下三个方面。

1. BIM 的技术使用

建立以 BIM 应用为载体的项目管理信息化，提升项目生产效率、提高建筑质量、缩短工期、降低建造成本。具体体现在：

（1）三维渲染，宣传展示。

（2）快速算量，精度提升。

（3）碰撞检查，减少返工。

（4）合理安排空间布局，优化管线。

（5）虚拟施工，有效协同。

（6）冲突调用，决策支持。

BIM 数据库中的数据具有可计量的特点，大量工程相关的信息可以为工程提供数据后台的巨大支撑。BIM 中的项目基础数据可以在各管理部门中进行协同和共享，工程量信息可以根据时空维度、构件类型等进行汇总、拆分、对比分析等，保证工程基础数据及时、准确地提供，为决策者制订工程造价项目群管理、进度款管理等方面的决策提供依据。

2. 视频监控

随着科技发展，我国电子计算机应用技术与广播通信和移动通信技术及电子科技发展迅猛，电子视频监控系统得到了广泛的应用。

目前，电子视频监控系统在高铁客站建造现场的监控管理与应用主要表现在能直观地加强对客站的现场施工管理。它的应用使领导和管理部门能随时随地直观地视查客站的施工生产状况，促进并加强客站施工现场质量、安全与文明施工和环境卫生的管理，通过对客站施工现场重点环节和关键部位进行监控，特别是对客站现场操作状况与施工操作过程中的施工质量、安全与现场文明施工和环境卫生管理等方面起到了施工过程中应有的监督作用。

视频监控系统在客站现场施工生产安全方面的应用主要包括以下几个方面：

（1）全面了解项目的施工进展。因为视频监控可以记录施工现场每天的施工情况，通过对录像的整理分析，可以对项目的各部分施工进展有一个全面的把握，使出现的工程问题得以及早地解决。

（2）对项目重点部位的管控。由于客站现场作业点多面广，尤其是项目的重点环节和关键部位多且复杂，经常出现安全隐患及违章行为不能及时消除的现象，从而造成或引起安全事故发生，通过视频监控系统对重点环节和关键部位进行监控，可有效增加监控面，能及时制止安全隐患及违章行为发生。

（3）历史资料留存。常规的资料留存都是以纸质资料的形式为主，内容多以描述为主，且留存量大，查阅不方便。视频监控的出现彻底颠覆了常规的纸质资料留存的方式，它拥有实时性、直观性、大量性、易查阅等优点，值得在客站的施工中推广应用。

（4）是一种有效的取证手段。客站施工是一个技术复杂的建造过程，且有参与方多、建设期长等特点，在这个过程当中难免会出现设计变更、不可抗力等一些能导致索赔的事件，而视频监控则可以为各有关方提供真实准确的证据视频资料，为客站施工提供一个更加公平的实施平台，为各参与方的利益提供更加有效的保证。

3. 移动客户端

移动客户端主要有手机客户端（包括QQ、微信平台、相关APP等）和掌上电脑。移动客户端作为一种终端主要在工程的检查、问题的处理和协调、对工程的实时监控和设计更新等方面发挥重要作用。这种终端的使用不受地域的限制，既可以在终端上对项目的实施进展进行监控并发现问题、解决问题，还可以通过终端提前对工程进行设计更新等一系列行为，并将更新数据实时传输到施工现场，将各个参与方有机地联系起来，这样可以提高工作效率，并保证施工质量。

6.4.4 样品样板管理

1. 样品样板的基本理念

样品制度是在采购材料、器具、配件之前，由供应商提供各种样品，由建设、施工、监理等主要参建单位比选确认采用样品的品类、型号，封样保存，作为材料采购时的标准。

样板的确认制度是建立在铁路站房装修工作量大，易出现质量不均衡、不稳定，外观效果不一致问题的前提下，以单项工程具有代表性的做法为样板，先试做、统一工序和质量标准，再全面推开施工。

通过工程样板，可以确定工程质量的预控措施、建立形象生动的立体教材、充分体现建筑设计意图。

2. 在工程样板的实践中的重点环节

推行高铁客站装饰、安装工程"样板引路"的实践表明："样板引路"是纠正错误设计、防止质量通病发生最行之有效的方法。但由于各建设单位的重视程度不一，"样板引路"工作在各客站建设中存在较大的差异：个别建设单位没有把"样板引路"工作纳入项目管理的重要范畴；有些施工单位为了抢进度，忽视了"样板"制作，抱着一种先做、上面检查发现有错了再改的思想来抢进度。其实，这既得不偿失，又会造成很大的浪费。"样板引路"工作做好了，既可以保证和提高工程质量，又可以加快工程的施工进度。有的建设单位和施工单位没有深刻领会"样板引路"的作用，或者不知道怎么操作。

1）样板制作与确认依据

样板制作与确认依据包括：初步设计批复、修改的设计文件；控制性装修装饰设计审核依据，已审查确认的控制性装饰装修设计、效果图；空调、室内与景观照明、客服系统专项设计审查、审核意见；《铁路旅客车站细部设计》；已审核的装饰、安装施工图及相关材料、涂装面、构件的标准、规格、等级、成分及技术参数等。

2）样板制作的工艺要求

依据已审核的装饰、安装施工图，在拟装饰、安装实施部位按事先确定的比例制作实样。样板应将拟采用的材料、安装与涂装工艺、连接节点、整体效果体现清楚，并形成书面作业指导书。

3）样板的管理要求

建设单位要始终坚持把"样板引路"工作纳入项目管理的重要范畴，做好"样板引路"的策划和准备工作，编制《样板引路实施规划》《样板引路实施办法》等相关管理办法，及时组织设计、监理、施工单位对照样板确认依据予以确认。实行高铁客站项目群管理的建设单位，要根据设计单位和施工单位的经验和实力情况选择某座客站作为全线客站的"示范站"。客站的选择要具有代表性、全面性，要能真正起到指导整条线路客站施工的作用，每一分部的做法都要落实到位，发现的问题要及时落实整改到位，明确全线统一的细部做法，不留死角。

3. "样板引路"的工程实践探讨

1）"三新"施工应采用"样板引路"

随着建筑科学技术的进步，"新技术、新材料、新工艺"技术运用越来越多，但由于地区差异及施工单位技术能力不同，"三新"施工的效果距国家标准或行业标准还有一定距离，因此，针对"三新"施工，按照国家、铁路总公司相关管理规定，通过试做鉴定，达到行业认证或许可后再推开，这是典型的样板引路。如银川站采用了拱券为核心形象，融地域文化与现代风格为一体，具有浓郁的地方特色。设计人员采用了清水混凝土来表现室内拱空间建筑风格，但设计文件里没有对清水混凝土的纹理、是否留栓洞作规定，通过样板进行对比后，最终选定方案，效果较好，充分体现出了混凝土的粗犷、厚重美，如图6-58所示。

银川站的主体结构大量采用拱形双曲清水混凝土结构，参建各方组成清水混凝土技术推进小组，场外试做大量清水混凝土构件样板。通过"样板引路"，最终在清水混凝土模板配置、脱模剂选用、混凝土配合比、用材、浇筑振捣、拆模时间、表面修补及养护控制等方面形成了成熟的技术与方案，并编制出完善的清水混凝土质量控制措施及作业标准，使后续体量巨大的清水混凝土结构施工一次性成功，实体质量远远超过优质工程的混凝土质量标准，观感效果也完全达到设计预想的效果，取得了国家专利授权，如图6-59所示。

图 6-58 银川站饰面效果

图 6-59 有无栓洞的样板对比

2) 高档精装饰工程的重点部位采用"样板引路"

目前，工程精装饰的要求越来越高，精装饰工程的好坏关系到整个工程的品位与形象，因此，对于精装饰工程的重点部位必须采用"样板引路"。精装饰工程有其艺术性要求，"样板引路"有助于装饰风格及设计的最终明确，避免无谓返工，同时有助于检验装饰与土建、机电安装之间的配合，保证后续大面积装饰施工能有条不紊地展开。如海南东环三亚站室内吊顶设计，针对板宽和板缝的尺寸问题，设计人员指导制作了三种样板，组织有关单位的技术人员，到现场进行了确认，最终确定板宽 18 mm、板缝 90 mm 的方案。同时，根据装饰装修效果图，决定采用弧形板，效果很好，如图 6-60 ~ 图 6-62 所示。

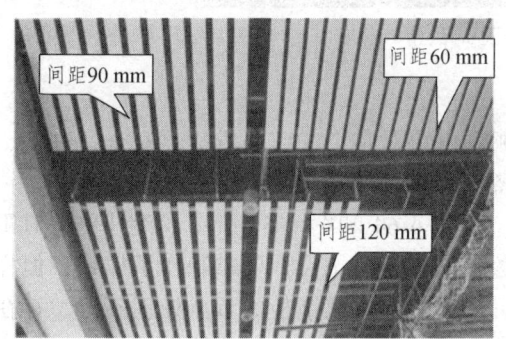
图 6-60 板宽和板缝比例关系样板

图 6-61 直板拼接样板

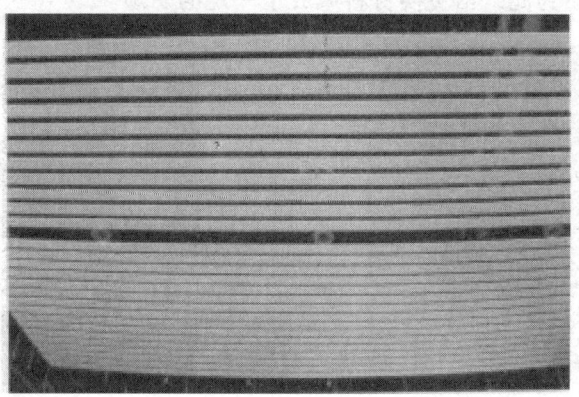
图 6-62 6 m 长弧形板样板

3) 对于工程的设计存在优选时宜全面采用"样板引路"

首先，客站工程要经得起严格检查与质量评定，其观感质量及各项测量数据要求均非常高，施工过程中必须通过做样板，以高标准来要求，才能发现问题并及时沟通研究解决办法，从而确保后续大面积施工过程质量达到客站工程质量标准。

其次，客站工程对细部节点的做法要求非常高。屋面、门窗、楼地面、装饰、机房设备安装等评优时都是检查重点，通过做样板，确定工程大量细部节点的创优做法，施工单位才容易在后续大面积施工中一次成优，避免后续的返修工作。

如海南东环三亚站的设计具有浓郁的海岛风格，幕墙和室内局部装饰均采用木纹色铝材饰面，其中木纹的选择是难点。设计单位需要通过"样板"比选来确定，在实施过程中，他们对木纹色分别制作了不同的样板，经比对后选用了海南独特的花梨木纹理装饰，取得了很好的效果，很好地实现了建筑师的原创意图，为海南岛又增添了一道靓丽的风景，如图6-63所示。

图6-63 三亚站实景

4) 重大关键技术施工采用"样板引路"

如果工程存在一些重大关键技术，是否能顺利解决对整个工程的质量、安全、进度、造价具有重大意义，且涉及该技术的施工内容具备做样板条件，则应采用"样板引路"。

深圳北站采用铝镁锰板和阳光板组合屋面，如图6-64和图6-65所示。设计单位对阳光板的选择确定了强度、硬度、透光率等技术参数。施工单位按设计要求制作了样板，但样板制作后在强烈的阳光下出现了很刺眼的眩光，且阳光板与铝镁锰板的节点处理不好，存在漏雨的隐患。在样板验收后决定更换阳光板，但施工单位在样板还没有确认之前，就对阳光板进行了部分采购招标，为此，给更换材料造成了一定的麻烦。

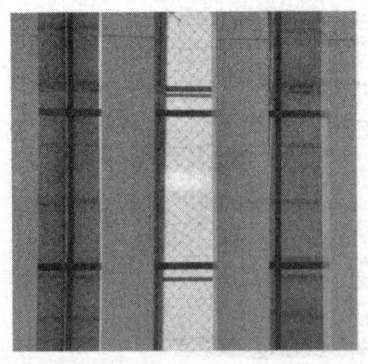 

图6-64 产生眩光的阳光板样板　　图6-65 整改后的阳光板样板

5）多工种协作穿插施工区域采用"样板引路"

在工程建设过程中，总是存在一些各工种协调穿插非常多的施工区域，如机房、管道井、设备层、技术层、楼层和通道的吊顶内空间等，这些区域的施工应采用"样板引路"。因为往往这些区域空间有限，多工种交叉施工，极容易因协调问题造成相互挤占空间、前道工序成品破坏、返工拆改、检修空间不足及被迫降低楼层净高等问题。通过"样板引路"，在样板施工中做好管线综合平衡，协调各工种的穿插施工，方可避免此类区域大面积施工出现上述问题。

6.4.5 网格化管理

所谓网格化管理，是指将管理对象按照一定的标准划分成若干网格单元，利用现代信息技术和各网格单元间的协调机制，使各个网格单元之间能有效地进行信息交流，透明地共享组织的资源，以最终达到整合组织资源、提高管理效率的现代化管理思想。

1．网格划分原则

网格单元的划分应该遵循方便管理原则、面积均衡原则、全覆盖原则和相对固定性原则等。

（1）方便管理原则。在划分网格时要尽量简便易行，减少划分作业的时间；为方便实施巡查和管理，应尽可能使网格巡查、管理路径便捷和可达。

（2）面积均衡原则。由于监管是对区域的监管，考虑到监管的力度均衡性，应该使各网格内的面积大致均衡，类型不宜过于单一，也不至于过于复杂。划分的网格单元应尽可能做到面积大小相近，形状以似四边形为宜。

（3）全覆盖原则。该原则是指网格划分必须做到对规划范围的全覆盖，且网格之间不相互包含，无漏洞，无重叠，做到无缝拼接。

（4）相对固定性原则。该原则是指网格边界在作业期内是稳定的，不易发生变化。

2．网格编码

网格单元的属性数据包括网格单元编码（图 6-66）、面积、初始时间、变更时间等。其中网格编码可以分为三级，第一级为监督人员编码，每一个人负责一片网格，第二级为施工单位编码，第三级为具体的施工任务网格。

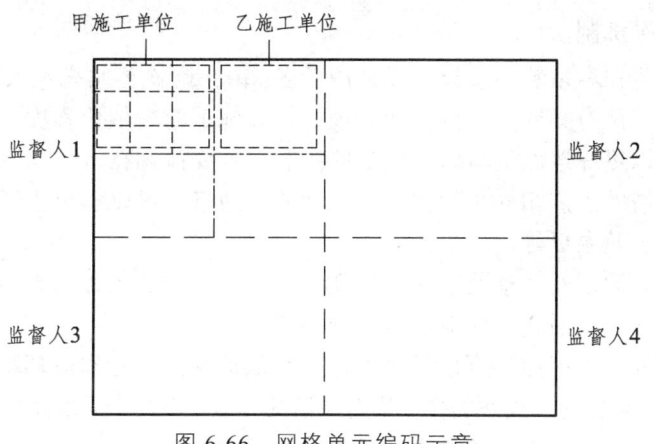

图 6-66 网格单元编码示意

3. 网格化管理技术

网格化管理技术是由管理目标、管理规章制度与标准、管理工作实施、数据采集、数据存储与共享和管理决策支持构成的一个不断循环的过程,如图 6-67 所示。

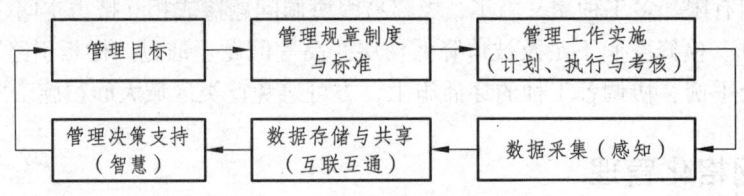

图 6-67　网格化管理流程示意

(1) 客站的网格化管理是智慧铁路、数字铁路发展的关键,是以信息系统技术为支撑,以信息化、网络化为手段,以整合资源、提高管理效率为目标的一种现代化管理思想,可以构建能实时监控施工状态、及时进行施工状态评定的网格,这恰恰是高铁客站施工管理的核心需求,可真正实现施工闭环管理。

(2) 可以实现状态感知——在时间维度上是指管理者能够快速检索到过程(设计、建设、运营)中的每一个数据,使数据做到可追溯;在横向维度上是指管理者能够从多种角度(多种检查、检测、监测手段)快速把握施工状态。

(3) 可以实现状态信息互联互通——在同一专业内部实现信息共享,在不同专业之间实现信息共享。

(4) 可以实现智慧管理——建立网格、施工状态评定指标,施工状态变化规范化管理。

(5) 可以使决策更快、更准确——如风险源的识别及预防、动态调整计划的制订等。

4. 网格化实施

网格化实施主要从以下三个方面进行:

1) 制度保证

网格化管理主要依据"各司其职、信息共享、规范施工、快速反应"的原则,将各网格内的施工、监理、业主人员之间的联系、协作等内容以制度的形式固定下来。制度是网格化管理的保障,要明确各方的职责、建立评比、奖惩等制度。

2) 网格化运作机制

网格化目前主要在客站装饰装修阶段采用较多。由于高铁客站规模大、建筑标准要求高、成片作业区域多,因此有必要采用网格化管理,提高施工的精细化程度。

网格化管理可以更好地做到对施工质量的控制,主要体现在:

(1) 将成片区域的工艺相同(相似)作业划分成网格,可以解决小区域的管理,使管理更方便、效率更高、效果更好。

(2) 方便发现问题,及时整改。一旦发现一个网格区域的工程出现问题,就可以采取相应的纠偏措施,保证后续的施工作业质量、减少浪费。

(3) 单元格的划分,可使每个单元单独作业,机动灵活,受作业环境条件影响小。

(4) 网格划分,可以使大面积的作业进行灵活的分配,有利于采取相应的奖惩和激励机制。

网格化的运作是一个动态调整的激励过程,详见图 6-68。

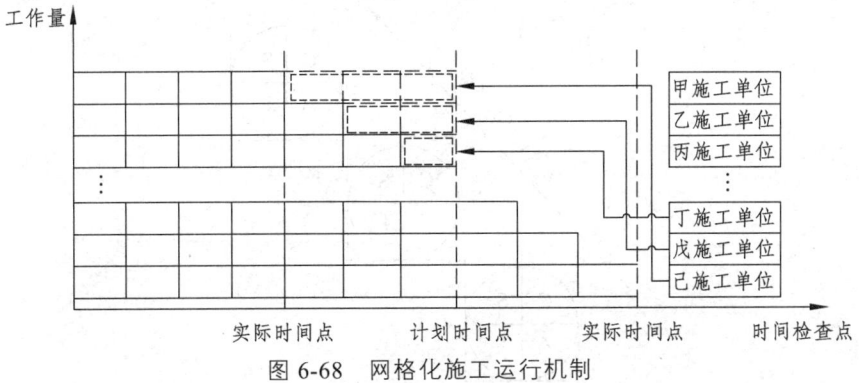

图 6-68　网格化施工运行机制

客站建设中参与施工的单位多，划分成更小的施工队就更多了。首先在对施工任务进行网格划分并进行编码的基础上，对施工任务进行对应的分配。然后，建立计划控制考核机制。第一步，明确每一个施工单位的计划任务并公示，在计划时间点，对于每一个施工单位来说，他们的施工任务都是七块网格；第二步，按照计划进行施工到某一时点进行实际施工任务的考核，如图 6-69 中的实际时间点，此时，甲施工单位迟于计划三个网格，乙施工单位迟于计划两个网格，丙施工单位迟于计划一个网格，而丁施工单位则超前计划一个网格，戊施工单位超前计划两个网格，己施工单位超前计划三个网格。第三步，为了使整个施工任务处于一个比较平衡的状态，而不会出现两极分化，就需进行施工任务调整，如将己施工单位调去进行甲未施工任务的施工，以此类推，将戊施工单位调去进行乙未施工任务的施工，将丁施工单位调去进行丙未施工任务的施工。

这样，不仅能够保证整体施工任务的动态并行进行，不会形成两极分化，而且能够激励那些施工快的单位进行更多施工任务的施工，还可以促进施工慢的单位进行自我反思和重新认识学习快的单位的施工方法和技术。

3）网格化信息共享

在客站网格管理中，数据共享是非常重要的。一种是基于书面信息的共享，另一种是基于网络平台的信息共享。网格化管理信息共享有其明显的优点：一是让施工中好的经验、做法能够很好地进行分享，大大提高了建设的规模效益，也有利于提高该流程的专业化程度，一举多得。数据共享最大的好处在于能够实现包括人力、物质、信息在内的各方面能耗的节约。二是起到了很好的促进和激励作用。好的施工做法被其他施工方借鉴后，专业化程度普遍得到提高，逼迫施工单位对现有的施工方法进行进一步的改进，从而达到优胜，进一步促进了建设效益的提升。因此，信息共享是一个不断改进和循环的过程，很好地提升了施工的效率和效果，如图 6-69 所示。

要根据各部门对于数据的要求情况，建立统一的用户信息数据库，或者在各部门数据库的基础上建立分布式数据库，目的是建立一个共享的用户信息访问机制,使用户信息可以"一次集中收集，多处分散共享"，既减少了重复收集存储信息的问题，又保证了数据的一致性，从而方便了使用。为了实现各种共享，必须建立一个便捷的信息融通机制。没有完善的信息通信系统无法完成；共享的资源、事务处理的信息要通过信息平台传达到各个相关部门，促进业务流程的运作。

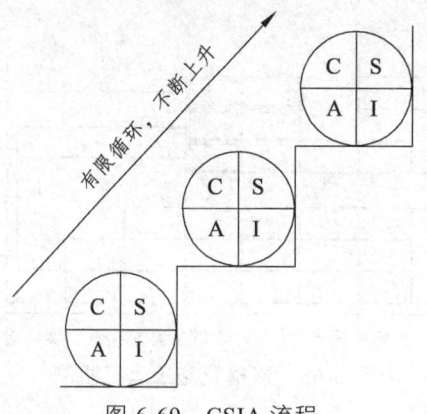

图 6-69 CSIA 流程

C（compare）：评比，就是对各施工单位之间网格单元的施工质量进行评价比较。
S（study）：学习，指根据评比的结果，学习好的施工经验。
I（improve）：改进，通过学习不断改进施工方法。
A（act）：实施，指实施改进施工方法，提升施工质量。

5. 兰州西客站网格化管理

1）西客站网格划分

网格化划分在兰州西客站中主要是在装饰装修阶段使用，具体包括：天窗立面墙、出站层地面、出站层立面等分部工程。这些区域工序面积大且形状比较规则，网格的划分主要依据立面和平面空间。平面主要依据轴线和伸缩缝，立面依靠轴线和标高。将其作业面积划分为若干个大小相似的网格，每个网格就是作业管理的一个区域，一个作业班组负责一个或多个区域。以天窗施工计划网格的划分为例，详见图 6-70。

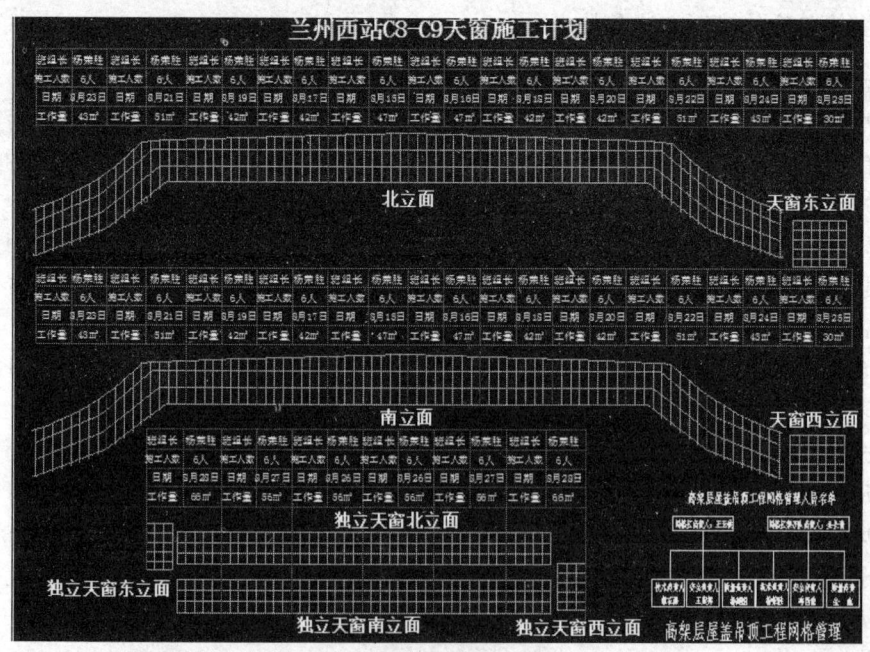

图 6-70 兰州西客站高架屋盖天窗网格化管理图

2) 西客站网格化实施

指挥部成立以指挥长为组长、主管站房副指挥长为副组长、工程部各专业检查组为成员的网格化管理领导机构,现场设管理办公室,主要负责现场日检查评比及月度综合考核。各施工单位成立相应机构,按区域、施工内容及专业划分网格单元,实行项目负责人,区域负责人,技术、安全、质量负责人,班组负责人四级管理,将施工质量管理责任传递到班组、个人。监理单位主要体现为人员数量和责任技术能力的保证,按区域、专业配齐相关专业监理人员,协助指挥部做好日评比和月度考核工作。

在评比考核中,按照兰州枢纽指挥部下发的创优规划文件,实行每日验收考评、月综合考核的形式。日验收评定结果除按创优规划进行单日奖罚外,其评定结果将纳入月综合考核中。施工单位按照施组要求按月上报施工计划,并按单元格划分区域于每日17点前给现场管理办公室上报需要评定的区域、施工内容及专业,并全程配合进行现场评定,对提出的问题督促整改。指挥部现场办公室各专业组按照施工单位日计划在每日9点之前对当日施工作业内容进行全面巡视(主要巡视现场材料是否合格、作业工具是否符合要求、作业安全防护是否到位、前一天提出的问题是否整改到位等),对不符合相关作业要求或对前一日问题未按要求整改的不准进行相关施工。每日16—18点,各专业组对当日所完成施工任务进行检查验收评定,并按照评定表签署评定结果(评定结果分为优良、合格、不合格三项)和相关意见,对不合格项目经监理核定后下发处罚通知书并督促整改。指挥部每月组织一次综合评定,并印发专门的评定及考核办法。

在评比要求中,各相关专业人员严格按照深化设计图纸以及相关建筑规范要求做好现场施工盯控作业,确保站房装饰装修达到"示范性精品工程"标准。西客站施工单位按专业排出日施工计划,各专业组按照日计划现场盯控施工作业质量和施工进度,确保按期完成。施工单位要积极配合现场盯控人员工作,对不听从安排或拒不整改的,指挥部按照相关考核办法严肃处理。

高铁客站的运维管理

7.1 客站的运维管理模式

7.1.1 铁路客站的主要维管模式

通过对国内具有代表性的高铁客站，如北京南站、上海虹桥站、武汉站、西安北站、兰州西站等大型客站运维管理模式的实地调研分析，目前国内高铁客站的维管主要有四种模式：

（1）车站独立管理模式。该模式以车站为主体成立综合设备管理科，负责站房建筑物、强弱电、给排水、暖通空调、电扶梯、消防设施、客服信息等全部设施和设备的维管，国内新建客站中的北京南站主要采取该模式。

（2）专业服务公司模式。该模式由客站所属铁路局或总公司管铁路公司成立专门的服务公司，统一对客站（除客服信息系统外）所有构筑物、设施和设备进行维管，客服信息系统则由铁路局或总公司管铁路公司的车站机构管理。上海虹桥站即采用该模式进行管理。

（3）总公司部令模式。该模式执行铁路总公司各相关业务部门下发的部令，采用传统的设备分界和运维管理模式，即：站房建筑物、低压照明电、给排水、暖通空调等由所属铁路局内房建部门维管；设备用电、弱电、电扶梯、消防设施、客服信息以及新设备等全部由铁路局的车站机构维管。该管理模式在国内应用最为广泛。

（4）综合管理模式。该模式依据各铁路局（或总公司管铁路公司）的管理习惯和目前各相关单位专业人员配置情况，经与各方充分协商沟通，按照集中管理、减少交叉、便于协调的原则，由铁路局（或总公司管铁路公司）组织重新划界确定管理单位。通常，建筑物及其附属的设施和设备由房建段成立高铁车间进行维管，电扶梯、消防设施、客服信息系统、空调通风等设施由车站管理，高压电及其相关设备由铁路局供电部门管理。通过对客站建筑物及设施设备按种类、分系统、分区域进行划分，明确维管范围，确定维管责任主体，并按照相关劳动定额配备维管人员和机具，制定维管办法。按照全覆盖、无遗漏的原则，确保将客站设备纳入正常维修保养管理体系中。兰州西站主要采取该管理模式。

7.1.2 国内高铁客站维管模式的特点

1. 车站独立管理模式的特点

车站独立管理模式的车站内部配备房建、电力、给排水、暖通空调、弱电、消防、设备管理等相关专业人员，并成立由车站直接管理设备科。该管理模式的优点是，现场出现的问题能快速直接地反映到设备科，业务部门能迅速派人到现场直接处理问题，杜绝了扯皮现象；其缺点是车站需要配备一个综合性的专业化维管团队（含土建、给排水、电力、暖通空调、设备等相关专业技术人员），与设有房建段的铁路局或总公司管铁路公司的管理业务容易发生重合，会造成资源浪费。

2. 专业服务公司模式的特点

专业服务公司模式是由铁路局（或总公司管铁路公司）成立专门服务公司，由车站直接负责将站内建筑、暖通空调、给排水、高低压电、电扶梯等重点设备委托服务公司管理。该模式的优点是责任明确、服务周到，服务公司有成熟的管理团队、管理制度和维护程序，维管更专业、便捷和快速，且对旅客及车站正常秩序影响最小；其缺点是专业服务公司只配置技术管理人员，而将具体业务外委给其他的专业化公司，增加了管理成本。

3. 总公司部令模式的特点

铁路总公司划界文件对传统的设备有比较清晰的界面和维管规定，但对新型客站使用的新设备（如 FAS、BAS、玻璃幕墙、钢结构屋面、中水、卸污和自动上水等系统）则缺乏管理分界的相关规定，更没有专业化的管理团队。此时，新设备往往由使用单位管理，存在漏洞多、易扯皮等管理问题，还会给客站正常运输组织造成一定困难，甚至影响行车安全。

4. 综合管理模式的特点

综合管理模式打破了常规，依据铁路局（或总公司管铁路公司）的维管习惯、客站设施设备特点以及局内现有资源进行分界，并配备了专业化的人员和设备，减少了界面交叉，提高了维管效率，节约了管理成本。但其缺点是各铁路局现状不统一，且与铁路总公司相关管理部门没有对口管理机构，给总公司管理客站业务带来了不便。

7.1.3 客站典型设施设备的管理界面划分

1. 铁路客站与地方配套工程的界面划分

铁路客站和地方配套工程的投资主体和建设管理往往分属不同行业，工程规划、设计和施工也由不同的单位实施，因此运营阶段划分维管界面尤为重要。如兰州西站工程中的出租车通道、城市通廊等为地方出资工程实体，但为了方便运营管理，站房内出租车通道、城市通廊等则交由铁路方统一管理、统一维修、统一经营，站房落客平台平面投影以外部分（地方出资部分）由地方市政管理。

2. 铁路客站内部的界面划分

兰州西站维管界面划分中，为确保相关设备运行良好、管理责任明确，结合总公司相关文件，由铁路局组织运输、供电、电务、车辆、建设、信息、房建、车站、多种经营等相关部门，就铁路客站相关设备分界及维修管理等事项进行研究，按如下原则进行划分：

（1）依据总公司相关专业规定以及局内各站段专业设置现状，按照集中管理、减少交叉、便于协调的原则，对相关设备按系统进行维修管理界面划分。

（2）因车站接管的冷热源机房内含有集中供热热力公司接管的换热设备，由车站与热力有限公司对接确定相关设备管理制度，便于供热公司维管人员定期巡查供热设备。

（3）站房内高压设备与低压配电柜等在同一室内，变压器及以上设备由供电部门负责维修管理，变压器以下设备由房建部门负责维修管理。

兰州西站站房内部的维管界面划分情况见表7-1。

表7-1 维管界面划分

序号	主要项目	设备管理单位
1	房屋建筑物	房建部门
2	站房内给水排水管道及设备（含消防水管道）	房建部门
3	站房内暖气管道及分集水器	房建部门
4	站台及雨棚	房建部门
5	站房及雨棚照明系统	房建部门
6	消防泵房及室内相关设备	房建部门
7	室外排水系统	房建部门
8	高低压变电室6处	变压器及以上供电部门负责，变压器以下由房建部门负责
9	380 V 及以下配电柜（含动力设备配电、消防配电、照明配电、动态标识配电、楼宇控制配电等）	房建部门
10	设备用电配电线路	房建部门
11	卸污中心房屋及化粪池等排水系统	房建部门
12	西客站钢结构健康监测设备	房建部门
13	弱电配电间（通信、信息、客服系统等配电）	车站
14	兰州西站中水处理系统	车站
15	站房内空调、通风系统（含末端风机盘管、风口、热风幕、换气扇等）	车站
16	站内消防控制系统（含消火栓、消防水炮、消防喷淋、灭火器等设备）	车站
17	站房内动静态标识	车站
18	旅服信息系统（含办公、监控等）	车站
19	票务信息系统	车站
20	站房内视屏监控系统	车站
21	站房内行包系统	车站
22	站内扶梯、直梯	车站
23	南北站房冷热源机房内设备	车站
24	站房内楼宇自控系统（BAS 系统）	车站
25	车站饮水机	车站
26	高压室2处	供电部门
27	南北站房柴油发电机房	供电部门
28	通信设备室	供电部门
29	室外给水及客车上水系统	供水部门
30	客车卸污系统	车辆部门

7.2 客站运维管理的主要内容

7.2.1 旅客服务管理

铁路客站客服管理的主要任务是按照站房建筑设计功能流线,安全、便捷、快速、流畅、正点地将广大旅客车引进、送出站。进站服务关键节点有购票、安检、候车、检票、上车等;出站服务关键节点有下车、检票、换乘、引导出站等。车站服务管理围绕关键节点,通过车站微笑服务,使广大旅客安全、温馨、便捷地度过旅行的车站环节。其主要做好以下工作:

(1)铁路客站主要办理旅客乘降及行李、包裹取送工作,除严格执行《铁路旅客运输规程》外,为方便旅客,车站内醒目位置应显示铁路旅行常识,全国铁路营业站示意图,严禁携带危险品进站、上车的图例或文字说明,列车开车、中转换乘时刻,全国主要站中转换乘时刻表。

(2)在候车区域或上、下车通道还应有相应的车次、车厢顺号指引牌、检票车次牌等导向标志;行李包裹承运处应有行包托运须知、行包包装标准、禁止托运和夹带违禁品的图例或文字说明、服务项目等。

(3)车站内运输组织工作要从方便旅客出发,按照长短途列车分工、换乘优先、保证重点的原则,合理、经济地使用运输能力,均衡地组织运输。

(4)车站应积极协调、配合各列车,如发生问题应本着以站保车的原则积极处理;当站、车发生纠纷,在责任和原因不明时,站、车双方均不得以任何理由阻碍开车而造成列车晚点。

(5)要本着旅客至上的原则,坚持人民铁路为人民的服务宗旨,周到热情为旅客服务;对旅客在购票、候车、乘降中发生的困难应千方百计予以解决;车站服务设施和引导标志应采用《铁路客运服务图形标志》或国家标准规定的图形标志,标准没有规定时,自行设计的标志应易于识别并附加汉字。

(6)车站发售客票时,不能使用到站不同但票价相同的车票互相代替;在软卧车有空余包房的条件下,车站可根据列车长的预报发售软座车票;发售去边境地区的车票时,应要求旅客出示国务院铁路主管部门、公安部规定的边境居民证、身份证或边境通行证。

(7)发售加快票时,应在符合《铁路旅客运输规程》规定的前提下,保证发到站之间全程都有快车运行;如中间有无快车运行的区段时,则不能发售全程加快票。

(8)购买卧铺票的旅客要求在中途站开始乘车时,售票员须在客票背面签注某站上车,加盖站名戳,并在"中途预留卧铺通知单"上注明,以便通知列车预留。

(9)为测量儿童的身高,在售票窗口、检票口、出站口、列车端门口应涂有测量儿童身高的标准线;成人无论身高多少均应购买全价票;学生和残疾军人、伤残警察等购票按照总公司相关规定执行。

(10)为便于进站接送旅客,车站应积极发售站台票;对确有需要的单位,可发售定期站台票,定期站台票可按实际需要分为季票和月票。

(11)因列车满员或意外事件使列车停止运行,旅客不能按票面指定的日期、车次乘车时,车站应积极为旅客办理签证及通票有效期延长手续,办理时,应在通票背面注明"因××延长有效期×日"并加盖站名戳；旅客如托运行李时，还应在行李票上签注"因××原因改乘×月×日××车次"，加盖站名戳，作为到站提取行李时，计算免费保管日数的凭证。

（12）车站的检票口、出站口应有明显的标志；车站对进站人员持用的车票、站台票经确认后加剪（市郊定期客票、卧铺票不剪）；出站人员的站台票应将其副券撕下；误撕车票时，应换发代用票。

（13）对烈性传染病患者（尤其是对人身健康危害严重、有爆发性流行可能的疾病患者），车站发现时应告之铁路规定并给予办理退票手续。

（14）因铁路责任造成旅客退票时，无论在发站、中途站还是到站，均应积极为旅客办理，不得互相推诿，继续给旅客造成困难。同时产生应补收时不补收，不收退票费。

（15）发现旅客违章携带物品（包括几人同时携带一件超重或超大物品）时，车站应拒绝进站或动员旅客办理托运。

（16）客流量较大的车站应开展旅客携带品搬运业务；搬运员必须穿着统一制服，佩戴标志；搬运车辆应有明显标记，易于识别；收费时应给旅客收费凭证；搬运服务不得违反铁路规章；车站对非车站人员进站经营搬运业务的应予以制止和清理。

（17）车站对本站发现或列车移交的遗失物品，应在遗失物品登记簿上详细登记，注明日期、地点、移交车次、品名、包装及内含物品、数量、重量、交物人、经办人、处理结果等内容。

（18）客流量较大的车站应设遗失物品招领处，遗失物品招领处应有明显的招领揭示；对遗失物品应妥善保管，正确交付；失主来领取时，应查验身份证，核对时间、地点、车次、品名、件数、重量，确认无误后，由失主签收，并记录身份证号码。

（19）不能按行李、包裹运输的物品范围主要为妨碍公共卫生和安全的物品、国家政策法令规定禁止运输的物品，国家禁止和限制运输的物品以国务院及各部委颁发的文件为准。活动物中能够主动攻击伤害人的猛兽、猛禽和蛇、蝎子、蜈蚣、蜂等以及大动物不能承运。

（20）行李、包裹到达到站后，在规定的免费保管期限内应在票面指定的到站行李房保管，不得易地保管；超过免费保管期限，行李房仓库没有能力时，包裹可以易地保管，易地保管产生的费用由铁路负责。

（21）包裹到达后，应及时以明信片或电话等方式通知收货人领取；通知应以文字或录音等形式记录备查。

（22）因事故或不可抗力等原因而延长车票有效期的行李，应按客票延期的日数延长行李免费保管的日数；超过免费保管日数，按规定核收保管费，出具保管费收据或填发客运运价杂费收据；遇特殊情况，车站站长有权减收保管费。

7.2.2 站房建筑物及设施设备维护管理

1. 维护原则、职责、计划

1）维护原则

站房建筑设备修缮与管理工作，其基本任务是在大修周期之间，对已发生和可能发生的一般破损、病害的房建设备进行修理，以保持其经常处于良好、合格状态。其应贯彻"坚持预防为主，周期状态修缮，重点整治病害，逐步改善条件，确保使用安全"的工作方针。

2）维护职责

（1）站房维护工作在路局或总公司管铁路公司领导下，贯彻上级有关文件，制定有关规章制度，组织对站房建筑物及设备进行技术管理、维护修缮等工作。

（2）站房维护管理单位要根据自管范围、专业、生产任务量、设备数量等提出申请，由路局或总公司管铁路公司统一按照相关定额配置相关专业维护人员和相应机械、工具，确保维护工作能正常进行。

3）维护计划

各相关维护单位、部门根据春（秋）检资料和日常掌握的设备基本状态，在年初编制维修计划，按照日常状态修、整修、设备大修等分类提报年度维护时间、材料以及相应资金计划，确保维护费用及时拨付。

2. 站房构筑物巡检维护

站房构筑物巡检维护主要包括：

（1）对混凝土结构的预埋件等使用情况应制订计划，定期（每年不少于两次）进行检查；发现腐蚀、渗漏、开裂和建筑垃圾、污杂物沉积要及时处理；制止不经设计及有关部门批准，任意在结构上开凿的行为。

（2）钢筋混凝土保护层损坏要及修补，以防止钢筋锈蚀。

（3）站房内的使用应符合设计要求，不允许随意超载，甚至于对结构进行改造。

（4）保持站房内楼层地面清洁、干净卫生；保持上、下水道不漏不堵，避免因漏水造成室积水，渗入楼板；对于如大理石、自流坪等特殊地面还需定期专业养护。

（5）对在使用过程中发生小的损坏，要及时修补；制止不加任何保护措施在楼面上拖拉重物。

（6）对车站相关工作人员做好保护门窗的宣传工作，发现开关不灵、缝隙过大、五金配件丢失或损坏等问题，要及时修理；做好防雨、防寒等工作。

（7）对饰面墙定期（每年不少于2次）巡检，可采用观察或用小锤轻划检查，发现问题及时处理，不允许用强酸对任何饰面墙进行擦洗；对楼体外墙面，安装饰物如用铁件，必须刷漆，防止水锈污染墙面。

（8）加强对顶棚定期巡检，发现翘边、裂挂、破损应及时修补或更换。

3. 幕墙工程养护管理

1）玻璃幕墙常见的安全隐患

（1）玻璃幕墙爆裂坠落。玻璃幕墙常见的安全事故是玻璃发生爆裂进而产生坠落现象。通常情况下，造成幕墙玻璃爆裂主要有以下两方面的原因：① 幕墙玻璃自身存在着缺陷，例如气泡、缺口和边部加工缺陷等，当太阳光强烈照射的时候，幕墙玻璃由于材质内外受热不均，将会产生明显的内外温差，进而导致内部应力的产生，在幕墙玻璃的边部就会出现微小的裂纹，随着时间的推进，裂纹会逐步变大最终导致幕墙玻璃发生爆裂坠落的现象。② 幕墙玻璃材质中的硫化镍发生相变导致爆裂现象的发生。玻璃爆裂现象主要和环境热应力、杂质硫化镍有关，这主要是由于在进行幕墙玻璃原材料生产时，杂质硫化镍很难分离出去，在幕墙玻璃长期使用的过程中，温差、湿度、内外压强等因素都会影响到硫化镍的物理性质和化学性质，从而导致硫化镍逐步地发生相变反应，而幕墙玻璃的体积在整个相变过程中将会增加约2%~5%，内部会产生巨大的热应力，一旦超过了幕墙玻璃的承载力，将会导致细小裂纹的产生，当裂纹达到一定程度就会发生爆裂坠落现象，危及人们的生命安全。

（2）玻璃幕墙耐火与隔热性较差。尽管玻璃幕墙的材质是不可燃烧的，如果当高铁站房发生火灾时，高温火焰会持续炙烤幕墙玻璃，幕墙玻璃受到高温作用后会产生软化现象，经过长时间炙烤后会发生融化现象。由于玻璃幕墙的耐火与隔热性能相对较差，玻璃幕墙无法得到完整性的保护会导致玻璃幕墙周围的空气流动加快，进而使得火势不断蔓延。此外，由于玻璃幕墙长时间处于太阳直射及热辐射环境中，玻璃幕墙的背面也会发生自燃及爆裂现象，因此在进行铁路高铁站房玻璃幕墙设计时，设计人员还应该考虑周边的工作环境。

（3）玻璃幕墙结构胶老化。由于高铁站房的玻璃幕墙通常安装在室外，不可避免地会受到日晒风吹雨打的作用，因此对玻璃幕墙材质的耐腐蚀性提出了更高的要求。但是，就现阶段的情况来看，高铁站房玻璃幕墙的结构胶的使用寿命通常是15年，也就是说玻璃幕墙的结构胶过了保质期就会慢慢产生老化现象，导致玻璃幕墙组成部分的结构胶黏结力逐渐减小。即使玻璃幕墙的表面未发生质量问题，也并不意味着玻璃幕墙没有安全隐患，因此结构胶的老化现象也应引起维修维护人员的重视。

（4）玻璃幕墙支撑结构及固定装置的老化。高铁站房玻璃幕墙的安全事故并不都是幕墙玻璃自身的安全隐患造成的，当其支撑构件和固定外框金属结构发生老化现象时，同样也会发生安全事故。因此，施工技术人员在对玻璃幕墙进行安装时，玻璃幕墙的支撑结构和固定外框装置是不可缺少的一部分，尤其是在玻璃幕墙结构最为脆弱的关键部分必控环节，一旦发生老化现象或者超出规定的使用年限，将会严重影响玻璃幕墙的使用质量，进而导致安全事故的发生。

2）高铁站房玻璃幕墙维修维护的相关规定

当高铁站房的玻璃幕墙正式投入使用后，维修维护人员应进行定期的维修工作及日常的维护工作，并且应根据高铁站房玻璃幕墙的实际使用情况制定相应的巡检计划和管理制度，从制度规定上保证玻璃幕墙的日常安全使用及维护管理，并及时发现玻璃幕墙使用过程中存在的问题和不足之处。

高铁站房玻璃幕墙维修维护相关规定主要有以下几方面：

（1）根据玻璃幕墙日常使用中的积灰现象，科学合理地制定清扫的次数及频率。由于不同地区的气象条件存在着差异，因此清扫的次数及频率也会不同，通常情况下应该保证每半年至少清扫一次。

（2）维修维护人员应灵活合理地使用好清扫机械设备，对玻璃幕墙做好相应的保护措施，最大限度地避免对玻璃幕墙造成损害。

（3）清扫的过程实际上也是对玻璃幕墙进行维修的过程，在清扫过程中如发现固定螺丝松动或固定构件缺失现象，应及时进行加固或者更换，并且应对相关的连接件进行除锈和补漆操作。

（4）通过巡检，一旦发现玻璃幕墙有破裂或者是破裂前兆的现象，那么应及时对玻璃幕墙进行维修或者是更换，确保第一时间消除玻璃幕墙爆裂的安全隐患。

（5）如果发现玻璃幕墙的构筑件和连接件有损坏、脱落的现象，应及时进行修复及加固处理，保证玻璃幕墙能够稳定、安全地使用。

（6）在气象灾害过后，维修维护人员应及时对玻璃幕墙进行系统性的检查，损坏的部分应进行及时维修和加固工作。

（7）在台风及暴雨等恶劣天气时，维修维护人员应该停止玻璃幕墙外侧的维修和维护工作。

3）玻璃幕墙的定期保养

为了保证铁路高铁站房玻璃幕墙的安全使用并延长其使用寿命，在日常的运营使用过程中应该采取一些科学有效的保养措施，主要做好以下几项工作：

（1）使用特定的溶剂进行清洗，比如常见的酒精、甲苯等溶剂都可以有效地去除玻璃幕墙表面的油脂，还可以对上光材质进行全面的清洗和淋漂操作，同时应注意尽可能地避免使用溶解性太强的溶剂，从而最大限度地避免损坏玻璃幕墙的密封结构胶。

（2）应制订合理的清洗计划并进行定期保养清洗工作。由于高铁站房的人流密集性及施工特殊性，玻璃幕墙的维护保养时间应尽量避开人流高峰时段，选择客流量较小时段或施工天窗时间，才可对玻璃幕墙进行全面的清洗和淋漂，并及时擦干玻璃幕墙的表面，以助于保持玻璃幕墙表面清洁性，减少对旅客出行乘车所造成的影响。（3）及时处理玻璃幕墙表面的损伤现象。施工过程中如未及时清理玻璃幕墙表面残留的混凝土，在雨水天气的影响下，含碱和含氟物质会从混凝土和建筑外表面释放出来，从而弄脏或腐蚀玻璃幕墙的外表面。当制造预制板和混凝土墙材料时应进行充分搅和，形成均匀的水合物使其达到完全固化的效果。因此，维修维护人员应该定期对玻璃幕墙的表面进行清理，减少外来不良因素的影响。

4. 给排水设备运行维护

给排水设备运行维护主要包括：

（1）管道漏水修理，管道堵塞排堵。

（2）水龙头与阀门的维修。

（3）卫生洁具的维修。

（4）水泵保养及维修：压力表的校验，潜水泵的检查保养。

（5）热交换器的运行与维修。

（6）生活水箱的清洗消毒。

5. 供电设备运行管理维护

供电设备运行管理维护主要包括：

（1）电气电路故障：断路、接触不良、漏电等故障判断和维修。

（2）绝缘电阻测量及损伤线更换。

（3）配电箱的检查。

（4）照明灯具的检查。

6. 空调系统运行维护

空调系统运行维护主要包括：

（1）电源电压的检查。

（2）机油温度、压力的检查。

（3）制冷剂的检查。

（4）冷冻水、冷却水的检查。

（5）远行参数的记录。

（6）注意冷却泵塔水质清洁及时补水。

（7）冷却泵、冷冻泵的检查。

7. 站台及雨棚维护要点

1）站台维修内容及要求

（1）站台尺寸不得侵入铁路建筑物限界；站台尺寸、使用材料及质量（强度）、伸缩缝、排水孔位置应符合设计要求和规范规定；站台墙或砌筑或用预制板拼装，应牢固平顺；站台帽现浇或安装，必须牢固平整，不得有松动现象；整体或块体站台面铺设应结实、平整，层面材料强度及整体面层的伸缩缝应符合设计要求，排水面顺畅。

（2）补修站台，新旧接茬应密贴、牢固、平顺；安全线应明显。

2）钢结构雨棚的维修内容及要求

（1）在日常使用过程中，要加强对主体结构构件耐久实效的检测和维护工作，特别是对主体钢结构的防腐、防火，涂装屋面防排水，雨棚吊顶等进行监测，对局部损伤应及时修补和恢复。

（2）严格要求维护材料和设备符合国家现行标准的规定，对涉及建筑结构安全的材料，必须按国家相关规定送检或抽样复检；对围护结构防排水系统以及建筑装饰材料等非主体结构构件及设备设施系统应根据产品使用寿命和实际使用年限，及时进行必要的检查和更换，更换时以不损伤与其相连的主体结构和不超出规范允许的前提。

（3）在日常使用过程中，重视自然界不可抗力对建筑的影响，采取有效预警和积极的应对措施。当遭遇超出设计标准的特大风雨雪以及地震等自然灾害时，应及时检查建筑有无异常，并采取迅速有效的办法，最大限度地减小和避免突发灾害对建筑的破坏及人员的损伤。

（4）注意检查屋面排水系统是否漏水畅通，严防雨水口管、天沟、檐沟堵塞，影响主体钢结构的安全；在每年雨季、冬季前进行安全大检查并进行彻底清扫，发现问题及时维修，并做好维修保养记录，如在雨季中要采取临时防雨措施。

（5）在每年雨季及遭遇强风天气的前后，要进行检查，如发现破损及时修补，保证相关构件构造安全有效；维护时要注意安全，不能破坏建筑物原有的防水层保温层涂装层。

（6）严禁在防水层和保温隔热层上凿扩洞、重物冲击，不得任意在屋面上堆放杂物及增设构筑物，并应经常检查节点的变形情况，在需要增加设施的屋面上，应做好相应的防水处理。

（7）屋面其他部分（屋脊、泛水天沟、老虎窗、水落管等）应根据损坏程度进行修复或拆换，以保证正常使用；应定期对钢构件主体现状进行检查，包括构件连接板材相关的配件的使用状况，做好记录，以保证结构安全，必要时可请专业单位对结构现状做出安全鉴定。

7.2.3 站房节能降耗管理

1. 节能降耗的总体要求

站房运营节能降耗通常是以提高设备使用效益为核心，以节水、节电、节能和合理利用能源为重点，培养、强化使用者的节约观念，达到节能的目的。通过节能管理，建立适应现代化铁路站房发展的节能降耗管理的新格局。

节能降耗，就是应用技术上现实可靠、经济上可行合理、环境和社会都可以接受的方法，有效地利用能源，提高用能设备或工艺的能量利用效率。随着客站规模、现代化科技手段等的不断应用，站房能耗不断增加，成为铁路运营成本的一项重要组成部分，直接影响铁路经营效益。因此，在低碳背景下开展铁路客站节能降耗势在必行。应主要从以下几个方面做起：

（1）挖掘节能潜力。通过对用能系统、用能设备的能源统计和能效分析，通过对电扶梯、热风幕、照明、供暖、生活热水、中央空调、供水等系统与新型用能效率高的系统相比，挖掘节能潜力，并通过设备改造、精细化管理等手段实现能效提升，节约能源资源。

（2）提高管理能力。铁路客站在节能降耗管理与机制建设方面做了大量工作。但大型站房用能总量大、用能范围广，在节能管理人力配备、资金投入等方面还跟不上节能管理的要求，特别是由于人员流动性大等特点，各级节能管理网络未发挥更大的作用，进一步加强节能管理网络和制度建设尤为重要。

（3）提升节能意识。客站属于大型公共场所，部分旅客与职工存在用能多少与己无关的思想，未形成随手关灯、关水的良好习惯，造成较大的能源浪费。管理中应通过各种形式开展节能与环保宣传，提高旅客和职工的节能意识。

（4）完善节能措施。建立能源资源消耗统计制度和能源消费节约潜力分析制度，定期分析能源消费状况，寻找耗能超标的问题，分析原因，掌握规律，积极研究探索节能降耗的有效对策。

（5）增加技改资金投入。加大对节能技改必要的资金投入，通过技术改造来寻找节能潜力，包括：技术革新和提高能源效率，提高研发水平；实施各项节能改造工程项目，加快设备升级换代和结构调整；找准节能重点，积极发展节能环保的新能源，提升节能效益。

2. 京张高铁站房能源管理系统

1）基于BAS的能源管理系统在京张高铁站房中应用的适用性分析

基于BAS的能源管理系统，除了对车站内的空调通风、照明、电扶梯、给排水、低压变配电进行监控外，还对电热风幕、电动窗、电动遮阳百叶、电伴热、充电桩、电开水器等用电设备进行监控，涵盖了车站内的所有用电设备。

北京至张家口铁路全长174 km，东起北京市，西讫张家口市，全线共设10个车站，分别为北京北、清河、沙河、昌平、八达岭长城站（地下站）、东花园北站、怀来、下花园北、宣化北、张家口。全线站房均设置了通风空调、照明、扶梯、电动开启窗、电热风幕、电伴热等机电设备。如采用基于BAS的能源管理系统，对站房机电设备进行全面监控，在提升运营管理水平的同时，也具有较大的节能减排作用。

2）基于BAS的能源管理系统架构

基于BAS的能源管理系统是一个全新应用集成系统。能源管理系统与其他各子系统的数据通信通过BAS平台连接起来，通过内部集成及外部集成的方式，实现对子系统的能耗进行智能分析，通过BAS进行控制，达到节约能耗和实现对子系统安全、合理、科学化的管理。基于BAS的能源管理系统是一个综合性的针对现代化高铁站房机电设备的运维管理和应用平台。

基于BAS的能源管理系统采用分层分布式结构，系统自上而下共分3层，即监控管理层、通信层和现场设备层。监控管理层为现场操作、管理人员提供充足的信息，制定能量优化策略，优化设备运行，通过联动控制实现节能控制和能效管理，提高经济效益及环境效益。如果需要可以将系统数据转发至上级监控管理中心，在更大范围内做好能量的管理。

（1）通信层。通过现有的各种技术手段把各子系统、现场设备等接入系统。常用的方式有：通过光纤组成环型自愈以太网；采用现场总线技术组网，如RS-485、LonWorks等；使用无线传输；采用GPRS/3G、4G通信网络等。具体实施要根据实际情况，既可以选择单一组网方式，也可以多种方式混合使用。

（2）现场设备层。现场设备负责采集各种能量、环境数据，主要包括以下设备：分布于各个子系统中的智能电能表、高低压配电柜中的测控保护装置、智能仪表、温湿度传感器等；站房各自动化子系统，如BAS系统（含空调、通风、照明、热风幕、电伴热）等。现场设备在站房内组成物联网，与监控层通信完成数据交换。

（3）能源管理系统。使用B/S架构，建立实时、在线的能耗计量监测系统；提供能耗统计分析和日常运行监控功能应用；建立高铁站房能效评估指标体系，实施精细化的科学量化管理；寻找能耗漏洞，与其他各系统的数据通信通过BAS平台连接起来，通过内部集成及外部集成的方式，在保证客运服务安全、旅客舒适的前提下，为用户制定节能整改措施，提高能源使用效率，指导BAS系统进行控制，达到节约能耗的目的。

系统功能包括数据采集、数据处理、计算引擎及统计、控制操作、图形化界面、历史数据、系统安全性管理接口及智能联动。其中：数据采集包括各种BAS数据和能耗数据；数据处理包括提供丰富的数据处理功能，处理之后存储到历史数据库中。根据需求对历史数据进行处理、分析和转发等。历史数据包括所有的历史数据，均保存于数据库服务器，本机也有当年数据的备份。系统具有良好的开放性，可以与其他自动化设备或系统接口，能够方便地实现接口及智能联动功能。

3）控制策略

（1）空调及通风系统，充分根据气候特点进行控制。张家口市采暖季为11—次年3月份，制冷季为6—8月份,过渡季为4、5、9、10月份。京张高铁站房采用冷热源群控系统。群控系统通过对中央空调系统从冷热源站到通风系统的全面监控,实现有效的控制与管理,结合基于BAS的能源系统,在确保达到环境质量要求的同时,尽可能降低空调系统运行能耗,实现设备智能控制与能耗管控。该系统的主要参数有开关机设计、顺序启停、最短运行时间开机等。

(2)各个季节的空调、通风系统的控制策略如下:在过渡季,候车厅、售票厅设有电动开启窗和机械通风,BAS系统根据二氧化碳浓度、PM2.5浓度、PM10浓度和温、湿度等参数控制打开或者关闭,从而进行和外部的空气交换,达到节能降耗、提高旅客舒适度的目的;在制冷季,张家口地区早晚温差比较大,凌晨5:00—7:00左右达到一天的最低温度。在空调开启前,BAS系统根据CO_2浓度、PM2.5浓度、PM10浓度和温、湿度等参数控制打开电动开启窗自然通风、启动机械通风,降低室内温度和CO_2浓度,从而达到节能降耗、提高旅客舒适度的目的;可以根据天气预报的气温控制空调启停,当最高气温<25 ℃时,不开空调或者变频风机低频运行。根据历史数据,这样可以将开空调的天数大概减少1/3,考虑到温差较大,早晨也一般不用开空调,可以根据实时的温度信息调整空调的运行参数,这样也能降低很大的能耗。

(3)根据照度和列车到发信息,自动调整照明。根据国铁集团鉴定中心《关于铁路站房LED照明设计研讨会会议纪要》(鉴电函〔2018〕151号)的要求,采用LED照明,相对传统的金卤灯具能节约大量的能源,在此基础上,根据室外环境因素等制定控制策略进行精细控制。

(4)电伴热分级控制,根据室外天气情况进行控制。选用功率分挡的电伴热,可以根据气候情况(下雪)、温度等参数控制挡位,达到节能的目的。

(5)热风幕分级控制,根据室内外温度分级控制。张家口站总共设置了91台功率10 kW电热风幕,共计为910 kW。常规电热风幕功率只有0和10 kW两档。设计选用了节能型电热风幕,功率为0、3 kW、7 kW、10 kW四个挡位,并将电热风幕控制纳入BAS系统。当室外温度一定时,若客流量大,则电热风幕开启的挡位应该更高;若客流量小,则电热风幕开启的挡位会小一些。制冷季时,可以根据温差开启风幕风机。通过查询张家口市2016—2017年度冬季温度,对张家口站热风幕控制进行模拟,最终的模拟结果为采用节能型电热风幕。采取相应的控制策略后,每年可节约电能$7.9×10^4$ kW·h,按0.9元/(kW·h)电计算,估计每年节约7.1万元。

(6)卫生间异味通风。在卫生间设置异味传感器和通风装置,当异味达到一定的浓度后启动通风装置,提高旅客舒适度。

(7)电开水器控制。根据高铁运行时间和客服需要,启停部分电开水器,达到节能降耗的目的。

(8)电动遮阳百叶。清河站设电动遮阳百叶,制冷季制冷时关闭遮阳百叶,遮挡阳光,减少站房与外界的热交接,防止室内温度上升;采暖季打开遮阳百叶,利用太阳的辐射提高室内温度;过渡季打开遮阳百叶,通过自然采光补充室内照明,根据不同时段进行开启/关闭,达到节能降耗和提高旅客舒适度的目的。

(9)充电桩、低压变配电等通信接口。预留充电桩接口,可以查询充电桩能耗信息;预留低压变配电接口,可以查询运行状态。

京张高铁站房地处北方寒冷地区,四季分明。通过对空调通风、照明、电扶梯、给排水、电热风幕、电动窗、电动遮阳百叶、电伴热、充电桩、电开水器设备等采取相应的控制策略后,预计节能 10%~15%。

7.2.4 站房保洁保养管理

1. 保洁管理的内容

保洁管理主要包括:

(1)站房内所有公共部位和公共设施保洁(候车区、购票区、卫生间、出站层、站台层、电扶梯、商业区等)。

(2)站房内办公区保洁(办公区办公室、会议室等)。

(3)站房内外雕塑、景观、小品等保洁。

(4)站房内外环境消毒、病虫害防治等。

(5)站房内建筑物表面装饰类材料的专业保养,如地面保养、墙面保养、屋面保养等。

(6)站房外与市政设施交接处(铁路范围)的保洁。

(7)站房内垃圾分类收集和清运。

2. 保洁的要求

铁路站房保洁工作由车站委托专业保洁公司负责,保洁的主要目标是保持站房内环境舒适,主要做到:

(1)外围区域保洁,主要有落客平台、进出站楼扶梯、进站道路、标识、标牌、灯柱、栏杆、消火栓(箱)围栏、绿化带、玻璃围挡等。

(2)站房内公共区域保洁,主要有石材地面、墙面、铝板、卫生间墙地面、洁具、饮水机、顶棚天花板、售票台面、玻璃、玻璃栏板、栏杆、垃圾箱、动静态标识、照明灯具、电扶梯、楼梯、商业公共区等。

(3)办公区域保洁,主要有办公室、更衣室、办公桌、会议室、文件柜、电话机、空调风口、显示屏、地毯清洗等。

(4)建筑物表面保洁,主要有石材养护、铝板、幕墙、屋面、落水管等。

(5)设备区保洁,主要有高低压配电设备、配电箱、空调机组、冷水机组、消火栓等。

(6)站房内垃圾分类收集清运,主要有对站房候车区域、职工办公区域、商业餐饮区域等场所产生垃圾作分类收集、临时存放、及时清运,做到日产日清,定期消毒,蚊蝇消杀,确保存放点干净、无异味,收集清运时不产生二次污染。

(7)站房区域内环境消毒,主要有公共设施、候车区、购票区、商业区、公共走道、电扶梯、卫生间、会议室、办公室、进出站闸机、垃圾箱(房)等。

(8)病虫害防,主要有为了确保站房内旅客及工作人员健康、设备安全,杀灭或清除病原微生物传播媒介物,切断传染病的传播途径,最大限度地降低虫害的密度,维护好良好的环境。

7.3 客站典型设备的维护要点

7.3.1 站房客服系统的维护要点

1. 客服系统维护的特性

1) 系统的可靠性

客运服务系统在使用中的维护事宜,除了需要在出现故障后进行快速解决外,更重要的是进行故障的事先预防和系统实施前的规划。把预防、日常维护、故障排除和应急服务合理有效地结合在一起,可使整个服务方案能够得到最大限度的提升和保障系统运行的效率。

2) 系统的经济性

保障设备得到正确的使用和维护,提高设备的使用效率和寿命,达到设备综合使用成本最优化的目的。

3) 系统的效率性

当系统或设备出现故障后,根据具体情况进行远程和现场服务,能够快速响应、及时解决,从而使系统客户能更加顺利地工作,保障工作效率。

2. 客服系统维保内容及范围

1) 主要内容

客服系统维保的主要内容包括:系统日常维护、重大事件保驾护航、客运服务系统的升级、对设备的合理保养,针对业务操作人员的培训、应急演练、各系统日常巡检、系统的安全防护、各种设备的原厂服务、备品备件等。

2) 主要范围

客服系统维保的主要范围包括:集成平台、广播系统、导向揭示系统、视频监控系统、查询系统、求助系统、时钟系统、寄存系统、自动检票机、自动售票机、人工售票机、机房网络设备、机房服务器等客服子系统(注:详见《客运专线客运服务系统维护维修设备清单》)。确保各个系统正常稳定地运行。

3. 客服系统巡检

(1) 日巡检:客服系统设备实行不间断轮检,并及时填写巡视检查记录(详见《客运专线旅客服务系统维护维修日常工作流程及规范》)。

(2) 月巡检:每自然月加强人手对站内设备做月检,并及时填写巡视检查记录。

(3) 春运、暑运、"五一"、"十一"等节假日及重大政治活动前,维保单位组织重点设备供应商联合进行的深度巡检。

(4) 每年 12 月份提交次年的巡检计划报路局、车站审批,每月 20 日前与路局、车站确认下月巡检计划。

4. 客服系统维护保养

(1) 供电设备维护保养:对供配电设施(导线、开关、多用插座等)检查、双路输入配电切换应每半年不少于一次。UPS电池组带负载放电应每季不少于一次。

（2）机房设备维护保养：确保机房供配电设施状态良好，无损坏、过热、老化、接插不良等问题，多用插座不应串接使用。电流表、电压表、输入/输出指示灯应显示正常。电源设备、开关、配电柜等应标识齐全、清楚。

（3）终端设备易损件维护保养：确保终端设备的日常维护保养工作。

（4）深度清洁保养：除日常清洁保养以外，每年为车站服务对象清单内的设备提供两次深度除尘服务。

（5）建立维护保养记录：维护工程师应保持设备常态良好并建立设备维护记录。

5. 客服系统故障处理

1) 客服系统故障处理的要求

（1）制定简明、完整、可操作性强的日常故障处理流程规范及应急处理预案，并上报路局主管部门审核。

（2）除恢复性维修以外的设备维修工作，维保单位将安排在夜间车站无客运业务时段进行。

（3）当出现设备故障时，现场维护工程师必须立即响应，判断故障级别。如果维修过程不会影响车站客运业务，则立即进行故障检查和排除；如果维修过程将会影响车站的客运业务，则立即通知车站及路局相关科室并在取得同意的情况下对故障进行排查和处理。

（4）对于在巡检中发现的各类危及信息安全的情况，现场维护工程师必须在第一时间向路局指定的相关部门进行汇报，在得到确认后，迅速组织故障处理。

（5）针对客服系统，维保单位公司本部建立了专家团队，配备专业技术人员，对驻站维护工程师提供 7×24 小时响应，缩短故障解决时间。

（6）对于所有的故障处理和现场维护工作，现场工程师需整理归档，并定期上报路局相关部门。

2) 客服系统故障处理类型

（1）一般故障处理。

当故障发生时，车站方判断故障等级及造成的影响，上报驻站售后，驻站售后进行处理，如不能解决可进行电话求助，或者按故障处理流程图进行逐级上报，由技术支持工程师、高级技术工程师进行处理。

（2）系统故障。

技术专家进行故障诊断，并通知维保经理；就近调配技术人员，到现场进行故障诊断；如故障原因明确，则采用相关的故障解决流程；如无法诊断故障，则通知原厂商共同诊断故障设备；查明结果后，解决故障；工作完成后，向用户提交《故障分析处理报告》。

（3）硬件故障。

技术专家进行故障诊断，并通知维保经理；如是硬件故障，立即现场更换；如本地仓库中无此备件，立即从上一级备件库中调配，在 6 h 内将备件送到客户现场；充分利用夜间无客运业务时段进行维修，确保系统在第二天开班之前恢复运行；技术人员将损坏设备带回，交由备件管理人员处理；工作完成后，向用户提交《故障分析处理报告》。

（4）软件故障。

由技术专家根据现场故障现象进行诊断，并依据诊断结果通知现场维护工程师进行软件恢复工作；如 15 min 内未能完成恢复工作，立刻派遣维护维修工程师到现场进行系统软件恢复工作；完成软件修复工作后，协助客户恢复数据，确保业务系统在最短时间内正常运行；工作完成后，向用户提交《故障分析处理报告》。

7.3.2 消防设施维护要点

依据有关消防法规及相关规范和《消防设施维护保养细则》，维管人员要经常对站房内的所有消防设施进行检查、维护。

1. 消防设备管理要求

（1）所有安全及疏散指示牌必须保持良好状态，停电后仍正常工作。
（2）所有消防设备应每月测试一次，如发现故障应马上维修并记录。
（3）任何消防设备安装于机房内，应每星期检查一次。
（4）消防系统主机应每月测试一次，如有故障应马上维修并记录。
（5）消防水泵应保持良好状态，阀门没有被人误关及消防水箱水位正常。
（6）填写完整消防保养记录。
（7）每年应有一次消防演习。

2. 维护保养的要领和方法

1）火灾自动报警系统

（1）检查消防控制室工作环境以及火灾报警控制器、联动控制器、楼层复示屏、探测器、手动报警按钮等是否处于正常完好状态。
（2）检查火灾报警控制器自检功能、消音复位功能、故障报警功能、火灾优先功能、报警记忆功能和主备电源自动转换功能，确认处于正常状态。
（3）对非智能系统按安装总量的 10% 采用专用检测设备对控制器进行模拟火灾响应试验和故障报警试验，智能系统有自诊断功能的免加温加烟试验。
（4）按安装总量的 10% 进行手动报警按钮模拟火灾响应试验和故障报警试验。
（5）测试手动或自动试验相关消防联动控制设备的控制和显示功能。

2）自动喷水灭火系统

（1）检查消防泵房的工作环境、消防泵、稳压设备、电源控制柜、湿式报警阀、管网、喷头、水泵接合器、储水设施。
（2）手动启动电动消防泵，并模拟自动控制条件自动启动消防泵，试验主、备泵切换功能。
（3）检验水流指示器和压力开关的报警功能、自启动泵功能和信号显示是否正常。
（4）利用报警阀上的放水试验阀放水，试验系统供水、水力警铃和压力电气信号。
（5）试验与消防控制室联动的控制功能、信号反馈。

3）消火栓系统

（1）检查消防泵房的工作环境、消防泵、稳压设备、电源控制柜、湿式报警阀、管网、阀门、水泵接合器、室内外消火栓、储水设施等是否处于正常完好状态。每月手动启动电动消防泵，并模拟自动控制条件自动启动消防泵，试验主、备泵切换功能。

（2）按安装数量的10%试验远距离启泵按钮，检查自动启泵功能和信号显示是否正常。

（3）试验屋顶消火栓或最不利点消火栓出水，检查管网压力和水质。

（4）试验与消防控制室联动的控制功能、信号反馈是否正确。

4）防火分隔系统

（1）检查防火门、防火卷帘门周围有无门正常开启的障碍物，门能否处于正常启闭状态。

（2）每季度按安装数量的10%试验自动方式启动防火门、防火卷帘门。

（3）按安装数量的10%试验手动按钮启动防火卷帘门。

（4）通过消防控制室进行联动试验，检查防火门、防火卷帘门动作及反馈信号是否正常。

5）防排烟系统

（1）检查送风、排烟机房的工作环境、送风机、排烟机电源控制柜、送风口、排烟口、防火阀等是否处于正常完好状态。

（2）每季度按安装数量的10%试验自动方式打开排烟口，启动送风机、排烟机，并测试前室、楼梯间的正压值。

（3）每季度试验自动方式关闭空调系统、电动防火阀。

（4）每半年按安装数量的10%试验手动关闭防火阀。

（5）通过消防控制室进行联动试验，检查送风机、排烟机、防火阀等动作及反馈信号是否正常。

6）消防通信设备

（1）检查电话插孔、重要场所的对讲电话、播音设备、扬声器等是否处于正常完好状态。

（2）按安装数量的10%试验电话插孔和对讲电话的通话质量。

7）气体灭火系统

（1）检查贮瓶间及防护区的工作环境、贮气瓶、选择阀、液体单向阀、高压软管、集流管、阀驱动装置、管网、喷嘴、紧急启动按钮、声光报警装置。

（2）对灭火剂贮存容器进行承重检查，灭火剂净重不得小于设计量的5%。

（3）对每个防护区进行一次模拟自动启动试验。

8）应急照明及疏散指示系统

（1）检查安全出口、疏散通道、重要场所的应急照明或疏散指示标志。

（2）按安装数量的10%试验应急照明或疏散指示灯的工作照度和疏散照度。

9）移动灭火器

（1）检查灭火器的种类、数量、设置位置、标志等是否符合要求。

（2）按照总数的10%检查灭火器压力、重量、有效期是否合格，必要时做喷射试验。

10）其他消防设施

（1）试验自备发电设施能否正常切换及发电。

（2）试验消防电梯的迫降功能。

（3）试验消防电源的末端切换功能。

（4）进行非消防电源切断试验。

（5）检查消防疏散通道是否畅通。

参考文献

[1] 包骏. 铁路客站站房性能化设计[J]. 消防技术与产品信息，2008，1：13-15.
[2] 蔡德强. 广州南站桥建合建结构设计综述[J]. 铁道标准设计，2015，6：164-168.
[3] 蔡建国，涂展麒，冯健. 新广州站三向张弦梁结构优化设计[J]. 湖南大学学报（自然科学版），2010，5：12-18.
[4] 蔡建军.高速铁路站房玻璃幕墙检测维修要点[J]. 建筑科技，2019，3（4）：17-19.
[5] 蔡金墀，邹启泰. 北京西客站工程实施施工监理的作法和经验[J]. 建筑技术，1995，11：698-699；705.
[6] 蔡文枫.铁路高铁站房玻璃幕墙维修维护要点分析[J]. 建材与装饰，2018（43）：275-276.
[7] 蔡玉军. 哈大客运专线沈阳站站房结构设计与分析[J]. 铁道标准设计，2013，3：106-111.
[8] 陈东杰，钱培，徐伟. 京沪高铁上海虹桥站工程施工组织技术研究与实践[M]. 北京：中国建筑工业出版社，2012.
[9] 陈娟. 北京西客站暖通设计——高架候车厅暖通设计与实施[J]. 暖通空调，1996，2：72-75.
[10] 陈强，沈婷，盛平，等. 新广州站索拱结构性能研究[J]. 铁道工程学报，2008，6：71-75；79.
[11] 陈世宝. 关于铁路客站电气节能设计探析[J]. 民营科技，2013，11：63.
[12] 陈新. 客运专线高架站咽喉区道岔梁结构设计与研究[J]. 铁道工程学报，2016，3：51-54.
[13] 陈兴，李霆，周佳冲，等. 西安北站主站房结构设计与分析[J]. 建筑结构，2011，7：31-39.
[14] 陈学民，杨志红，杨权. 南京南站交通综合体规划与设计[J]. 建筑创作，2012，3：58-64.
[15] 陈耀武. 南京站房消防设计[J]. 铁道勘察，2005（2）：73-74.
[16] 褚松涛，曹少卫，高夕良. 成都东客站承轨层桥建合一结构设计施工综合技术[J]. 建筑施工，2010，6：520-524.
[17] 崔叙，沈中伟，毛菲. 大城市铁路客站邻接区用地构成及强度研究——基于协同学的国内外大城市铁路客站邻接区用地解析和规划思考[J]. 规划师，2015（S2）：36-41.
[18] 崔志杰，周国云，何丰宇. 北京西客站地铁车站的设计与施工[J]. 建筑技术，1995，12：737-741；722.
[19] 邓蓓. 敢叫黄鹤啸九天——中建三局武广客运专线武汉站项目建设纪实[J]. 施工企业管理，2010，5：97-98.
[20] 窦静雅，谢晓东，吴卫平，等. 铁路客站多元化经营管理机制研究探讨[J]. 铁道经济研究，2013，4：12-16.

[21] 杜刚. 北京南站雨篷新型结构体系受力分析[J]. 建筑结构, 2011（S1）: 747-751.

[22] 杜洪涛. 城市综合交通枢纽的规划与设计研究——以广州铁路新客站为例[J]. 城市规划, 2006, 7: 85-88.

[23] 段斌. 烟台站客运信息系统设计方案探讨[J]. 铁道通信信号, 2007, 6: 49-51.

[24] 段军朝, 王树峰. 饰面清水混凝土双曲面桥墩施工技术[J]. 施工技术, 2008, 6: 60-62.

[25] 段致国. 新型铁路客站导乘环境规范化建设的思考[J]. 中国铁路, 2010, 7: 26-30.

[26] 方健. 京沪高速铁路上海虹桥站新建站房设计[J]. 时代建筑, 2014, 6: 158-161.

[27] 冯星明. 铁路客站照明安全设计[J]. 建筑电气, 2014, 3: 19-24.

[28] 傅慧敏, 张高明, 郭振勇, 等. 清河站建桥合一结构的车致振动舒适度研究[J]. 铁道标准设计, 2020, 64（1）: 170-175.

[29] 高纯. 空间曲面桥墩饰面清水混凝土关键技术[J]. 施工技术, 2008, 11: 17-19.

[30] 高纯. 铁路站房桥建合一式结构体系的桥梁施工关键技术研究[D]. 武汉: 武汉大学, 2013.

[31] 龚延风, 张九根, 孙文全. 建筑消防技术[M]. 北京: 科学出版社, 2009.

[32] 巩云, 刘强, 卢军, 等. 成都东客站候车厅一体化空调射流机组噪声影响分析[J]. 暖通空调, 2010, 9: 29-33.

[33] 管亚敏. 铁路大型客站大空间照明方案研究[J]. 铁道工程学报, 2008, 4: 78-81.

[34] 郭燕. 合肥南站主站房承轨层结构设计[J]. 四川建筑, 2015, 2: 164-166.

[35] 郭振伟, 郭丹丹. 铁路客站绿色施工评价体系构建方法研究[J]. 城市发展研究, 2013, 5: 5-8; 16.

[36] 过建钢. 高速铁路客站客运设备设施运维一体化、信息化管理探索与实践[J]. 铁道经济研究, 2014, 5: 12-16.

[37] 韩志伟. 新型铁路客站的设计与建设[J]. 铁道经济研究, 2005, 6: 20-22; 25.

[38] 韩志伟. 新型铁路客站设计建设的实践与探索[J]. 铁道经济研究, 2007, 6: 23-30.

[39] 何尚. 世界铁路发展的第三次浪潮[J]. 中国报道, 2010, 12: 46-47.

[40] 胡潇帆, 徐伟, 谭月仁, 等. 杭州铁路东站枢纽工程的全周期风险管理[J]. 建筑施工, 2014, 1: 87-90.

[41] 胡小勇, 周发榜, 段其磊, 等. 钢拉杆预紧力施工技术[C]. //第四届全国钢结构工程技术交流会论文集, 2012: 3.

[42] 胡小勇. 不同激励下玻璃幕墙体系耦合振动研究[J]. 低温建筑技术, 2013, 11: 41-44.

[43] 黄波. 整体规划 分步实施 打造综合交通枢纽——广州南站综合枢纽设计建设[J]. 铁道经济研究, 2013, 6: 63-68.

[44] 黄刚. 昆明南火车站结构设计研究[J]. 铁道标准设计, 2013, 6: 136-139; 146.

[45] 黄吉铭. 上海虹桥综合交通枢纽规划概要[J]. 交通与运输, 2006, 6: 7-8.

[46] 蒋东宇. 铁路钢结构站房及雨棚的耐久性研究[J]. 绿色环保建材, 2020（1）: 128; 131.

[47] 蒋官业, 王朝阳, 贺振科, 等. 大跨度异形空间曲面钢桁架安装工艺[C]. //大型复杂钢结构建筑工程施工新技术与应用论文集. 2012: 5.

[48] 蒋小锐, 刘建友, 高宇宇. 京张高铁八达岭长城站智能建造技术[J]. 铁道标准设计, 2020, 64（1）: 28-33.

[49] 金福海，蔡德强. 新广州站桥建合建结构设计探讨[J]. 铁道工程学报，2010，2：102-108.
[50] 金莉，李国锋. 天津南站高架站桥梁设计[J]. 铁道建筑技术，2013，2：7-11；26.
[51] 经来旺，雷成祥，郝朋伟，等. 超深矿井岩石巷道及井筒快速施工综合技术研究[M]. 武汉：武汉理工大学出版社，2014.
[52] 康学东.我国铁路智能建设与运营管理初探[J].铁道工程学报，2019，36（4）：84-89.
[53] 雷持平. 新时期铁路客站的地域性创作[J]. 浙江建筑，2012，29（8）：5-7；18.
[54] 李火令. 北京铁路西客站给排水工程设计[J]. 铁道标准设计，2000，5：51-52.
[55] 李金冬，张苏，韩松，等. 基于BAS的京张高铁站房能源管理系统研究[J].铁道标准设计，2020，64（1）：176-179.
[56] 李迎九.新时期铁路客站建设管理初探[J]. 上海铁道科技，2011，2：1-3.
[57] 梁敦维. 屋面工程施工技术[M]. 山西：山西科学技术出版社，2009.
[58] 廖美. 高速铁路大型客站照明系统的节能研究[D]. 武汉：华中科技大学，2011.
[59] 廖宇. 铁路客站照明节能设计的研究[J]. 建筑电气，2009，7：39-41.
[60] 刘畅. 基于视觉的大型铁路客站文化性评价因子研究[D]. 成都：西南交通大学，2012.
[61] 刘海玉. 青岛客站给排水设计[J]. 铁道标准设计，2008，3：110-112.
[62] 刘其斌，马桂贞. 铁路车站及枢纽[M]. 北京：中国铁道出版社，1997.
[63] 刘小刚，黄海，骆明红. 南京南站桥-建合一型钢混凝土组合结构承轨层施工技术[J]. 施工技术，2011，40（23）：24-28.
[64] 刘燕. 中国铁路客站软设施的研究与思考[J]. 铁道经济研究，2011，2：21-25.
[65] 刘振娟，党立. 基于地域文化的铁路客站建筑设计与思考[J]. 铁道经济研究，2013（1）：16-19.
[66] 柳鸣. 高架站站台梁方案设计总结[J]. 铁道建筑技术，2014（S1）：441-443.
[67] 罗飞. 高速铁路综合交通枢纽地区城市空间形态设计研究[D]. 天津：天津大学，2010.
[68] 罗静. 铁路中小型高架车站站台雨棚结构选型[J]. 高速铁路技术，2015，3：67-70.
[69] 吕铭. 成都东客站西站房钢结构逆作换撑施工技术[J]. 施工技术，2011，20：24-27.
[70] 马国馨. 北京西客站规划设计方案[J]. 世界建筑导报，1995，2：43-44.
[71] 缪长江. 机电安装工程[M].北京：中国建筑工业出版社，2014.
[72] 宁冉. 信息化成就高铁客站运营管理新高度[J]. 中国建设信息，2013，24：38-41.
[73] 潘伦典，阮志刚，李新章，等. 上海铁路新客站电气照明状况的卫生学调查[J]. 铁道劳动安全卫生与环保，1989，4：29-31.
[74] 钱桂枫. 新建铁路客站运营效果调查及存在问题分析[J]. 铁道经济研究,2007,6:38-44.
[75] 上海泰孚建筑安全咨询有限公司. 新建宝鸡至兰州铁路客运专线兰州西站站房工程消防性能化设计评估报告[R]. 2012.
[76] 石磊.大型铁路客运站商业空间设计初探[J]. 铁道科学与工程学报，2010,7(5):97-102.
[77] 史娣. 基于功能可视化的桥建合一结构桥梁设计探索[J]. 铁道标准设计，2014，10：74-77.
[78] 史娣. 武汉站桥建合建结构桥梁设计的关键技术研究[J]. 桥梁建设，2008，6：34-36.
[79] 宋继文. 北京西客站北站房主体结构工程施工组织总设计[J]. 施工技术，1996，3：1-3.
[80] 孙虹，韩斌. 火灾报警系统在天津站交通枢纽中的应用[J]. 铁路工程造价管理，2011，

（1）：53-56

[81] 孙钧. 市区基坑开挖施工的环境土工问题[J]. 地下空间，1999.

[82] 孙凯，许振刚，刘庭金，等. 深基坑的施工监测及其数值模拟分析[J]. 岩石力学与工程学报，2004.

[83] 唐文胜，胡海鸥，朱靖，等. 武广快速铁路客运专线武汉站[J]. 华中建筑，2006，4：113-120.

[84] 唐兴荣. 高层建筑转换层结构设计与施工[M]. 北京：中国建筑工业出版社，2012.

[85] 铁道部工程设计鉴定中心，中铁第四勘察设计院集团有限公司. 2007中国铁路客站技术国际交流会论文集[C]. 北京：中国铁道出版社，2008.

[86] 铁道部工程设计鉴定中心，中铁二院工程集团有限责任公司. 2011中国铁路客站技术交流会论文集[C]. 北京：中国铁道出版社，2012.

[87] 铁路客站建设总指挥部. 2010铁路客站建设管理研讨会论文集[C]. 北京：人民交通出版社，2011.

[88] 王峰. 铁路客站建设与管理[M]. 北京：科学出版社，2018.

[89] 王凤元. 预应力技术在高架车站结构设计中的应用[J]. 铁道标准设计，2007，5：93-95.

[90] 王宏. 大跨度钢结构施工技术[M]. 北京：中国建筑工业出版社，2015.

[91] 王洪涛，杜丽琴，段军朝. 2000 t级大截面鱼腹式箱梁模板设计与施工关键技术[J]. 铁道标准设计，2012，12：65-68.

[92] 王辉，高纯，潘冬明，等. 复杂多维曲面结构清水混凝土施工技术研究[J]. 建筑施工，2009，3：187-188；192.

[93] 王磊. 客站综合体——谈大型城市铁路客站设计的发展方向[D]. 成都：西南交通大学，2004.

[94] 王麟书. 关于我国铁路客站站房建设的思考[J]. 中国铁路，2005（11）：5；27-29.

[95] 王睦，吴晨，王莉. 城市巨构·铁路枢纽——新建北京南站的设计与创作[J]. 世界建筑，2008，8：38-49.

[96] 王书贺. 把铁路客站建成城市综合交通枢纽[J]. 综合运输，2009，6：18-21；53.

[97] 王巍伟，唐小凡. 既有线施工安全防护措施分析[J]. 施工技术，2013.

[98] 尉斐. 城市公共交通枢纽站前广场空间形态设计研究[D]. 北京：北京交通大学，2011.

[99] 文望青. 京沪高速铁路高架车站的探索[J]. 铁道标准设计，1999（Z2）：32-34.

[100] 吴建云. 浅谈铁路客站电气的绿色节能设计[J]. 智能建筑电气技术，2012，5：19-23.

[101] 吴永红. 哈尔滨西客站混凝土结构冬期施工技术[J]. 施工技术，2012，10：14-17.

[102] 吴灼超. 浅谈高铁钢结构站房雨棚防腐防锈维护管理[J]. 建材与装饰，2019(29)：112-113.

[103] 伍东. 铁路客运站规划设计理念及总体布局研究[J]. 铁道勘察，2014（1）：52-55；59.

[104] 武勇. 武汉铁路枢纽建设项目总体施工组织研究[J]. 中国铁路，2007，12：23-26.

[105] 向传林. 城市铁路客运枢纽站前空间秩序研究[D]. 重庆：重庆大学，2007.

[106] 徐福江，盛平，柯长华. 逆作法施工对广州新客站主站房结构设计的影响[J]. 建筑结构，2009，12：52-54.

[107] 徐绍玉. 绿色建筑节能技术在铁路客运站房设计中的应用[J]. 铁道建筑技术，2019(6)：63-67.

[108] 闫斌，戴公连. 火车站站前高架桥设计特点研究[J]. 铁道标准设计，2010，10：54-57.

[109] 颜锋，钱基宏，赵鹏飞，等. 武汉火车站高速列车对建筑结构的振动影响研究[J]. 建筑结构，2009，39（1）：25-27.

[110] 阳升，钱基宏，赵鹏飞，等. 武汉火车站大跨度楼面结构振动舒适度研究[J]. 建筑结构，2009，39（1）：28-30.

[111] 杨德润，张旭，周翔. 客站无组织通风量计算及其对空调负荷的影响[J]. 建筑节能，2012，12：1-6.

[112] 杨林山. 我国大型铁路客站候车空间组织模式的发展趋势及设计对策[D]. 成都：西南交通大学，2005.

[113] 姚燕华，李颖，师雁. 火车站地区开发的新模式探讨——以广州铁路新客站地区规划为例[J]. 规划师，2005，4：40-43.

[114] 姚振平，邵国贵，林正. 北京西客站交通拥堵分析与整治建议[J]. 道路交通与安全，2003（3）.

[115] 尹国高. 京沪高铁中桥式高架站雨棚结构设计探讨[J]. 建筑结构，2014，4：54-58.

[116] 於仲义，陈焰华，于世平，等. 不同控制模式下铁路客站集中空调系统的运行节能[J]. 暖通空调，2012，2：105-108.

[117] 张广平. 动荷载下钢筋接头直螺纹连接研究[J]. 铁道建筑技术，2010，4：81-83.

[118] 张汉英. 高速铁路大型客站给排水设计特点及效果分析[J]. 铁道标准设计，2016，6：173-177.

[119] 张佳. 上海南站交通枢纽换乘的空间导向研究[D]. 上海：同济大学，2007.

[120] 张建华，邹琼. 铁路线路施工技术[M]. 北京：人民交通出版社，2013.

[121] 张开臣，徐刚，钱英欣，等. 广州新客站主站房逆作法施工及预应力混凝土张拉全过程模拟分析[J]. 工业建筑，2012，8：93-96.

[122] 张凉永. 谈大型铁路客站电气设计的几个问题[J]. 高速铁路技术，2014，2：15-20.

[123] 张孟彬. 铁路客运服务信息集成系统研究[J]. 铁道通信信号，2007，6：38-40.

[124] 张涛. 贝壳状钢网壳结构铁路客站健康监测方案探讨[J]. 铁道经济研究，2014，5：26-31.

[125] 张天明. 如何在铁路客站建设中发挥运营单位提前介入作用[J]. 中国外资，2012，9：27-28.

[126] 张文锦，晁庚奇. 高架车站膜结构的设计与施工[J]. 铁道建筑技术，2014，2：85-88.

[127] 张钰. 综合交通枢纽客运信息共享平台的研究[J]. 铁道运营技术，2010，3：56-59.

[128] 张运辉. 浅谈北京西客站南广场地下车库及商业广场给排水设计的几个问题[J]. 深圳土木与建筑，2008，2：40-42.

[129] 赵鹏飞，潘国华，汤荣伟，等.武汉火车站复杂大型钢结构体系研究[J]. 建筑结构，2009，39（1）：1-7.

[130] 赵鹏飞，钱基宏. 我国新时期大型铁路站房结构的特点与展望[J]. 建筑结构，2011，11：64-68.

[131] 赵毓成. 高架车站结构形式分类及适用研究[J]. 中国市政工程，2012，4：96-99；122.

[132] 郑东炜. 铁路客站照明设计研究[J]. 电气应用，2015（2）：36-39.

[133] 郑健，沈中伟，蔡申夫. 中国当代铁路客站设计理论探索[M]. 北京：人民交通出版社，

2009.

[134] 郑健. 大型铁路客站的城市角色[J]. 时代建筑, 2009, 5: 6-11.

[135] 郑健. 落实五性原则 创新建设理念 努力建造一批百年不朽的铁路客站[J]. 中国铁路, 2007, 9: 30-34.

[136] 郑健. 我国铁路客站规划与建设[J]. 铁道经济研究, 2007, 4: 20-30.

[137] 郑健. 中国高铁客站的创新与实践[J]. 铁道经济研究, 2010, 6: 1-3.

[138] 郑健. 空间结构在大型铁路客站中的应用[J]. 空间结构, 2009, 15（3）.

[139] 郑健. 中国铁路发展规划与建设实践[J]. 城市交通, 2010, 8（1）: 14-19.

[140] 郑键. 创新建设理念建造一批百年不朽的铁路客站[J]. 中国铁路, 2007（9）.

[141] 铁道部. GB 50226—2007 铁路旅客车站建筑设计规范[S]. 2011年版, 北京: 中国计划出版社, 2012.

[142] 铁道部第三勘察设计院集团有限公司. TB 10063—2007 铁路工程设计防火规范[S]. 2012年版, 北京: 中国铁道出版社, 2012.

[143] 周德良, 李霆, 钱屹, 等. 杭州东站站房主体结构设计与分析[J]. 建筑结构, 2011, 7: 74-83; 105.

[144] 周德良, 李霆, 熊森, 等. 郑州东站站房主体结构设计[J]. 建筑结构, 2011, 7: 50-58; 101.

[145] 周国云, 何丰宇. 北京西客站预埋地铁车站综合施工技术[J]. 施工技术, 1995, 4: 33-36.

[146] 周诗伟. 深圳铁路新客站钢骨混凝土柱施工[J]. 铁道标准设计, 2001, 9: 43-44.

[147] 周顺华. 城市轨道交通结构设计与施工[M]. 北京: 人民交通出版社, 2011.

[148] 周燕来, 刘建安, 谢晶. 基于建筑节能的夏热冬冷地区铁路客站总体规划布局及站房建筑设计方案优化研究[J]. 中外建筑, 2014, 10: 79-81.

[149] 竺维彬, 鞠世健, 史海欧. 广州地铁三号线盾地隧道工程施工技术研究[M]. 广州: 暨南大学出版社, 2007.